珍藏本
纪念版

汉译世界学术名著丛书

摩奴法典

〔法〕迭朗善 译

马香雪 转译

2017年·北京

MANAVA-DHARMA-SASTRA

LOIS DE MANOU

Traduites du Sanskrit

par

A. Loiseleur-Deslongchamps

Librairie Garnier Frères, Paris

汉译世界学术名著丛书
（120 年纪念版·珍藏本）
出 版 说 明

2017 年 2 月 11 日，商务印书馆迎来 120 岁的生日。120 年前，商务印书馆前贤怀揣文化救国的理想，抱持“昌明教育，开启民智”的使命，立足本土，放眼寰宇，以出版为津梁，沟通中西，为中国、为世界提供最富智慧的思想文化成果。无论世事白云苍狗，潮流左右激荡，甚至战火硝烟弥漫，始终践行学术报国之志，无改初心。

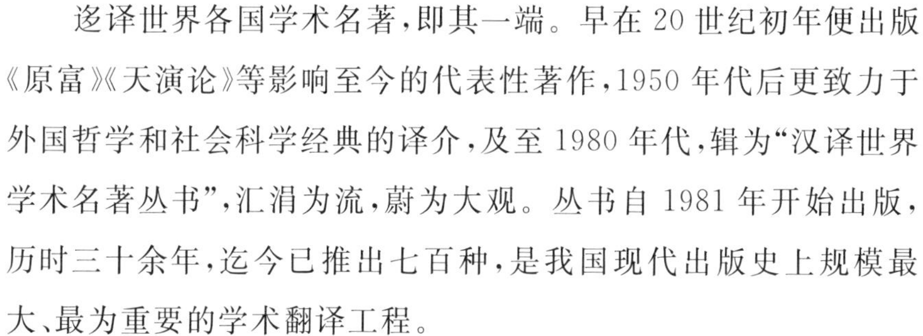

迻译世界各国学术名著，即其一端。早在 20 世纪初年便出版《原富》《天演论》等影响至今的代表性著作，1950 年代后更致力于外国哲学和社会科学经典的译介，及至 1980 年代，辑为“汉译世界学术名著丛书”，汇涓为流，蔚为大观。丛书自 1981 年开始出版，历时三十余年，迄今已推出七百种，是我国现代出版史上规模最大、最为重要的学术翻译工程。

丛书所选之书，立场观点不囿于一派，学科领域不限于一门，皆为文明开启以来，各时代、各国家、各民族的思想与文化精粹，代表着人类已经到达过的精神境界。丛书系统译介世界学术经典，引领时代思想，为本土原创学术的发展提供丰富的文化滋养，为推动中国现代学术和现代化进程做出了突出的贡献。

为纪念商务印书馆成立 120 周年，我们整体推出“汉译世界学术名著丛书”120 年纪念版的珍藏本，寄望既利于文化积累，又便于研读查考，同时向长期支持丛书出版的译者、编者和读者致以敬意。

两甲子后的今天，商务印书馆又站在了一个新的历史时间节点上。我们不仅要铭记先辈的身影和足迹，更须让我们的步伐充满新的时代精神。这是商务人代代相传的事业，更是与国家和民族的命运始终紧密相连的事业。我们责无旁贷，必须做好我们这代人的传承与创造，让我们的努力和成果不仅凝聚成民族文化的记忆，还能成为后来人可以接续的事业。唯此，才能不负前贤，无愧来者。

商务印书馆编辑部

2017 年 10 月

译　　序

古代印度有许多名为法经（Dharmasūtra）和法论（Dharmaśāstra）的作品，《摩奴法典》是其中最重要的一种。

《摩奴法典》在印度次大陆有长期的深远的影响，先后曾有多家进行注释，现存九至十八世纪的注释就有七八种之多。英国人于十八世纪在印度建立殖民统治时，也注意到了《摩奴法典》的重要性。所以，《摩奴法典》作为一种历史的文献，其价值并不仅限于古代而已。

《摩奴法典》同其他法经、法论一样，不是国家颁布的法典，而是婆罗门教祭司根据吠陀经典、累世传承和古来习惯编成的教律与法律结合为一的作品。而且，《摩奴法典》还敷陈了其他法论所罕言的关于创世的神话以及梵我一如的玄谈，以充实其立论的体系。纯粹法律性质的部分约占全书仅四分之一强（在早于《摩奴法典》产生的《阿跋斯檀巴法经》中，纯法律的部分又比《摩奴法典》要少得多）。因此，《摩奴法典》不仅是研究古代印度法律的重要资料，而且也是研究古代印度社会和文化的重要历史资料。

《摩奴法典》全书凡十二卷，论及很多方面，而其核心内容可以归结为一点，即维护种姓制度。它宣扬种姓起源的神话，论列各种姓的不同地位、权利和义务，规定依违种姓制度的奖惩，并以“来世”苦乐作为这种奖惩的补充。因此,《摩奴法典》作为维护剥削阶级高等种姓利益的工具,其所发挥的作用甚至是纯粹的法典难以比拟的。阅读《摩奴法典》,有助于我们了解古代印度的种姓制度,了解它对印度社会的根深蒂固的影响。不过,有一点需要注意,《摩奴法典》(其他法经、法论也如此)中的某些内容实际表述的是婆罗门种姓的愿望和理想,并非每一点都是现实的。例如,其中关于婆罗门永远高于刹帝利的说法,在许多情况下都未必是现实的。又如,其中有的条文否认首陀罗有财产权,但实际上首陀罗中是有人有财产的。因此,我们运用《摩奴法典》时要注意将其中不同地方的论述加以比较研究,全面理解,同时要重视其他方面史料的佐证。

古代印度文献有一个普遍的问题——年代难定,《摩奴法典》也不例外。近代西方较早的梵文学者对古代印度的文献和人物的定年都偏于过早。法译者迭朗善将《摩奴法典》定年于公元前十三世纪,同样偏于过早。迭朗善的重要论据之一是《摩奴法典》没有提到释迦牟尼。当时许多学者认为释迦牟尼生活于公元前1000年左右。而现在基本可以断定,他是公元前六世纪人,虽然其逝世年代主要尚有公元前544年与前485年两说。而况婆罗门教与佛教道不同,不相为谋。《摩奴法典》不提释迦牟尼,正如佛教的《法句经》不引摩奴一样。又怎能据此断定《摩奴法典》的年代在释迦牟尼以前呢?的确,《摩奴法典》中的某些内容(如关于婚姻和生子的某些规定)反映的是很古的风俗。可是,《摩奴法典》中也提到了希腊人(Yavanas)、塞人(Śakas)、中国人(Cinas,来自“秦”字),这就很难早于公元前三世纪。《摩奴法典》包括有不同时期的内容

（有时对一个问题并列出不同的说法），其不同部分的形成时期也不同。大抵第一卷与第十二卷形成最晚，第七至十一卷次之，第二至六卷较早（不过其中也有较后增入的部分）。现在一般都认为《摩奴法典》（其他法论也如此）有一个形成的过程。虽然具体定年仍有不同，但自上世纪八十年代毕勒尔（G. Bühler）提出《摩奴法典》成书于公元前二世纪至公元二世纪之间的说法以来，这个意见基本已为大多数学者所同意，接近于定论了。

现在这个汉译本是根据迭朗善（Loiseleur-Deslongchamps，1805—1840）的法译本译出的。迭朗善是法国十九世纪的东方学家。他于1830年在巴黎刊行了《摩奴法典》的一个梵文原本（俄国学者埃里曼诺维奇于1913年发表的俄译本就是据这个原本翻译的），1832—1836年间又将它译成了法文。迭朗善的这个译本在当时颇受好评，马克思在《科瓦列夫斯基〈公社土地占有制，其解体的原因、进程和结果〉一书摘要》中也用过这个译本。在这以后，西方曾出现几个新的译本，其中影响最大的是毕勒尔的英译本（The Laws of Manu，1886，Oxford），较新的是经伊林（Г. Ф. Ильин）校订过的埃里曼诺维奇（С. Д. Эльманович）的俄译本（Законы Ману，1960，Москва）。相对说来，迭朗善的译本比较旧了。不过，迭朗善的译本仍有其明显的优点。《摩奴法典》行文简略，引喻又多，既难索解，亦乏情趣。而迭朗善译文比较明畅易读（其译文中加了斜体字的补足文义的词句，汉译则于这些词句下加点），注释也比较通俗生动（不似毕勒尔译注偏重于文字考订，而多引文学戏剧作品，于神名注神话，事名注故实，植物名注学名等），为一般读者减少了困难，增加了兴趣。当然，凡迭朗善所补足的词句，均

只能供我们理解文义参考，而不能作为典据。如 VIII，222，迭朗善译文是：“买卖一件有固定价格，经久不坏的东西，如土地或金属等又反悔者，可在十天内归还或取回该物品。”这里加上了“土地”，似乎土地也可以买卖了，可是这一点在《摩奴法典》本身中是得不到证实的，因此不能为据。又如迭朗善有时对四种姓名称加以意译，译首陀罗种姓为“奴隶种姓”，其实这只说明迭朗善认为首陀罗是奴隶。首陀罗是否即奴隶，学者有不同意见，不妨充分讨论，但从《摩奴法典》本身仍是难以得出首陀罗全等于奴隶的结论的。汉译未改译法，是为存迭朗善一家之言，以备参考。《摩奴法典》这样的书，多一家之言供参考并非坏事。汉译者的这一点意思，尚祈读者予以了解和注意。

刘家和

1980 年 5 月 9 日

目　录

序　　言

我今天发表的这一译本，其原著在法国只有东方学者和少数研究比较法的人知道；在这以前，人们只能看到十八世纪末威廉·琼斯(William Jones)的英译本，译名是《印度法原论》(*Institutes of Hindu*)，或《摩奴法令集鸠鲁伽注，兼论印度僧俗义务体制》(*The Ordinances of Manu, according to the gloss of Kullûka; comprising the Indian system of duties religious and civil*)。我认为有必要就今天仍构成印度法律基础的摩奴法令集及其立法者先作一些说明。

梵文 Mânava-Dharma-Sâstra，直译《摩奴法论》[1]；因而它不是普通意义的所谓法典，法典一词，一般指规定人们相互间的关系，以及惩办各种犯罪的法令的汇编。本法论，诚然如古代人所了解的，是一部有关民事和宗教行为方面的律书。因为在摩奴法论中，除了一般法典通常涉及的题材外，还把宇宙创造论；各种形而上学观点；关于人生各阶段行为的规定；关于宗教义务，敬神仪式，苦行，赎罪等许多规定，斋袚和断食的戒律；道德训言，政治观念，军事艺术和商业知识，死后赏罚，以及人们灵魂的各种轮回和达到解脱的方法的论述都网罗进去了。

在法论的第一卷中，可以看到，威廉·琼斯认为名字与埃及的美尼斯(Ménès)和克里特的米诺斯(Minos)相近似的摩奴(Manou)一名,是印度人认为依次支配世界的七神的每一位的共名。法论被认为是由梵天(Brahma)亲身启示给号称“出于自在之有”(Swâyambhoura)的摩奴一世,并由跋梨求(Bhrigou)仙发表的。

如果说这部法论是出自叫做摩奴的古代立法家之手,那么,它就是在写成现在的韵文形式以前一代一代经过口传被保存下来的。摩奴后来被印度人神化,并混同于他们所相信的支配世界诸神中的一位叫做摩奴的神。对不通梵文的人,应当说明一下法论是用“输洛迦”(Slokas),即用两个诗句构成一节的形式写成的。这种“输洛迦”,印度人认为是一位叫做跋尔密吉(Valmiki)的隐圣创造的,据说他生活在公元前一千五百年的时候。

威廉·琼斯在其英译本序言中援引出自《那罗陀法典》(Lois de Nârada)序言的一段话说:“摩奴写成梵天法论十万节,共二十四卷一千章,以授那罗陀。那罗陀是诸神中的智者,把它紧缩为一万二千诗句,供人类使用,授予跋梨求之子苏摩底(Soumati)。苏摩底为了人类的最大便利,又把它紧缩为四千诗句。凡人读到的不过是苏摩底的再缩本,而低层天诸神和天界乐师则学习法论原本。它是从现在流传世间的法论稍有修改的第五首诗句开始的;现在所存的那罗陀节本,只有关于法治的第九篇原文的一个典雅的大纲了”。威廉·琼斯认为,既然现在我们所有的摩奴法论只有两千六百八十五节,则它不可能是苏摩底法论的完本。苏摩底法论或者即所谓摩奴古法典(Vriddha mânava),该书的许多章句虽经口传保存下来,且在新的法律汇编中被人引用过,但它的全貌已不可见。

《摩奴法论》编纂的时代，和它的真正编纂人的名字一样，我们都不知其详，在这方面，我们只有妄加臆测。威廉·琼斯推算现存法论的编纂年代在公元前1280年或880年左右，一般认为，证据似嫌不足，这里毋庸赘述。从我们的知识状况来说，最好的揣测似乎还是求之于法论本身。宗教教义在法论中表现得十分古朴：一个唯一、永远、无限的神，世界的本原和本质，最高的实体或最高我（Brahme ou Paramâtmâ），以梵天的名义支配全世界，他是创造者又兼毁灭者。在《摩奴法论》中看不到那种非常有名但无疑是后世神话说法的三现体（Trimourti）的任何痕迹。毗湿奴天（Vichnou）和湿婆天（Siva），《往事书》（*Pouranas*）中把他们描写为甚至比梵天还要高的两位不相上下的神，但在立法家所阐述的世界创造和毁灭论中，只附带地提到过他们一次，他们不担任任何角色，甚至配角也不是。毗湿奴的九化身未曾被言及，法论内所说的神不外是天、星辰、原素，以及从自然界来的事物的人格化。这种神话的说法似和吠陀最有关系，吠陀的古老是无可争辩的；又，吠陀是最高的正统著作，它的典据不断为法论所援引。立法家波利诃斯波底（Vrihaspati）说："摩奴在立法家中居首要地位，因为他在他的法论中阐述了吠陀的全部精义，任何法律如与摩奴公布的法律精义相抵触，就不被承认。"这种宗教教义的朴实，可能是主张摩奴法论历史悠久的证据之一；而且，其中所引用的历史人物，似乎没有一个晚于公元前十二世纪的，又如著名婆罗门教改革家释迦佛，佥信生活于公元前一千年左右，在法论中却没有一次被提及，可以断言当时宗教改革尚未发生。所以，把摩奴法论的编纂时期假定为公元前十三世纪是有依据的。舍齐（Chezy）于1831年在《学者

报》(*Journal des savants*)中发表的一篇论文也是这样主张的。

《摩奴法论》开篇第一章关于世界创造论的形而上学部分，是由著名注疏家鸠鲁伽跋多(Koulloûka-Batta)采用数明哲学学说的观念加以解释的。学者科尔布鲁克(Colebrooke)在他关于这种学说的论文绪言中似乎是语焉不详地采用了这位印度注疏家的见解。但应当承认鸠鲁伽跋多为使摩奴原文迁就他的解释，曾不得不对它大加曲解，所以摩奴的形而上学的世界创造论，无疑是可以有完全不同的解释的。这是拉森先生(M. Lassen)在其《数明哲学》(*Sânkhya-kârikâ*)出版序言中发表的见解。笔者只有不加辩难地采用鸠鲁伽跋多的注解，因为这是我仅有的办法。

摩奴原文的高度简洁，给予了印度注疏家运用慧眼的极好机会；因而这部法论的注疏家不乏其人，就中以比罗斯跋密跋多(Biraswamî-Batta)之子密达底底(Médhâtithi)，护文陀罗阇(Govindaradja)，陀罗尼陀罗(Dharanidhara)和鸠鲁伽跋多等人最为精湛，而后者尤为人所推重。威廉·琼斯说："他的注疏是在注解古代或近代、欧洲或亚洲作家中，最确切，最明了，最朴实无华，最赡博，最深刻，又最令人满意的。"人们不知道鸠鲁伽跋多生活在什么时代；他自己告诉我们，他出身于孟加拉的高尔(Gaur)地区一个高贵体面的家庭，却定居在恒河沿岸的迦尸(kâsi，即贝拿勒斯，〈Benarès〉)，而与学者为伍。加尔各答出版的两个摩奴法论版本中都在原文下面附有他的注解，我几乎经常用它来作为指南，但另有一种大体上颇为简洁明了的注疏，附在国立图书馆一两种手抄本的摩奴原文的下面，我也曾加以利用，它的作者是罗伽跋南陀(Râghavânanda)。我仿照英译者的做法，把我插到原文里面的注解部分用斜体字印出[②]，以便原文和注解以及注解家发挥之处，可以一目了然地区别开。

关于印度文的发音，容易发生错误的地方，也应当在这里对不通梵文的人说明一下。ch 字应读软音，就像法文 char，cheval 中 ch 的读音一样，所以 Vasichtha，读 Vasichetha，不读 Vasiktha。g 字常读硬音，就像在它后面有一个 u 字一样，所以 Angiras，读 Anguiras，不读 Anjiras。S 在两个元音间绝不要发 Z 音，所以 Vaisya，读 Vaiçya，不读 Vaizya。

琼斯的优秀译文曾博得包括科尔布鲁克在内的梵文学者们的好评。科尔布鲁克在援引《印度契约法，继承法汇编》中引用的摩奴法论章句时，几乎经常采用他的这个译文。著名的什雷该尔(Schlegel)在其引人入胜的《亚洲语言研究》一书中，对该译著的功绩评价很高。他说："琼斯译本大体上可以说是非常忠实于原文的，它有时不免陷于意译，但由于原文诗句的简略，意译几乎是很难避免的，译笔的文采尤其令人叹赏；它既表现了法律的尊严，又兼有一种说出不来的神圣和古朴，看了它，我们就像着了魔似地置身于使这些宗教法和社会法得以付诸实施的那些世代、风尚和思想范畴之中。这些法律本身也曾支配过一个大国达若干千年之久。"什雷该尔的赞誉，琼斯译本可完全当之而无愧，它曾给予我莫大的帮助；但对前人才华的叹赏，并未阻止我去细心探讨在我看来似有疑难之处，因而我有时曾采取和琼斯译文不同的释义。总之，我曾竭尽我绵薄之力，使梵文原文的翻译尽量做到信、达。

① 汉译本从俗，仍用《摩奴法典》译名。——汉译者

② 在汉译本中，注解部分，下加重点号。——汉译者

第一卷 创造

1. 摩奴静坐凝思，众大仙[①]走近前来，对他敬谨施礼后，声言：

2. “尊者啊，请如实依次将关于一切原始种姓[②]和杂种种姓[③]的法律，惠予宣示给我们”。

① 大仙，梵文作 maharchis，是一种较高级的圣仙，人们将他们分做若干不同的等级。

② 原始种姓有四种即僧侣或婆罗门种姓；武士与王士种姓或刹帝利种姓；商人与农民种姓或吠舍种姓；奴隶种姓或首陀罗种姓（见本卷第 31 节，又第 87 节以下各节）。

③ 这些种姓列举在第十卷内。

3. “因为，尊者啊，唯有你熟知这一普遍、自存、不可理解、人类理智莫能测其高深的法律条例、原理和真谛，而此即吠陀(Véda)[①]。”

① 吠陀，印度经典名称，主要的有三种，即梨俱吠陀，耶柔吠陀和娑摩吠陀；这些吠陀在《摩奴法典》中曾被再三引用，而第四种吠陀——阿闼婆吠陀，在《法典》中仅有一次被提及(第十一卷第 33 节)。有些学者认为最后一种吠陀出现较晚；但此说并非著名学者科尔布鲁克的主张。科氏在《亚洲研究》杂志(Recherches Asiatiques)第八卷中曾发表过一篇很重要的关于印度经典的论文，论文认为阿闼婆吠陀经典至少有一部分和其他吠陀经典同样古老。每一种吠陀都包括咒文和祭书两部分。

4. 神通广大的摩奴，经心胸豁达的高仙们如此一问，向他们一一为礼后，给以睿智的答复说：“请听！

5. “当时这宇宙沉浸于黑暗中[①]；不可见，并无明显的特征，不能靠推理去发现，也未曾被启示，如同完全处在睡眠中。

① 根据注疏家意见，“黑暗”一词应被理解为自然（即自性，Prakriti）。宇宙解体时由于不可见，所以是在自然中解体的，而自然本身未被神灵所展示。——自然，自性，是数明哲学所主张的二十五元行中第一个元行，它是原质，是宇宙万汇的质因。科尔布鲁克在他的几篇《论印度哲学》的论文中曾对数明哲学有所论述，刊入《伦敦亚洲学会论文集》（Transactions de la Société Asiatique de Londres）内。我们可从中看到宇宙创造论的形而上学部分似乎和数明哲学大有关系。科氏的论文允称杰构，该文现得波提埃先生（M. Pauthier）的法文译本（一卷八开本）而通行全世界。这个有用的译本的刊行对学术大有帮助。又，拉森先生所著《数明学》的优秀版本，是对梵文学者有用的一本关于数明学说的介绍。

6. “宇宙解体（Pralaya）① 的时间终了时，非显现的自存神出现，并以闪耀着极其纯洁光辉的五元素及其它元行扫除黑暗，即揭示自然，使宇宙变为可见。

① Pralaya 是梵日之末所发生的世界的解体或毁灭。

7. “超越感官、只有神灵可以认识，无有形器官、永恒、为万物之灵及不可思议者，展示了其固有的光辉。

8. “他在思想中既已决定使万物从自体流出，于是首先创造出水来，在水内放入一粒种子。

9. “此种子变作一个光辉如金的鸡卵，像万道光芒的太阳一样耀眼，至高无上的神本身托万有之祖梵天① 的形相生于其中。

① 此处梵天（Brahma）系指唯一的上帝，世界的创造者。在印度神话中，毗湿奴天、湿婆天和梵天一起形成三现体。梵天又称为 Hiranyagarbha，译言“出自金胎者”，金胎意指金鸡卵。

10. “诸水称为那罗（nârâs），因为它们是那罗神的产物，它们曾经是那罗神的第一个活动场所（ayana），因此那罗神又称为“水上活动者”（Narayana）①。

① 此处 Narayana 指梵天。在古代神话中，它通常是毗湿奴天的一个别名。

11. “从这一存在物，从这一不可见的、永恒的，实际存在而对感官不存在的原因，原人（Pouroucha）出生了，他以梵天的名字著称于世。

12.“他在这个鸡卵内住满了一个梵天年[①]之后，经过个人思考，将卵一分为二。

① 在本卷第72节，我们可以看到一个梵天日等于人间（以360天为一年）的4 320 000 000年。夜长亦然。梵天日称为劫波（Kalpa），30劫波构成一个梵天月，十二梵天月为一梵天年。一梵天年等于人间3 110 400 000 000年。

13.“他以此二者，造成天地；天地之间布置了大气[①]，八天区[②]，以及永久的水库。

① 此处大气应理解为太阳和地球之间的空间。

② 八天区即四方和四角的总称；分别由八神管理。

14.“他由最高之灵中抽出本然存在而对感官不存在的意识（manas）[①]；并在意识产生以前，产生了作为指导者和最高统治者的自我（Ahankâra）[②]。

① 即万有之灵（Paramâtmâ）。

② Ahankâra，即感觉，或更确切地说，即产生我的东西，或对于自我的感觉。

15.“他又在意识和感觉以前产生了慧根（Mahat）[①]，一切具有三德[②]的东西，认识外界对象的五知根[③]，五作根，和五大的微粒（Tanmatras）[④]。

① Mahat又称Boudhi，意为智慧。

② 三德是喜德（Sattva），忧德（Radjas）和暗德（Tamas）（见第十二卷第24节）。

③ 印度哲学家别感官为十一种，其中十个是外部的，一个是内部的，十个外部器官中，头五个叫做五知根，即眼、耳、鼻、舌、皮；其他五个叫做五作根，即口、手、足、肛门和生殖器官。第十一个器官是内部器官，即意识，它在性质上近似五作根和五知根。（见第二卷第89节以下各节）

④ Tanmatras（微粒，始基或原子），产生地、水、火、风、空五元素。

16.“他将这具有伟力的不可见的六大的分子（即五元素的微粒和感觉）和演变为元素与意识[①]的六大的微粒结合起来，创造了一切物类。

① Tanmatras 或五大的微粒，通过演变而生五大，感觉通过演变而生意识。（注疏）

17. “又，因为从这最高无上的神的本体流出的六个不可见的分子，即五元素的微粒和感觉，为构成一种形体而和这些元素和这些意识器官结合起来；因此，贤者称这神的可见形体为接受六分子的（Sarira）。

18. “元素以其固有机能，以及物类的不竭渊源的意识，以无限微妙的属性进入其中。

19. “藉具有伟力的七原（Pourouchas）（智慧、感觉和五元素的微粒）的有形微粒，不灭的渊源的流出物——可泯灭的万有乃形成。

20. “这些原素中的每一元素[①]，具备序列上在它前面的元素的属性，因而元素在序列上愈靠后，愈具备较多的属性。

① 五元素是空、风、火、水、地。空仅有一种属性，声；风具有两种，声，触；火具有三种，声，触，色；水具有四种，声，触，色，味；地具有五种，声，触，色，味，香。（注疏）

21. “至高无上的神从太初之始即按照吠陀所言，对每一个特别物类指定名称，作用和生活方式。

22. “无上主创造了众多的本质活跃，具有灵性的神（Devas）。以及众多的不可见的[①]群仙（Sâdhyas），以及从太初即制定的祭祀。

① 梵文作 Soukchma，意为微妙的，不可见的。

23. “他为完成祭祀，从火、风和太阳中抽取[①]称为梨俱、耶柔和娑摩吠陀的三种永久的吠陀。

① 直译“挤出”。

24. “他创造了时间和时间的划分、星宿、行星、江河、海洋、山岳、平原、起伏地势；

25. “苦行、语言、逸乐、欲望、愤怒和天地万物，因为他要给万类以生存。

26. 他为确定行为的差异而分别邪正，使这些物类为苦乐和其他对立条件所支配。①

① 这些条件是，欲、怒、爱、憎、饥、渴、忧、惑等。（注疏）

27. “一切存在物都由五种细元素的微粒和易致毁灭的粗元素状的①、微粒陆续形成。

① 或者，“易于变成粗元素的”。

28. “当最初无上主对某一生物指定某一职司时，此生物每次回到世上都自动完成此职司。

29. “创造时，无论赋予他什么性质，如善恶、刚柔、德弊、真伪等，这些性质在以后出生中会自然再次出生在他身上。

30. “有如季节循环，自然恢复其特性，同样，生物也恢复其特有职司。

31. “当时，为了繁衍人类，他从自己的口，臂，腿，足，创造了婆罗门，刹帝利，吠舍和首陀罗。

32. “无上主将自体一分为二，一半化为男，一半化为女，和女性部分结合而生原人毗罗止（Virâdj）。

33. “高贵的婆罗门啊，你们要知道，原人毗罗止从事苦行，从自体产生的就是我，即万有的创造者，摩奴。

34. “是我想创造人类，在经历极其艰巨的苦行后，首先创造了造物主（Pradjâpatis）十大圣仙，即：

35. “摩利俱（Maritchi），阿多利（Atri），俺吉罗（Angiras），弗

罗斯底耶(Pourastyas),弗罗诃(Poulaha),柯罗都(Kratou),普罗遮多(Pratchétas)或闼刹(Dakcha),跋息什多(Vasichtha),跋梨求(Bhrigou)和那罗陀(Nârada)。

36. "这些万能者,创造了其他七位摩奴[①],诸神[②]及其住所,以及神通广大的大仙们。

① 从后面第 79 节注,可以看到叫做劫波的时期包括十四个摩奴朝。根据印度人的意见,当代摩奴系第七世,随后还要有另外七位摩奴。本节所指很可能就是这些摩奴,注疏似亦指出这一点。

② 诸神是以天王因陀罗(Indra)为首的众仙,他们称为修罗(Souras)(见《罗摩衍那》第 1 卷第 45 章)和阿底底耶。阿底底耶得名于迦息耶婆(Kasyapa)之妻,即他们的母亲阿底底(Aditi)。

37. "他们创造了夜叉(Yakchas)[①],罗刹(Râkchas)[②],吸血鬼(Pisatchas)[③],天界乐师(Gandharbas)[④],天界舞女(Asparas)[⑤],阿修罗(Asouras)[⑥],龙王(Nâgas)[⑦],蛇神(Sarpas)[⑧],神鸟(Souparnas)[⑨]以及祖灵[⑩]的各氏族;

① 夜叉是财神(Kouvéra)的使役,及其园囿和财宝的守护神。

② 罗刹是恶仙,似有多种:有些是诸神的大敌,如《罗摩衍那》史诗中的罗槃那;另外一些是出没森林坟墓间,嗜食人血肉的食人鬼或吸血鬼,如菩普所发表的《摩诃波罗多》史诗里边的喜丁跋(Hidimbha)。罗刹不时抗乱虔诚的隐士们的祭祀,隐士们不得不求助于以勇武著称的诸王。《罗摩衍那》第 1 卷第 20 章中记牟尼毗跋密陀罗(Viwâmitra)求援于国王多婆罗闼之子罗摩(Râma);又《沙恭达罗》剧本第二、三幕中记隐士们求援于国王都什磨多(Douchmanta)。罗刹的数目多得不可计数,又不断有新生的罗刹出现,因为犯罪者的灵魂往往被罚进入罗刹体内。其在罗刹体内时间的长短,视所犯罪过的大小而定(见第 7 卷第 44 节)。

③ Pisâtchas 是嗜食人血的恶鬼,性近罗刹,但地位似较罗刹为低。

④ Gandharbas,天界乐师,天王因陀罗宫廷的成员。

⑤ Apsaras 是因陀罗天宫的女娼或舞伎,据诗人说,它们是往诸神和阿修罗搅海觅取长生不老神膏时,从海内出来的。

⑥ 阿修罗是和诸神永久为敌的恶魔,其中有一些叫做底底耶,从其母底底得名。底底是摩利俱之子迦息耶婆的妻子;另外一些叫做达那婆(Danavas),从其母达奴(Danou)得名,达奴亦迦息耶婆之妻。阿修罗在印度诗篇中被描述为诸神的敌人,彼此

间不断发生纠纷。奇怪的是诸神往往求助于以勇武著称的一位国王。(见《沙恭达罗》剧本第六幕)阿修罗的地位远较罗刹为高,它们也是诸神的敌人(见第十二卷第48节)。

⑦ Nâgas是人面、蛇尾、蛇长颈的半神,以跋修基(Vâsouki)为王,住地狱中。

⑧ Sarpas是地位低于Nâgas的蛇神。

⑨ Souparnas是以伽房陀为首的神鸟名,伽房陀在神话中被认为是毗湿奴天的骑乘鸟。诸神,阿修罗,天界乐师,龙王,蛇神和神鸟,在印度神话中通常被认为生自迦息耶婆的不同的配偶。迦息耶婆是一位圣仙,摩利俱之子,造物主之一。

⑩ 祖灵(Pitris)是一些神圣人物,人类的祖先,住月宫中(见第三卷第192节以下各节)。

38. "电光、雷霆、云霓、因陀罗彩弓、流星、超自然的音响[①]、彗星和各种大小星辰;

① 梵文作Niryhâta,法语无完全相应的单词,根据注疏认为系发生在体内和空间的超自然的音响。

39. "金那罗(Kinnaras)[①],猿猴、鱼、各种鸟类、家畜、野兽、人,长有两列牙齿的肉食动物;

① Kinnaras是随侍财神(Kouvéra)的乐师,有马首。

40. "蛆、虫、蝗、虱、蝇、臭虫、各种咬人的蚊虻,和各种不动的物体。

41. "这些心胸开阔的众圣仙就这样按我的命令,以其苦行之功,按照所有动、静物的业[①]来创造了它们。

① 即使这种物类或那种物类各按其业生在诸神间,人类间或动物间。(注疏)

42. "现在我要对你们宣示,什么是给世间物类指定的专业,以及它们怎样来到世间。

43. "家畜、野兽、长两列牙齿的肉食动物、巨人、吸血鬼和人为胎生。

44. "鸟类为卵生,蛇、鳄鱼、鱼、龟和其它种类的动物,或陆栖,如蜥蜴,或水栖,如介壳类亦然。

45. “咬人的蚊虫、虱、蝇、臭虫是湿生的；它们由热而生，一切类似它们的，如蜜蜂、蚂蚁等亦然。

46. “一切不动的物体，或生自种子，或生自插枝，都为芽生：草类产生大量花、果，果成熟后就枯萎。

47. “称为森林之王的植物，不开花而结果。或也开花，或仅结果，在这两种形态下，他们取得树木的名称。

48. “有各种或为灌木状或为丛生的小树，有各种爬生和蔓生的草木。它们都是从种子或枝丫生的。

49. “这些物类[①]由于前生作业，而具有表现为多种形式的暗德[②]，有内在感觉，可以感受悲乐。

① 指动植物。
② 见第十二卷第 42 节。

50. “在这令人惧怕且不断毁灭的宇宙内发生的自梵天以至草木的轮回[①]，就这样被宣示。

① 据说轮回是印度教义的一种，认为人魂经过多次转生才能解脱。（见第十二卷）

51. “能力不可思议者，如此创造了宇宙和我以后，再次消失，融化在最高我内，使创造时期代之以解体时期。

52. “此最高我觉醒时，宇宙就立即活动；睡眠时，精神完全休息，宇宙就立即解体[①]。

① 直译作“睡眠”。

53. “因为，当他安眠时，具有活动力的生物的机能就暂停，意识及其它感官就陷入无为状态。

54. “和它们融化在最高我内的同时，这万有之灵就安然沉睡[①]。

① 最高我无所不知，不会入睡，但这里人们却拿一般的生活规律强加在他身上。（注疏）

55. “他在退入原始黑暗后，和感官一起久留不出，不行使他的机能，脱去了他的形相。

56. “当他重新集结细微元素，进入动植物种内时，就又采取一种新的形相。

57. “不灭的存在物，如此交替地一觉一眠，使一切动和不动的物类，生灭不已。

58. “他从最初编制本法典后，教我记诵，我又教给摩利俱和其他圣仙。

59. “跋梨求即将使你们全都得知本书内容；因为这位圣者（mouni）[①]从我这里全部学到了它。”

① Mouni 音译牟尼，是人们给予虔诚有识的圣者的名称，他们多少具有一线神性，或因苦行而超乎人性之上。

60. 于是大仙跋梨求在摩奴致辞后蔼然对圣仙们说：“请听。

61. “从这源出于自存神的摩奴出生其他六名摩奴，六名摩奴又各自创造一种物类，这些摩奴们心胸豪迈，能力高超。它们是：

62. “斯跋罗俱刹（Swârotchichas），俄多密（Ottomi），多摩娑（Tâmasa），离跋多（Raivata），光荣的遮古刹（Tchâkchoucha）和吠伐斯伐多（Vaiwaswata）[①]之子。

① 吠伐斯伐多是摩奴七世的姓氏，意为太阳（Vivaswat）之子。吠伐斯伐多一名和印度诗篇所说的最后一次洪水有关。现根据《摩诃波罗多》史诗简述如下（史诗由菩普先生以梵文刊行，其波提埃法译本于1832年9月刊入《巴黎杂志》）：这位隐圣从事极其严峻的苦行。一天，他在毗利尼（Virini）河岸苦行既毕，忽有一只小鱼对他讲话，请求使它脱离河水，因为在河中，它不可避免地要成为比它大的鱼类的食饵。于是吠伐斯伐多取鱼放在贮满水的缸内。最后，小鱼体积增大，缸不能容。摩奴不得已，又将它放在湖内，以后放在恒河内，最后又放在海内，因为鱼的身体始终增长不已。每当摩奴

给它换地方的时候，不论它身体如何庞大，却都易于携带，鼻嗅手触，都觉宜人。鱼被放入海内时，对圣者声言："不久，大地一切所有都要毁灭，这是世界沉沦的时期，亦即一切动和不动的物类可怕的解体时期到来。你要造一只大船，备有船缆，你将各种谷物装船后，要同七仙一起上船。你要在船上等我，我要去找你。我头上有一只角，你即可认识我。"吠伐斯伐多从命，造了一只船，搭上去，想起了那鱼，鱼不久即行出现。圣者将一条很大的船缆系在鱼角上，时虽风浪澎湃汹涌，水天不辨，但鱼却使船在海面上高速航行。鱼曳船行很多年月，最后使船在喜马拉雅山顶靠岸。于是鱼令众圣仙系船，说："我是梵天，万有之主，没有高于我的存在物，我借鱼形，救你们出险。摩奴，你要在此实施造化之功。"说完不见，于是吠伐斯伐多经过苦行后，着手创造万物。这化身为鱼的神在印度诗篇中一般被认为是毗湿奴天。它此次化身意在收回被某巨人盗走的吠陀经典。它是此神九次化身或下凡（Avataras）的第一次（见《亚洲研究》法译本第一卷第170页，又第2卷第171页）。

63. "这些以生于自存神的摩奴为首的七位万能摩奴，在各自的时期（Antara）内，创造和支配这由动和不动的物类组成的世界。

64. "十八瞬间（Nimechas）构成一迦什陀（Kâchtha）；三十迦什陀构成一迦罗（Kalâ）；三十迦罗构成一牟睺多（Mouhourta），同样数目的牟睺多构成一昼夜。

65. "太阳为诸神和人区分昼夜；夜供物类睡眠，昼供劳作。

66. "人间一月相当于祖灵[①]的一昼夜，月分为两个半月[②]，晦冥的半月是祖灵从事活动的昼，晴明的半月是他们用以睡眠的夜。

① 祖灵是人类伟大的祖先（见第37节），是人们神化了的祖先，他们住在月球上。

② 印度人的太阴月，分为两部分（Pakchas），各有十五个太阴日（Tithis），其晴明部分终于月圆之日，其晦冥部分终于新月出现之日。

67. "人间一年是诸神的一日一夜；其区分如下：日相应于太阳南去，夜相应于其北去。

68. "现在你们可以扼要和循序地学习何者为梵的一昼夜，以及何者为四时代（Yougas）[①]中每一时代。

① 四时代梵文是 Krita，Trétâ，Dwâpara 和 Kali。琼斯认为它近似希腊的四时代，即黄金时代、白银时代、青铜时代和黑铁时代。下面我们可以看到四时代的循环往复是不计其数的。根据印度人说法，前三个时代已成过去，目前正处于第四个时代。这一时代开始于公元前 3101 年。

69. “据贤者称第一个时代是由四千神年[①]构成的。先于它的黎明是由同数的百年构成的；后于它的黄昏亦然。

① 神年以 360 年为一年，4000 神年等于1 440 000人间岁月，400 神年等于144 000人间岁月，加倍得288 000年，故第一个时代的总数是人间（360 天为一年）的1 728 000年。

70. “在前后同样都有黎明黄昏的其它三个时代中，十年和百年内依次递减一个单位数[①]。

① 所以，第二个时代的时间是 300＋3000＋300 神年，等于人间1 296 000年；第三时代 200＋2000＋200 神年，等于人间864 000年；第四时代 100＋1000＋100 神年，等于人间432 000年。

71. “上述四时代总计，为数一万二千年[①]，称为诸神的时代。

① 此一万二千年等于人间4 320 000 000年。

72. 须知神间千年[①]合计，共得一个梵日，而一夜的时间亦相等。

① 此神间千年等于人间4 320 000 000年，期满后就进入宇宙解体时期，梵夜即开始出现，以 360 梵日（Kalpas）为一年的百年之末，此时万物同归毁灭；梵天本身也将不复存在。这些岁月的五十年已经过去。

73. 只有知道梵的圣昼终于一千年，夜也包括同样时间，才真正知道昼夜。

74. “此夜终了时，入睡的梵天觉醒；他醒来时，使实际存在而对外感官并不存在的神意（Manas）[①]流出。

① 根据注疏家意见，此处 Manas 应理解为慧根（Mahat）。

75. “神意或慧根为最高我所感到的创造愿望所驱使，实行创造而产生贤者认为具有声德的空。

76. 从正在演变的空，产生传播诸香，清净而有力，且被认为可触知的风。

77. “风演变而生照耀、除暗、生辉，说是德具色相的火。

78. “火演变而生以味为德的水；水演变而生以香为德的地：这就是太初进行的创造之功。

79. “上述包括一万二千神年的诸神时代，重复七十一次[①]，这时叫做摩奴时期。

① 这七十一个诸神时代共得人间306 720 000年。在这上面应再加上叫做桑底(Sandhi)的时期，这一时期处在每个摩奴时期之末，和娑底亚时代(Satya - youga)一样长，即4 800神年或人间1 728 000年；它总计得308 448 800年。十四个摩奴时期得4 318 272 000年，加上一个桑底时期(172 800年)得4 320 000 000年，即一个梵日的期间。每一摩奴时期以一次洪水告终(见《亚洲研究》法译本第2卷第274页)。据印度人说，我们现正处在梵天时代第五十一年的元月元旦，又在七世摩奴，即吠伐斯伐多时期的第二十八个神间时代：这一神间时代的前三个人间时代，和第四时代的四千九百三十三年业经过去(见《亚洲研究》法译本第2卷第169、432页)。有些学者寻求从天文学方面解决这一显系造作的纪年法提出的问题。对此，可参阅琼斯、戴维斯(Davis)和本特利(Bentley)的论文(《亚洲研究》第2,3,5,6,8卷)和科尔布鲁克著《印度人关于岁差和星辰运行的天文学知识》(同书第12卷)。

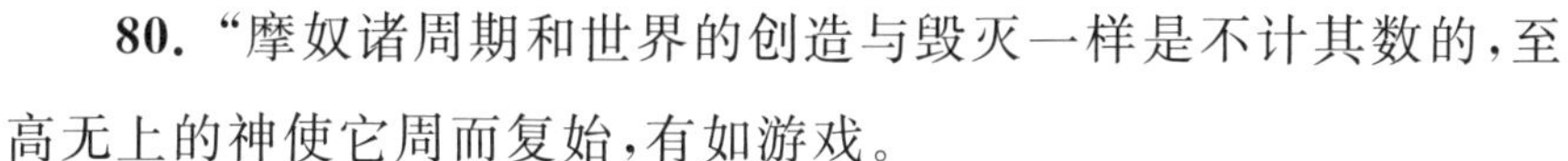

80. “摩奴诸周期和世界的创造与毁灭一样是不计其数的，至高无上的神使它周而复始，有如游戏。

81. “在第一时代，正义藉牡牛之形，四足稳立；真理流行，人有所获，无一来自不义。

82. “但在其他时代，由于财富和知识非法取得，正义相继失其一足；而由盗窃、虚伪、诡谲所代替的正当利益逐渐减去四分之一。

83. “在第一个时代，人免于疾病，得遂其一切愿望，可享寿四百年；在第二及其以下时代，生命渐次失去其存在时间的四分之一。

84.“吠陀经中所宣示的人生，行为的果报，生物的权力，都结出与时代相应的果实。

85.“随着这些时代的递降，某些美德为第一时代所特有，其他一些为第二时代所特有，其他一些为第三时代所特有，其他一些为第四时代所特有。

86.“在第一时代，以苦行为主；在第二时代，以神学为主；在第三时代，以完成祭祀为主；在第四时代，据贤者说，只以乐善好施为主。

87.“为保存完整的创造，无上光荣的神，对于从口、臂、腿、足所创造的人类规定了不同的职司[①]。

① 见本卷第31节。

88.“他命婆罗门学习和传授吠陀，执行祭祀，主持他人的献祭，并授以收受之权；

89.“他将保护人民，行布施，祭祀，诵读圣典，屏绝欲乐，规定为刹帝利的义务；

90.“照料家畜，布施，祭祀，学习经典，经商，放贷，耕田，为给与吠舍的职司；

91.“但无上尊主对首陀罗只规定了一种本务，即服役于上述种姓而不忽视其功绩。

92.“人体自脐以上被宣布为比较清净的部分，而口被自存神宣布为最清净的部分。

93.“婆罗门因为从最高贵的肢体所生，因为首先被产生，因为掌握经典，理应为一切创造物的主人。

94. “因为，为祭祀诸神和祖灵并保全一切存在物，自存神从事苦行后，自太初起即从自己口部生出他们。

95. “天上诸神不断从他们口中吃清净的酥油，祖灵不断吃他们的供物，什么物类会被认为更加优越呢？

96. “在一切物类中，生物为高；生物中，赖智慧以生者为高；人在智慧动物中最高；婆罗门在人类中最高；

97. “在婆罗门中，最卓越的是精通圣学的人；学者中，最卓越的是熟知其义务的人：熟知其义务的人中，最卓越的是严格完成其义务的人；后者中，最卓越的是学习经典达到解脱的人。

98. “婆罗门之生是法的永久体现；因为生以执法的婆罗门生来和梵天一体。[1]

① 梵天(Brahme 或 Brahma)是最高无上的神，唯一永远的神，是世界的大原与本体，万物从他流出并以他为归宿。和梵天融为一体产生摩刹(mokcha)，意即解脱肉体的桎梏，此后，灵魂即脱免一切轮回，并入神体。最后解脱被看做是无上幸福，是一切虔诚的印度人愿望的所归。——Brahma 和 Brahmâ 意义有别。Brahma 是中性名词，指永远者，最高的神；Brahmâ 是阳性名词，指此永远者表现为造物的神。

99. “婆罗门来到世间，被列在世界的首位；作为万有的大主，他应当注意维护僧俗律法的宝藏。

100. “世间所有一切，可以说全为婆罗门所有；出于他出生嫡长和出身卓越，他有权享有一切存在物。

101. “婆罗门只吃自己的食物，只穿自己的衣服，只布施自己的所有；其他人享用世间财富是出于婆罗门的慷慨。

102. “为将婆罗门的义务与其它种姓的义务以适当顺序加以区分，生于自存神的摩奴特编纂了本法典。

103. “本法典应当为每一个有学识的婆罗门勤勉学习，并由他而绝不可由低种姓的任何人对学生讲解。

104. “严格履行其戒律的婆罗门，阅读本书时，在思想、言论或行动上不被任何罪行所污染。

105. “他使一个团体①，七世祖先和七代子孙净化，只有他足以取得此大地。

① 见第三卷第183节以下各节。

106. 此优秀典籍，使人得到一切所希求的事物，增添智慧，给人荣誉和长寿，导致最后解脱。

107. “其中备述法律以及善业、恶业的性质和四种姓的古来习惯。

108. “古来习惯是启示(Srouti)和传承(Smriti)①所赞许的大法，因而欲求灵魂幸福的人必须坚持不懈地遵守它。

① Srouti是经典，即吠陀经；Smriti是由天启立法家宣布给弟子并由弟子加以收集的法律(见第二卷第10节)。

109. “背离这种习惯的婆罗门不得享受经典的果实，但如恪遵无违，则可获得圆满的果报。

110. 圣仙们既悟知法乃来自古来习惯，故采用这些被赞许的习惯，作为一切苦行的基础。

111. “宇宙的诞生，净法(Sanskâras)的规定，梵志生们(Bramatchâri)的义务和操行，学习期满，离师归家时沐浴的重要仪式；

112. “择偶，结婚的各种仪式，举行五大祭供(Mahâyadinas)的规定，以及从太初制定的祖灵祭仪(Srâddha)①；

① Sraddha是一种旨在超度亡灵，使其享祭如祖灵的宗教仪式，如果人们停止超度，则祖宗之灵即从祖灵所在堕入地狱。

113. “各种维持生活的方法，家长（Grihastha）的义务，可吃与禁用的食物，人和用具的净化。

114. “关于妇女的规定，关于林栖者（Vânaprasthas）和行乞者（Sannyasis）的苦行以及引人达到解脱的苦行、抛弃红尘、国王的一切义务，诉讼案件的判决的规定；

115. “关于证据和审讯的规定，夫妇的义务，继承的分配法，禁赌，惩办罪犯；

116. “吠舍和首陀罗的义务，杂种种姓的由来，各种姓在困境中的处世准则，和赎罪的方式；

117. “今生业报的三种轮回，留给善行的最后解脱，善恶的考察；

118. “最后，各地方各种姓各家族的永久法，各邪宗各商团的习惯法，都在本书内由摩奴予以宣示。

119. “有如当初摩奴曾应我的要求宣示本书的内容，同样，今天你们也从我这里毫无增减地学到它。

第二卷 净法 梵志期

1. “请学习何者为博通吠陀的有德之士所遵循且常免爱憎的义务，作为达到解脱的途径而铭刻在心的义务。

2. “利己之心不可称道；但世上无物可以免除它。因为学习圣典是从利己出发，执行圣典规定的条律亦然。

3. “由希望取得利益而产生热心；祭祀的动因在于希望；实践苦行，遵守戒律，被认为出于希望果报。

4. “世间从未见过任何行动由无所希求的人做出；因为，人无论做任何事情，都从愿望出发。

5. “人克尽规定的义务，而不从希望果报出发，可以达到不死之境，此生此世就得以实现心灵所能想象的一切愿望。

6. “法律的基础在于全部吠陀，精通它的人们的传承和道德实践，古来善人的习惯，以及在容易生疑的情况下内心的满足。

7. “摩奴命令某人不管尽何种义务，此义务已完全在圣典内宣示；因为摩奴精通一切神学。

8. “智者以虔诚的慧眼考察整个法律体系后，应当承认启示的权威，潜心于自己的义务。

9. “遵守启示和传承规定的法律，今生必获得光荣，他生必获得圆满幸福。

10. “应当知道启示即经典（吠陀），传承即法典；两者在任何一点上都无可非议，因为义务的体系全都源出于它。

11. “在头三个种姓中，凡对两经抱怀疑见解，轻视其根基者，应认为无神派和蔑视经典者，将其开除出善人之列。

12. “吠陀，传承，良习，知足，被贤者宣布为义务体系的四源。

13. “对于不汲汲于财富或快乐者，认识到义务已足，而对于从利己的见地去设法认识义务者，最高权威乃神的启示。

14. “但当启示提出表面似相矛盾的两种戒律时，两者都可视为法律，都被贤者宣布为完全有效。

15. “譬如，经典中曾记载，祭祀应在日出后举行，看不见太阳和星辰时应当在日出前举行；因而祭祀可举行在两个时刻的任一时刻。

16. “自受胎式以至入葬坟场，凡受人诵念通用咒文并施行一切仪式者，均应被认为有诵读本法论的特权。其他任何人不得享有此特权。[①]

① 因而只许头三个种姓的人诵读本法论，而禁止首陀罗种姓诵读。（注疏）

17. “在娑罗伐底[①]（Saraswati）和德里遮伐底（Drichadwati）[②]两圣河之间，有一闭锁之地，该地宜于神居，取名婆罗摩波多（Brahmavarta）。

① 娑罗伐底河自蜿蜒于德里省东北部边境的山脉流下，走向西南，在跋底境内流入大荒野的沙漠中。据印度人说，它继续流经地下在阿拉哈巴德附近与恒河和耶穆那河合流。娑罗伐底河今天叫做萨尔苏底（Sarsouti）河。

② 德里遮伐底河，流入德里东北部。

18. 由于古来传承，在国内原始种姓和杂种种姓间流传久远的习惯，称为良习。

19. “鸠鲁遮陀罗(Kouroukchetra)[①],摩俱耶(Matsya),潘遮罗(Pantchâla)或坎耶鸠勃阇(Kanyâkoubja)[②],修罗息那迦(Sourosénaka)或摩都罗(Mathoura)[③],形成名为婆罗摩尔基(Brahmarchi),邻接婆罗摩伐多地区。

① 鸠鲁遮陀罗地区,邻接德里,曾为潘陀婆人(Pândavas)和诃罗婆人(Kôravas)血战的场所。他们的国王是鸠鲁(Kourou)王的后人多利陀罗什陀罗(Dritarachtra)和潘都(Pândou)两兄弟的儿子,冲突的详情载在叫做《摩诃婆罗多》的伟大史诗中。

② Kanyâkoubja,印度地名,坎奴阇(Kanoudja)的变体字。梵文 Kanyâ,意为幼女;Koubja,意为驼背。典出坎奴阇(Kanoudje)国王鸠沙那巴(Kousanâbha)百女的故事,百女因拂逆伐优(Vâjou)神意,变为畸形;她们的父王把她们嫁给一位叫做婆罗摩陀多(Brahmadatta)的圣仙;在举行典礼时,她们恢复了原有的美貌〔《罗靡衍那》第一卷第 34 章〕。

③ 摩都罗,阿格拉(Agra)省城市名。

20. “地上一切人都应该从生在这个国家的婆罗门口中,学习他们特有的处世方法。

21. “位于喜马伐陀(Himavat)[①]和文底耶(Vindhya)[②]山间,在毗那娑那(Vinasana)[③]之东,普罗耶迦(Proyaga)[④]之西的地方叫做中原(Madhyadesa)。

① Himavat 或 Himâlaya(喜马拉雅),意为霜居,位于中印交界的地方,它就是古人所说的伊美阿斯(Imaüs)。恒河,印度河,布拉马普特拉(Bramapoutra)和其他大河,都发源于这一山脉。在印度神话中,喜马伐陀被人格化为美娜(Ména)之夫,恒河女神乾伽(Gangâ)和湿婆天妻都尔伽(Dourga,又叫 Oumâ 和 Parvati)之父(见《罗摩衍那》第一卷第 36 章)。

② 文底耶(Vindhya)是界于中印度和得干(Dékhan)之间的山脉名,它从贝哈尔(Béhar)省起几乎伸延到古来拉(Gourerat)省境。

③ 毗那婆那是德里西北部的一个地方,和近代的旁尼巴特为毗邻。

④ 普罗耶迦,著名朝圣地,在恒河和遮那(Djemna)河的交流处,即今日之阿拉哈巴德(Allahabad)。

22. “自东海以迄西海,包括在这两山之间的地区,贤者称之为贵人驻地(Aryavarta,雅利安人驻地)。

23. “每一天然出产黑羚羊之地，被认为适于举行祭祀；摩离刹(Mlétchas)[1]的地方则不同。

① 意为不适于祭祀，印度人理解 Mlétchas 一词为“外国人、野蛮人”之意。

24. “属于前三个种姓的人，应力求居住在上述地方；但难于谋生的首陀罗，可居住在任何地方。

25. “法律的缘起和宇宙的生成，已对你们略述；现在你们可以学习有关种姓的法律。

26. 净化再生族(Dwidjas)[1]肉体的净法(Sanskâras)[2]，受胎净法，以及消灭今生与来世一切污点的其他净法，应当与吠陀规定的清净仪式一并举行。

① Dwidjas 一语，意为第二次出生，再生。凡束圣带的婆罗门，刹帝利或吠舍种姓的人都叫做 Dwidjas。结带式或入门式构成 Dwidjas 的再生(见本卷第 169、170 节)。

② 净法是头三个种姓特有的净化仪式；主要仪式记述在下一节中，结婚是最后的净法。

27. “通过净化胎儿的祭火式、诞生式、剃发式和结带式，再生族接触精液或子宫所能感受的一切污浊都被除去。

28. “学习吠陀，虔守戒律，祭火，热诚诵读三圣典，梵志期间祭供诸神诸祖灵，生子，五大祭祀，大礼祭祀，都为肉体越凡入圣做准备。

29. “生子后切除脐带前，规定有一项仪式；要叫他尝蜜和盛在金匙里面的酥油，同时伴诵密咒[1]。

① 原文是应该使他尝蜜、酥油和金子。

30. “小儿生后第十天或第十二天，或者，在一个吉利的太阴日，在吉祥的时刻，在吉星高照下，父亲应举行，或父亲不在时，应让人举行命名典礼。

31. “婆罗门的名字，由两个字组成，其中第一个字要表示吉祥，刹帝利的要表示权势，吠陀的表示财富，首陀罗的表示卑下。

32. “婆罗门的名字，其第二个字应该表示幸福；战士的表示保卫，商人的表示富裕，首陀罗的表示隶属。

33. “妇女的名字要易于发音，柔和，清晰，可爱，吉祥；结尾要用长元音，类似祝福的用语。

34. “第四个月，应该将孩儿抱出诞生的房间，使见太阳；第六个月，应使食米饭，或遵从家族认为更吉祥而沿袭相传的习惯。

35. “如圣典所示，一切再生族的剃发式[①]应依法在第一年或第三年举行。

① 举行这一仪式时，除头顶留一撮头发外，余皆全部剃光。

36. “婆罗门的入门式[①]要在受胎后第八年举行；刹帝利在第十一年；吠舍在第十二年。

① 入门式（Oupanayana）专用于头三个种姓，以束圣纽和束带为标志。传授一切咒文中最神圣的娑毗陀利赞歌（Savitri）是入门式的主要部分（见本卷第169、170节）。

37. “对于贪求圣学[①]光荣的婆罗门，这一典礼可在第五年举行；对于抱有野心的刹帝利在第六年；对于志在经商的吠舍在第八年。

① 因为这样年龄的儿童还没有意志，可以他父亲的意图作为他的意图。

38. “婆罗门到第十六年，刹帝利到第二十二年，吠舍到第二十四年，接受以娑毗陀利赞歌祝圣的结带式的时间仍未过去。

39. “但过此期限，没有在适当时间接受此式的三个种姓中的青年，不配接受入门式，受人排斥，成为善人鄙视之的。

40. “婆罗门虽身处困境，也绝不可和没有按照规定行过净法的人结交学习圣典或结姻缘。

41. “梵志生（Brahmatcharis）[①]应按照种姓的高下[②]，穿黑羚

羊皮、鹿皮、雄山羊皮上衣[3]，和大麻[4]、亚麻[5]或羊毛织品的下衣。

① 梵志生是再生族青年自结带式起至做家长为止这一期间的名称。

② 即婆罗门青年应该穿羚年皮和大麻织品；刹帝利穿鹿皮和亚麻织品；吠舍穿雄山羊皮和羊毛织品。

③ 梵文 outtarîya 和 adhovasana 两词，我把它译为法语 manteau（上衣）和 tunique（下衣）。

④ 梵文作 Sana，大麻属，也用以指称可以提取大麻的一些植物，如 Crotalaria juncea。

⑤ 梵文作 Kchoumâ，学名作 Linum usitatissimum。

42. “婆罗门的圣带应该是用蒙遮[1]（Moundja）草制成的摸着柔软的三条等长的带子；刹帝利的应该是一条牟尔跋（Mourva）[2]纤维制成的弓弦；吠舍的应该是三根大麻绳制成的。

① 学名 Saccharum munja。

② 学名 Senseviera zeylanica。

43. “在缺乏蒙遮革和其他植物时，要分别用鸠娑（Kousa）[1]，阿斯满多伽（Asmantaca）[2]和跋跋遮（Valwadja）[3]草，按照家族习惯做成有一个结，三个结或五个结的三股绳的带子。

① 学名 Poa cynoruroides。

② 学名 Spondias mangifera 或 Andropogon muricatus。

③ 学名 Saccharum cylindricum。

44. “束在身体上的圣纽，婆罗门要棉制的，有三股绳；刹帝利要大麻绳的；吠舍要羊毛线绳的。

45. “婆罗门应该按照法律携毗跋（Vilva）[1]或钵罗娑（Palasa）[2]制手杖，战士携跋多（Vata）[3]制或迦底罗（Khadira）[4]制手杖，商人携比鲁（Pîlou）[5]制或优冬钵罗（Oudoumbara）[6]制手杖。

① 学名 Ægle marmelos

② 学名 Butea frondosa

③ 学名 Ficus indica

④ 学名 Mimosa catechu

⑤ 学名 Careya arborea 或 Salvadora Persica

⑥ 学名 Ficus glomerata

46. "婆罗门的手杖要高达发部；刹帝利的高达额部；吠舍的高达鼻端。

47. "这些手杖都应该是笔直，无瑕疵，美观，毫无可怕处，带皮和没有见过火的。

48. "梵志生要携带满意的手杖，在面向太阳，从左及右，[①] 绕火一周后，按照规定去行乞。

① 这种仪式，梵文叫 Pradakchina。

49. "三个再生族种姓中头一个种姓的入门生[①]向妇女乞食时要用"太太"一词开始其请求；武士种姓入门生，要把这一词放在句中；吠舍放在句尾。

① 见下节。

50. "应该首先向母亲，姊妹或姨母，或不致遭到拒绝的其他任何妇女乞食。

51. "这样集拢食物到充足数量，如实报告教师后，要漱口洁身，面向东方就食。

52. "其东向而食者延年益寿，南向而食者得荣誉，西向者得幸福，北向者得真理的果报。

53. "再生族要经常盥漱后潜心用食；食后，以适当方式漱口，用水浇洗头部六窍，即两眼两耳两鼻孔。

54. "要经常重视食物，食之不餍；见到它时，要喜欢，有忧愁时，要自慰，要企望常有如此多的食物。

55. "因为，常被人重视的食品，给人筋力和元气；吃它而不重视它，就破坏这两种好处。

56. “不要把残食给任何人，早晚两餐之间，不要吃任何东西；不要吃得太多；也不要在饭后不先漱口就到任何地方去。

57. “过食伤身，减寿，有损将来天界的幸福[①]，招致不净，今生遭人贬斥，所以要注意戒除它。

① 因为过食妨害完成使人得以超生的神业。

58. “婆罗门要用手的献给吠陀的清净部分，或用由造物主得名的部分，或用献给诸神的部分，而绝不用由祖灵得名的部分来漱盥。

59. “位于拇指之根的部分叫做献给吠陀的部分；造物主的部分在小指根；诸神的部分在指尖；祖灵的部分在拇指和食指之间。

60. “开始要三次吞下手心所能盛的水，继之用拇指底部拭口；最后用水接触上述诸窍[①]，胸部和头部。

① 见53节。

61. “熟悉法律，寻求清净的人应该始终以手的清净部分，用不热不起沫的水，站在僻静地方，面向东方或北方进行盥漱。

62. “婆罗门用流到胸部的水洁身；刹帝利用抵达喉部的水；吠舍用啜入口内的水；首陀罗用舌尖和唇边触及的水。

63. “再生族举起右手，使圣纽或衣服通过右肩下面结在左肩上时，叫做优钵毗底(Oupaviti)；举起左手使圣纽通过左肩下面结在右肩上时，叫做普罗俱那毗底(Prâtchînâvîtî)；将圣纽结在颈部时，叫做尼毗底(nîvîtî)。

64. “腰带，用作上衣的皮子，手杖，圣带，水瓶[①]；已坏者，可投于水，而换用其他用咒文祝福过的。

① 水瓶，木制或陶制，供学生或苦行者使用。

65. “婆罗门的劫桑多(Kesanta)[①]仪式，定于受胎后第六年；武士种姓定于第二十二年，商人种姓定于稍后两年举行。

① 注疏家认为Kesânta指净法，无其他解释；琼斯则认为是一种剃发式；威尔逊著《梵文字典》认为是布施、馈赠等义务。

66. “同样仪式要按照上述时间及顺序对妇女举行，以清净其肉体，但不念咒文。

67. 立法者认为结婚典礼对于妇女可以代替吠陀规定的入门式，她们殷勤侍奉丈夫，照料家庭，维持圣火，可代替居住师家。

68. “上面所述是再生族入门式的法律，入门式是使他们再生和超凡入圣的标志。现在你们可以学习他们应该遵从何种义务。

69. “教师使学生束圣纽入门后，首先教给他清净的规则，善良习惯，维持圣火，以及早午晚的宗教义务[①]。

① 这种义务，梵语叫做Sandhyas。

70. “学习时，青年学生应该按照律法进行盥漱后，面北，向圣典致敬[①]，穿着清净的衣服，抑制情欲来受课。

① 这种敬礼叫做俺遮梨(Andjali)，即微俯其首，合十，举到额部中间。

71. “在阅读吠陀开始或结束时，要恭敬地接触教师的两足；要合掌阅读，因为这是对圣典应有的尊敬。

72. “应该交叉双手，接触师父的双足，即将左手放在右足上，右手放在左足上。

73. “诵读开始时，教师要始终不倦地说：‘喂，学习吧！’以后要他停止时，对他说：‘休息吧！’

74. “在学习圣典开始和结束时，要唸一个单音节圣言，凡阅读不以单圣言‘唵’(aum)[①]开始者会渐渐消失，不以它结束者会在脑海中不留痕迹。

① Aum 或 Om，是一个单音节圣言，它是神在一切祷咒前用的神秘性名词。——对于印度三现体神（Trimourti）的崇拜者，它表示三神一体的思想。A 是毗湿奴天（Vichnou）；U 是湿婆天（Siva），M 是梵天。

75. “要坐在尖端向东的鸠娑[①]草梗上，用两手中拿的这种圣草净化后，并以每次五个短元音时间的三屏息去掉一切污浊后，念单圣言‘唵’。

① 鸠娑草，学名 Poa cynosuroides，是一种圣草。

76. “A 字，U 字，M 字，结合而成神圣的单音节，它和佛尔（Bhor），佛婆（Bhouva），斯跋尔（Swar）[①]三圣词是由梵天从三圣典内抽绎出来的。

① 三词（Vyàhritis），指地，空，天，是三界的名称。

77. “造物主，最高天（Paramechthî）[①]，又自三吠陀中逐句抽绎了由多陀（Tad）开始称为娑毗陀利（Savitrî）[②]的赞歌。

① 原文作：居于最高驻所者。

② 我认为这里应引证毗斯跋密陀罗的《太阳神颂》全文，因为娑毗陀利赞歌是它的一部分。我根据罗森先生（Rosen）在其《梨俱吠陀样本》（Specimen du Rig - Veda）中所发表的梵语原文，并利用其中所附拉丁直译译文将它翻译出来。科尔布鲁克曾在《吠陀论》中（见第 315 页）将它译为英文。

太阳神颂

其　一

1. 啊，光辉灿烂的太阳神呀，赞颂你的这篇绝妙新词，是我们奉献给你的。

2. 请不吝嘉纳我的呼吁，请详察我那渴慕的灵魂，宛如一个情人往访他的情妇。

3. 愿烛照一切的太阳神护佑我。

其　二

1. 我们要反复寻味辉煌的太阳神的奇妙之光，愿它诱掖我们的理智。

2. 我们如饥似渴，以虔诚的祈祷，恳请辉煌可敬的太阳神施惠。

3. 愿司祭和婆罗门，为其理智所诱引，以祭祀，以圣歌，崇拜辉煌的太阳神。

从上所引，可以看出这篇颂歌分两首，每首各三句。第二首在梵文中以Tad字开始，当系摩奴法典中所说的娑毗陀利赞歌。我认为三句（padas）应理解为第二首歌的三个诗句。印度人往往只朗诵娑毗陀利赞歌的第一句。第一句又特别叫做Gâyatrî。Savitri和Gayatri两语，根据鸠鲁伽和罗伽跋南陀两位摩奴法典注疏家的意见，似可互用。

78. “凡通晓圣典的婆罗门，早晚低诵单音节圣言并用佛尔，佛婆，斯跋尔三圣词开始其娑毗陀利咒文时，取得吠陀赐予的圣德。

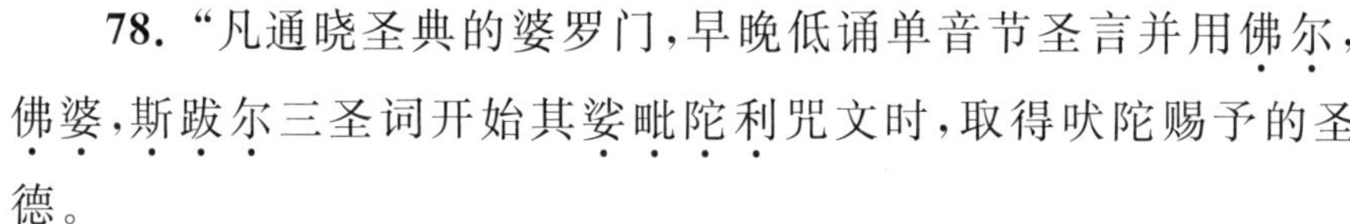

79. “再生族在僻静地方念一千遍由玄妙的单音节、三词和咒文组成的这三字颂，可在一月内甚至解除大过，犹如蛇虫蜕皮一样。

80. “僧侣种姓，武士和商人种姓的每一成员，忽视这一咒文并未及时完成宗教义务者，成为善人鄙视之的。

81. “伟大而不朽的三词，前有单音圣言‘唵’，后随由三句构成的娑毗陀利赞歌，应被认为吠陀的主要部分，或取得永久解脱的方法。

82. “连续三年天天不断回环讽诵这一咒文者，将具有不死的形体，轻快如风，超凡入圣。

83. “玄妙的单音节圣言是最高的神，屏息念诵单音节圣言，三词和娑毗陀利赞歌全文，是最完美的修行；没有高于娑毗陀利赞歌的事物，宣示真理较保持沉默更为可取。

84. “吠陀规定的一切宗教仪节，如祭火、牺牲，都归无效，而单音节圣言则不可灭，它是万物之主梵天的象征。

85. “主要在于低声祈祷并由单音节圣言、三词和娑毗陀利赞歌组成的祭品，胜于常规的祭品[①]十倍；听不见的祈祷胜似百倍；心内祈祷则有千余倍的功德。

① 如新月之日和满月之日举行的祭祀。（注疏）

86. “家庭四祭事、和常规祭祀合在一起，也不及低声祈祷这一献祭的十分之一。

87. “婆罗门无论是否进行其他祭祀，通过低声祈祷，可以毫无疑问地达到解脱的境地；作为创造物的朋友，即使法律许可，亦未尝有所伤生，因为他不祭供，他理应称为冥合于梵的人。

88. “当感官接触令人迷恋之物时，老练的人，要像马夫制服他的马一样，尽一切努力来抑制它们。

89. “这些器官，古贤宣称有十一个，我将依适当顺序，对你们切实列述，即：

90. “耳、皮、眼、舌和居第五位的鼻；肛门、生殖器、手、足和被认为居第十位的语言器官。

91. “前五器官，即耳及其以下器官，称为觉根；其余五官，自肛门以下开始，称为作根。

92. “应该承认有第十一官，意（意识，Manas）性质上近似觉根和作根；制服了它，上面各以五个器官组成的两根，也就同样被制服。

93.“使诸根倾向欲乐，势必陷于罪恶，但若加以控制，则可以达到最后解脱。

94.“当然，欲望绝不会由于得享所期望的事物而满足，有如撒了酥油的火，只有烧得更旺。

95.“你们可以将享受种种肉欲的人，和完全抛弃它们的人加以比较：后者高尚得多，因为完全抛弃一切欲望胜于满足欲望。

96.“不仅避免沉湎欲乐，而且持之以恒地研求圣知，如此更能抑制倾向欲乐的器官。

97.“吠陀、布施、献牺、戒律、苦行，都不能使本性彻底败坏的人达到解脱。

98.“人听，触，看，食，感到可乐或拂意的事物而不觉其苦乐者，应被认为制驭了他的诸根。

99.“但如诸根中只有一根脱逸，则人的圣知也就同时脱逸，有如水自皮囊底部开口处脱逸一样。

100.“人在控制诸根，并制服内心感觉之后，应该专心致志于业务，而不以苦行毁坏身体。

101.“应该黎明即起，低声反复诵念娑毗陀利赞歌至日出；晚上黄昏时分，应该念诵到星辰清晰出现的时刻。

102.“早晨，起立诵经，可以消灭晚间可能无心犯下的一切罪恶；晚间坐而诵经，可以消除日间无心感染的一切罪污。

103.“但，早晨不起立诵经，晚间不坐而反复念诵的人，应该像首陀罗一样，被排斥于三个再生族种姓所特有的一切义务之外。

104.“再生族因退居林下，临清水边，制驭诸根，恪守每天祈祷的规则，而无法从事研求圣典时，要专心致志地反复念诵伴以圣言'唵'和佛尔，佛婆，斯跛尔三词的娑毗陀利赞歌。

105. "对于学习吠檀伽(Vedângas)[1]，和每天不可不做的祈祷，可不必遵守中止学习的规定[2]，对于祭火同时诵念的咒文亦然。

① 俺伽和吠檀伽，是被视为附属于吠陀的圣学，其数有六：其一，论音；其二，论宗教仪式；其三，论文法；其四，论音韵；其五，论天文；其六，论吠陀经疑难词句。(注疏)

② 阅读吠陀在某些情况下应予中止。(见第四卷第101及以下各节)

106. "日常诵经不能终止，因为它称为圣典的祭品；以吠陀作为祭品的祭品，常是有功德的，即使它在阅读圣典应予中止时亦然。

107. 抑制诸根，并经常清净的人整年不断低诵祈祷，使乳、凝乳、酥油和蜜等供物升到享受供物并允其得遂志愿的诸神和祖灵面前。

108. "以束圣纽入门的再生族，应该朝夕维持圣火，乞食，坐在很低的床上，承欢教师，直至梵志期满。

109. "教师的儿子，勤奋可教的学生，能传授其他知识的学生，正直的学生，清净的学生，热诚的学生，能力强的学生，慷慨好施的学生，道德高尚的学生，有血缘关系的学生，乃是依法准许学习吠陀的十种青年。

110. "通情达理的人，人不问不应该发言，或答复提得不当的问题；明知人家所问，也应在交际场中自持如哑人。

111. "一个人胡乱答复另一个人胡乱提出的问题；两者中前者必会死亡或惹起仇恨。

112. “凡无美德、财富以及利于学习吠陀的热诚和服从之处，圣道不应在那里传布，如同好种子不应该播种在不毛之地一样。

113. “说教圣典者，虽处在可怕的困境中，与其将圣道播种在不毛之地，毋宁与其学识共沦亡。

114. “神学走近婆罗门，对他说：‘我是你的宝藏，你要保存我，不要授予轻蔑我的人。这样，我就会始终充满力量；

115. “但当你找到一个洁白无疵并能制驭诸根的再生族学生时，要使我结识他，就像结识这样一个宝藏的不懈守护人一样。

116. “未经许可，擅自学得圣典知识的人，犯盗窃圣典之罪，而堕入地狱中。

117. “学生因人指教而取得关于世事、圣典，或最高我的知识，不论此人是谁，应该首先向他致敬。

118. “其一切学识仅止于娑毗陀利赞歌，而能完全抑制情欲的婆罗门，胜于通晓三圣典而对情欲毫无控制，吃尽卖绝的人。

119. “不可和上级同卧一床或同就一座，坐或卧时，应该起立对他行礼。

120. “青年人的生气，在老人近前时，似即将逸去，而在起立行礼时恢复之。

121. “惯于问候老人而经常尊敬他们的人，可以增长寿命、知识、声誉和力量等四事。

122. “客套已毕，接近长者的婆罗门要道出自己姓名，说：‘我是某某’。

123. “对于不通梵语，因而不了解问候中道出姓名意义的人，有教养之士应该说：‘是我’。[①]对于一切妇女亦然。

① 在《沙恭达罗》剧本中可以见到这样的一个例子(八开本版第109页第4幕)。

124. “问候时,道出姓名后,要说出感叹词‘钵’(bhauh),因为圣者认为‘钵’有代表对话人名字的特点。

125. “对于婆罗门的问候应该这样答复:‘体面的人啊,愿你长寿!’姓名最后的元音,和元音前面的辅音要一并延长占三个音节的时间。

126. “不知道回答问候方式的婆罗门,不配被因有学识而为人所尊敬的人所问候;他和一个首陀罗不相上下。

127. “接近婆罗门时,应该问候他神业顺遂否;问候刹帝利身体健康否;吠舍,商业兴隆否;首陀罗,无恙否。

128. “刚举行过盛大祭礼的人,不管他多么年轻,也不要直呼其名;懂得法律的人和他对话时要用感叹词‘哦’或‘尊者’的字眼。

129. “在谈到别人的妻子,或和与自己无血缘关系的妇女讲话时,要说‘夫人’或‘好阿姊’。

130. “和舅父、伯叔、岳父、祭司、教师谈话时,如果他们比自己年轻,应该起立说:‘是我’。

131. “姨母、舅母、岳母和姑母,应该受到和师母一样的尊敬,她们和她是平等的。

132. “弟兄之妻,如果同种姓而年较长,应该每天伏在她足前施礼,但只有在旅行归来时,才应该去问候她父系和母系的女眷。

133. “对姑母、姨母和姐姐,要有和对母亲一样的礼数,但母亲比她们更可尊敬。

134. “同一城市的市民间,不以十岁之差而失其平等;艺人间不以五岁之差;精于吠陀的婆罗门间不以三岁之差;同一家庭成员之间，平等只存在不多的时间。

135. "十岁的婆罗门和年达百岁的刹帝利应该被视为父子，两者中婆罗门为父，且应该被尊敬如父。

136. "财富，血缘关系，年齿，神业，和居第五位的神学，都是应该受人尊敬的资格；后者依次比前者更可尊敬。

137. "凡头三个种姓的人，在五项受人尊敬的资格中，表现出最重要的资格愈多，愈应受人尊敬；年达百岁的首陀罗亦然。

138. "应该对乘车的人，九十岁以上的老人，病人，荷重担的人，妇女，学习期满的婆罗门、刹帝利，要结婚的人让路。

139. "但是，如果他们同时相会，其中学习期满的婆罗门和刹帝利应该优先受尊敬。而后两者中，婆罗门应该比刹帝利受到更多的尊敬。

140. "婆罗门在引导学生入门后，对学生授以吠陀和祭祀的规定，以及称为奥义书(Oupanichad)[①]的玄妙部分。贤者应称此婆罗门为教师(Atchârya)。

① 吠陀的神学和论证部分包括在称为"奥义书"的论著内。这些论著已译成波斯文，取名"优婆尼伽多"(Oupnekhat)，是奉莫卧儿王奥朗最布的弟弟达拉彻谷的命令翻译的；这项波斯译文被翁克提尔·杜伯隆译为拉丁文，隆如伊内伯爵对拉丁文译本发表过一篇颇受推崇的分析文章。威廉·琼斯和婆罗门族拉摩罕拉(Rammohan-Roy)曾将一些奥义书由楚文译成英文。

141. "为维持生活，只教授吠陀一部分或吠檀伽的知识者，称为副教师(Oupâdhyâya)。

142. 婆罗门或父亲本人，按照规定举行受胎式及其他，并首先给小儿以米饭为食者，称为导师(Gourou)[①]。

① Gourou 和 Atchârya 两名往往互用。

143. “受雇于人以维持圣火，作家庭祭供，举行阿格什多摩和其他祭祀者，此处（本法典内）叫做为人雇用的祭司（Ritwidj）。

144. “以真理的语言，使圣典入其两耳者，应被视如父母；学生绝不可使其烦恼。

145. “教师[1]比十个副教师，父亲比百个教师，母亲比千个父亲更可尊敬。

① 此处所说教师，应理解为在入门式中教青年以娑毗陀利赞歌，不教其他任何事物的人。（注疏）

146. “在给予生命的人和传授圣道的人中间，传授圣道者是最可尊敬的父亲；因为，精神诞生，即入门式，和学习吠陀之先导，不管今世来世，对于再生族来说，都是永远的。

147. “父母由爱结合给小儿以生命，因为小儿成形在母胎，所以这种出生只应被看做是纯人世的。

148. “但阅读过圣典全文的教师，根据法律，通过娑毗陀利赞歌给予他的生命才是真正而不会老死的。

149. “教师通过传授启示的典籍，给予学生以不论大小的好处时，人们应知道，由于他施予圣道的恩惠，本法典内将他看做是精神上的父亲。

150. “给予精神生命，授人义务的婆罗门，虽还幼小，但根据律法，被认为是年长者的父亲。

151. “俺吉罗（Angiras）之子迦毗（Kavi），年尚幼，教伯叔、从兄弟学习圣典，对他们说‘孩子们’！他的知识使他对他们有师长的权威。

152. “他们满怀愤怒，去问诸神这一称呼的理由，诸神集合在

一起，对他们说：‘孩子说得恰当。’[①]

① 琼斯认为下一句也出自神口，但注疏并未这样指出。

153. “因为无知者是小儿；授人圣道者是父亲，所以贤者将小儿的称号给予文盲，父亲的称号给予教师。

154. “并非年龄、白发、财富，双亲构成尊大；圣者们曾制定这一法律：‘通晓吠陀和吠陀分的人在我们中间是尊大的。’

155. “在婆罗门间，优越以知识来决定，刹帝利间以勇武；吠舍间以富于食粮及其他商品；首陀罗间以出生的优先来决定。

156. “不是由于头发斑白就算老；年虽幼小但已经读过圣典的人，被诸神视为长者。

157. “没有学习过圣典的婆罗门可比做一只木象或一只皮鹿，三者都徒有虚名。

158. “有如去势者和妇女结合不能生育，牝牛和牝牛结合不能生育，向无知者布施不得果报，同样，没有阅读吠陀的婆罗门，不能撷取完成启示和圣传规定的义务时可以获得的果实。

159. “凡以劝善为目的的教育，在传授时不可虐待学生，老师欲为正直之士，应该使用温和宜人的语言。

160. “语言和思想纯洁和在各种场合中颇能持之以节的人，可得到因熟知吠檀多[①]而应得的一切利益。

① 吠檀多(Vedanta)是吠陀的神学部分，由各种叫做“奥义书”的论著组成。见第140节。

161. “人虽愁苦难过，也绝不应表现出恶劣情绪，或从事害人，或心怀害人之念，不应说出一句可能伤人和使出口伤人者上天无门的话。

162. “婆罗门要经常畏惧俗世的一切荣誉如毒物，始终期望轻视如神膏(Amrita)[①]。

① Amrita是诸神的饮食，可使他们长生不死。根据威尔逊引证的伐优弗罗那(Vâyou-pourana)的说法，月球是神膏的储藏所，它是新月渐次充盈的半月内由太阳储满的；到月圆时，诸神，祖灵，诸圣，日饮一迦罗(Kalâ)或一指，直至神膏被饮尽。——根据另一神话传说，神膏是搅拌乳海的结果。诸神和阿修罗通力合作来进行这一工作，以曼达拉山(Mandara)为小风车，以跋修基(Vâsouki)巨蛇为绳索来牵动它。海为曼达拉山引起的旋转运动所搅动，产生了很多宝物，就中有药神耽槃多离(Dhanvantari)拿在手中的瓶内的长生不老神膏。诸神和阿修罗互争神膏，最后为诸神所取得。不死神膏是《摩诃婆罗多》史诗的主题；在《罗摩衍那》中也有记述(第一卷第65章)。

163. “因为，虽受人轻视，却可安然入睡和安然觉醒，在世界上幸福地生活，而轻视人者则很快趋于灭亡。

164. “再生族的心灵已按照规定为上述诸仪式依次净化，和教师同住时，要逐渐从事苦行，准备学习吠陀。

165. 再生族在从事种种修行和遵从律法所规定的戒律时，应潜心阅读吠陀本文和诸奥义书[①]。

① 奥义书，见上面第140节。

166. “欲从事苦行的婆罗门要不断致力于学习吠陀，因为学习圣典被认为是婆罗门在世界上最重要的苦行。

167. “再生族即使头戴花冠，也一定要致力[①]于最有功德的苦行，每天集中全力阅读圣典。

① 原文作：委身直到指尖上。

168. “再生族不从事学习吠陀而从事他业务，不久就终生落到首陀罗境地，其所有子孙亦然。

169. “再生族第一次出生在母胎中，第三次在结带，结圣纽式中，第三次在完成祭祀中，这是启示原文所宣示的。

170. “在三次出生中，在那引人认识圣典和为之结带束圣纽从而有别于人的出生中，娑毗陀利赞歌为母，而教师为父。

171. “立法家称教师为父，因为他传授吠陀给自己，因为青年人在接受带和圣纽之前，不得做任何宗教仪式。

172. “在此之前，他除了在葬仪中可唱祭祖灵的斯跋陀(Swada)祷词而外，禁唱任何咒文；因为直到他被吠陀重生的时刻为止，是无异于首陀罗的。

173. “接受了入门式，就要求他服从规定，依次学习吠陀，预先遵守已有的习惯法。

174. “按照种姓对每一个学生规定的皮上衣，圣纽，腰带，手杖，衣服，在某些宗教实践中，应该替换新的。

175. “住在教师家里的学生，要抑制各器官，遵守以下戒律，以增长虔诚。

176. “每天沐浴后，身体已清净时，要向诸神，诸圣，诸祖灵浇奠清水[①]；要敬礼诸神明和维持圣火。

① 这种奠水仪式叫做多尔钵那(Tarpana)，用右手举行。

177. “要戒食蜜、肉，戒用香水，戒戴花冠，戒植物中榨取的美味汁液，戒女色，戒一切变酸的甜食，戒虐待生物；

178. “戒涂身油，戒眼药，戒穿鞋和打伞；戒肉欲、愤怒、贪婪、跳舞、唱歌、音乐；

179. “戒赌博、争吵、诽谤、诈骗；戒含情凝视或拥抱妇女；戒损害他人。

180. “要经常睡在僻静地方，绝不可出精；因为如果姿情纵欲，如果出精，就破了本种姓的誓戒，应该从事苦行赎罪[①]。

① 见第十一卷第118节。

181. “再生族学生睡眠中无意识遗精，应该沐浴，敬礼太阳，然后念三次咒文：‘愿我的精液回到我身。’

182. “要尽可能就教师需要；为其携壶取水、取花、取牝牛粪，土和鸠娑草；要每天去乞讨食物。

183. “学生乞食时应注意每天前往那些不懈完成吠陀规定的祭祀，以克尽厥职著称的人家。

184. “不要到教师家里，或父母的亲族家里乞食；如果别人家不开门接纳，则在顺序上靠前的人应是特别避免的人[①]。

① 遇到这种情况时，要首先向母系亲族乞食，没有母系亲族时向父系亲族，没有父系亲族时向教师亲族乞食。（注疏）

185. “或者（以上[①]所举人家都没有时）行乞于全村，但要完全清净，保持缄默，还要避免名誉不好和犯了大过的人。

① 见第183节。

186. “从远方带回薪木[①]，要放在露天，早晚用来祭火，无时或缺。

① 祭火用的薪木，必须是有花房的无花果树，多叶的豆科植物和有感受性的含羞草的薪木，似乎也可以使用有刺的 Adénauthére 木和檬果树木。薪木要砍成小木块，一巴掌长，粗不过拳（科尔布鲁克《亚细亚研究》，第七卷，第235页）。

187. “无病而连续七天不行乞，不用薪木维持圣火时，应该进行对破梵行之戒者[①]所规定的苦行。

① 见第十一卷第118节。

188. “学生绝不要中止行乞，不要仅向一家一人行乞，学生靠施物为生被认为和断食有同样功德。

189. “但如被邀参加敬礼诸神或诸祖灵的仪式，可以按照戒律，仿效苦行家，随意吃一个人供给的食物而不破戒。

190. “但根据贤者们的说法，这种情况只适用于婆罗门，而绝不适用于刹帝利或吠舍。

191. “无论是否有教师的命令，学生都应该热心从事学习，设法使可敬的师长满意。

192. “要抑制身体、言语、感官、心灵，合掌，凝目，面向教师而立。[①]

① 原文是：做俺遮利。

193. “要经常袒右手，态度端方，衣服适体，被邀就座时，坐在教父的面前。

194. “在老师面前，食物衣饰要始终朴素，要先于他起身，后于他归去。

195. “答复老师的命令，或和他谈话时，或卧，或坐，或食，或从远处或从旁视，都不应该。

196. “老师坐时，要直立；老师站立，要趋前，老师步行时，要迎上去；老师跑步，要随在后面。

197. “老师回头，要转到他的面前去；老师在远处，要走上前去；老师卧或站立他的旁边时，要躬身。

198. “在老师面前，床和座位要很低，又，在老师目力所及的地方，不应该随意就座。

199. “即使老师不在，也不要单纯[①]直呼老师的名字，绝不要模仿他走路的姿势，他的言语和举动。

① 指不附带尊称。（注疏）

200. “无论何处有人诽谤或诬蔑老师，应该充耳不闻，或走向他处。

201. “诽谤老师，死后变驴；诬蔑老师变狗；未经许可而使用老师的物品者变为蛆，嫉视老师者变为虫。

202. “离老师远时，能亲身前去时，或在发怒，或当妇女之面时，不要向老师施礼，也不要请人代施；如在乘车或在就座时，要下来问候老师。

203. “不要在上风或下风[①]和老师并坐；老师不能听到的时候，不要说什么。

① 上风下风，指风自老师坐的地方吹到他那里，或自他坐的地方吹向老师那里。（注疏）

204. “可以在牛、马、骆驼拉的车子上，在露台上，在铺石的地方，在草编的席子上，在岩石上，在木凳上，和老师坐在一起。

205. “当老师的老师在场时，要待之如己师，老师未请，不得问候亲族中有权受他尊重的人。

206. “对于传授圣学的老师，对于诸如叔父等父系亲族，对于使他避免错误并给予指点的人，也应经常采取这种举动。

207. “对待有德之士要始终如对己师，对待老师之子，如按照年龄应该尊敬时，以及对待老师的父系亲族亦然。

208. “老师之子，不论他比自己年轻，或和自己同年，或者他身为学生，如果他能教授圣典，而作为主祭或仅作为助祭出席祭礼时，就有权利和老师一样受尊敬。

209. “但不应该用香料涂抹老师儿子的身体，不要侍浴，食其残食，或为其洗足。

210. “老师的妻子，如为同一种姓，应敬如老师；但如属不同种姓，学生只应起立问候，不另致敬。

211. “学生不要负责给老师的妻子撒香油，侍浴，摩擦肢体和巧为结发。

212. “年过二十岁且能分辨好坏的学生，也不要俯伏在尊敬的老师的青年配偶前恭敬地接触她的双足。

213. “在人世间，诱使男子堕落是妇女的天性，因而贤者绝不可听任妇女诱惑。

214. “因为在人世间，妇女不但可以使愚者，而且也可以使贤者背离正道，使之成为爱情和肉欲的俘虏。

215. “不应该和母亲、姊妹或女儿一起住在僻静的地方；欲念结合起来力量强大，可以诱惑最贤智的人。

216. “但如学生本人也年轻，可以按照规定的习惯，俯伏在老师的青年配偶前说：‘我是某某’。

217. “旅行归来，青年学生也应该恭敬地接触老师妻子的两足，并遵守善人的习惯，每天俯伏在她面前。

218. “有如以铲锄地者之得水源，同样，一个用心和温顺的学生要获得教父心灵中所蕴藏的学识。

219. “要剃头，或长发垂肩[①]，或结发于顶；日出日没时，不要叫太阳发现他正睡在村子里。

① 结发叫做 djatâ，是使长发垂在两肩；又往往把头发全部或局部结成一种发束，直立在头顶上。

220. “因为贪肉欲入睡，太阳出没而不知时，应该重复低诵娑毗陀利赞歌，断食一整天。

221. “不根据太阳决定起卧，又不从事这种苦行者，使自己身犯大过。

222. “学生要在洗漱后，身洁心静地，在没有污浊的地方，按照规定，在日出日落时低诵娑毗陀利赞歌，完成宗教义务。

223. “妇女或首陀罗尚且设法通过某种方法取得最高幸福，再生族同样要积极在这方面努力，或做使他更感愉快而律法许可的事情。

224. “根据一些有识之士的说法，这最高幸福在于有德和有财；或者，根据另外一些人的说法，仅在于有德；或者最后根据其他一些人的意见，在于有财，但三者结合起来才构成真幸福，这是定论。

225. “教师是梵天的象征，父亲是造物主的象征，母亲是大地的象征；胞兄是灵魂的象征。

226. “教师、父母、兄长，绝不应受到慢待，尤其不能受到婆罗门慢待，即使受到他们烦扰时亦然。

227. “在生育和教养方面，母亲和父亲所受痛苦，虽几百年也不足以补偿。

228. “青年要经常在各种情况下做可以博得父母、师长欢心的事情，三者都满意时，一切苦行也就顺利完成而获得果报。

229. “恭敬地遵从三者的意图，被称为最卓越的苦行；学生未经他们许可，不得做任何善行。

230. “因为，他们象征三界、三住期、三圣典和三圣火。

231. “父亲是由家长永远维持的圣火(Gârhapatya)；母亲是祭仪之火[①]；教师是供物之火[②]；这三圣火应该受最大的尊敬。

① 这火取自家长之火，置于祭坛的南方，叫做达揿那(Dakchina)。

② 这第三火阿诃跋尼耶(Ahavaniya)，取自第一火，供祭献用。

232. “作为家长而不忽视它们，则此人可控制三界，身体闪耀着纯洁的光辉，在天界享受神圣的幸福。

233. “他由于尊敬母亲而得下界[①]；由于尊敬父亲而得空界[②]；由于服从师长而得梵的天界。

① 下界即世界。

② 空界应理解为地球和太阳之间的空间。

234. “尊敬这三者的人，必尊敬其一切义务，而获得其果报；但不尊敬这三者的任何人，其一切善行都无果报。

235. “当他们三者有生之年，不应该任意从事其他任何义务，但要始终表示尊敬的服从，一意承欢，奉事他们。

236. “为着眼于来世，不论履行任何义务，在思想、言论或行动上，不缺乏对他们应有的服从，事毕必以相告。

237. “由于只向这三者致敬，圣典和法律对人规定的一切行为就圆满完成；显然这是首要的义务，其他一切义务都是次要的。

238. “有信仰者，即使从首陀罗也可以得到有用的学识；从低贱的人获得大德的知识；从被人鄙视的家庭，取得妇女的珍珠。

239. “即使是毒物，也可以从中分析出甘露，如果甘露搀杂在里面，就可以抽取出来；可从儿童得到忠告，可从敌人学习处世；可从不纯物质抽取黄金。

240. 妻子、宝石[①]、学识、清洁、忠言和各种自由艺术，应该得自不论任何方面。

① 根据另一种解释，作：“和珠宝一般珍贵的妻子”。

241. “在必要时[①]，学生得受命从非婆罗门教师学习圣典；而在学习持续期间，要服从敬事他。

① 必要时，即在没有僧侣种姓的教师时。（注疏）

242. “学生如欲获得最高幸福，即最后解脱，不要终生淹留在非僧侣种姓教师处，或不识吠陀或吠陀分的婆罗门处。

243. “但欲终生留在教师家中者，要终生奉侍他直至他神体分离。

244. “凡柔顺地秉承教师的意旨，直到生命结束者，立即升至神有[①]的永久住所。

① 即梵天。

245. “熟悉义务的学生，在启行前，不要馈赠教师任何东西；但被老师打发走的，在即将完成沐浴[①]的时刻，要尽力向尊师献礼。

① 学习期满的学生归家时，进行一次沐浴（Snâna），并取得斯那多迦（Snataka）的名称，意为“受沐浴者”。

246. “要赠给老师土地，黄金，牝牛，马，日伞，鞋子，椅子，谷物，蔬菜，以赢得他的欢心。

247. “愿意终生学习的学生，老师死后，应该对待老师有德的儿子，或其妻子，或其父系亲族，如对待尊师一样。

248. “如果这些人都已不在人世，他可占有教师的住所，地位和教席；他要以极大的用心维持圣火，努力使自己有资格获得最后解脱。

249. “如此继续学习，不破所誓的婆罗门，必可到达最后解脱，不复在世间轮回。

第三卷　婚姻　家长的义务

1. “规定学生在教师家里学习三种吠陀，应持续三十六年，或此时间之半，或四分之一，或最后直至把它充分了解时为止。

2. “已依次学习每一种或两种或仅一种圣典的一个分科(Sâkha)而从未破梵志之戒的人，可进入家住期(Grihastas)。

3. “被认为完成义务，并已从生父或教父处接受在其指导下学习过的圣典作为礼品后，结婚前，要戴花冠，坐在一高座上，由生父或教父赐予他牝牛供物。

4. “学习期满的再生族，得教师同意，按照规定沐浴洁身后，可娶一个同种姓具有吉相的妻子。

5. 非其母系或父系六代祖先[1]以内的后人，又在家族名称所证实的共同出身方面，不属于父系或母系家族的女子，完全适合于和头三个种姓的男子结婚与性交。

① 原文作：“非母亲或父亲的撒宾陀(Sapinda)亲族”。(见第五章第60节。)

6. “下列十种家庭，即使很有势力，富于牝牛，羊，山羊，财产和谷物，但择配时应该避免，即：

7. “忽视祭祀的家庭，不生男孩的家庭，不学圣典的家庭，其成员长毛被体的家庭，或患痔疾，或患肺痨，或患消化不良，或患癫痫，或患白癞，成患象皮病的家庭。

8. “不要娶头发红褐，或多一四肢，或多病，或身无一毛，或有毛太多，或饶舌令人生厌，或红眼睛，

9. “或有星宿、树木、河流、蛮夷、山岳、禽鸟、蛇虫、奴隶等名称，或其名称引人恐怖的女子。

10. “要娶一个体格完好，名称宜人，步履优美如仙鹤或幼象，体被轻软纤毛，发致密，齿小而四肢柔媚的女子。

11. “有见识的男子不应娶一个没有兄弟或其父不知为何人的女子；在第一种情况下，唯恐父亲把女儿给他只是为了过继她可能生的儿子[①]，在第二种情况下，是怕结一个非法的婚姻。

① 见第九卷第127、136节。

12. “规定再生族初次结婚要娶同种姓女子；但如愿再娶，要依种姓的自然顺序优先择配。

13. “首陀罗只应该以首陀罗女子为妻，吠舍可在奴隶种姓或本种姓中娶妻；刹帝利可在上述两个种姓和本种姓中娶妻，婆罗门可在这三个种姓和僧侣种姓中娶妻。

14. “婆罗门或刹帝利虽处困境[①]，但以奴隶种姓女子为正妻，是古来任何史书所不曾记述过的。

① 处困境指没有同种姓女子时。（注疏）

15. “糊涂到娶最后一个种姓的女子为妻的再生族，很快就使家庭和子孙堕落到首陀罗境地。

16. “根据阿多利（Atri）[①]和优多底耶（Outathya）之子足目（Gotama）[②]的意见，娶首陀女子者，如为僧侣种姓，立即成为堕姓人；根据苏那迦（Sonaka）[③]的意见，如属于武士种姓，生子时立即成为堕姓人；根据跋梨求（Bhrigou）[④]的意见，如为商人种姓，当此

子生一男儿时立即成为堕姓人。

① 阿多利是六造物主之一，被认为是目前还存在的一本现行法律书的作者。

② 足目是立法家，其立法条文今天还被人引用。

③ 苏娜迦是赫赫有名的圣者，迦尸(kasi)国王首诃陀罗(Souhotra)的后人。

④ 跋梨求，六造物主之一，摩奴法典的讲述者，这里以第三者身份自述，人们将他列入立法家中。

17. “不娶本种姓女子，而与首陀罗妇女同床的婆罗门堕入地狱；如从她生一个儿子，即被剥夺其为婆罗门的资格。

18. “婆罗门使首陀罗妇女参与其祭神，供祖灵和留客的义务时，诸神和祖灵不享其祭供，本人也不得以天界为其留客的果报。

19. “对于唇为首陀罗妇女之唇所污[①]的人，为她的气息所玷的人，从她生儿育女的人，法律上没有宣布任何赎罪的规定。

① 原文作：对于饮首陀罗妇女之唾者。

20. “现在你们可以扼要学习四种姓间通行的八种婚姻形式；其中有些是好的，其他一些则无论今世和来世都是不好的。

21. “即梵天的，诸神的，圣仙的，造物主的，阿修罗的，天界乐师的，罗刹的，以及第八和最卑鄙的，吸血鬼的形式[①]。

① 见第一卷第37节。

22. “我将向你们详细说明，什么是每一种姓的合法形式，每一形式有何得失，以及由之而生的孩子们有何优缺点。

23. “要知道上述前六种婚姻可行于婆罗门，后四种可行于刹帝利，又同样的四种除罗刹形式外可行于吠舍和首陀罗。

24. “立法家认为前四种只适用于婆罗门，对刹帝利只规定了罗刹形式，对吠舍和首陀罗只规定了阿修罗形式。

25. “但此处(本书)在后五种婚姻中，三种被认为合法，两种被认为不合法；吸血鬼和阿修罗形式绝不可实行。

26. “上述两种婚姻，即天界乐师和罗刹的婚姻在法律上可行于刹帝利，得分别采用或合并采用。[①]

① 当刹帝利和所爱的女子同谋，以武力夺取该女子为妻时，两种婚姻形式合并举行。（注疏）在题为《虏克密尼（Rukmini）婚姻》的《薄伽-往事书》剧本中曾有两种婚礼合并举行的例子。朗格鲁瓦先生（M. Langlois）在其《梵文文学杂录》中发表过它的译文。

27. “父亲把长衫和装饰品授给女儿，将她嫁给一位亲自请来、恭敬接待、精通吠陀的有德之士。这种合法婚姻，叫做梵天的婚姻。

28. “牟尼们称之为诸神形式的婚姻是：依此种形式，祭祀开始举行，父亲打扮女儿之后，把她给予主持祭祀的僧侣。

29. “当父亲按照规定，从新郎手里接受一只牝牛和一只雄牛，或类似的两对之后，将姑娘的手授给他，以完成宗教的仪式，或把它们给予姑娘，但并不作为馈赠。这种形式叫做圣仙的形式。

30. “当父亲以应有的礼仪嫁出女儿时说：‘你们两人应双双履行规定的义务’，此种形式叫做造物主的形式。

31. “如果新郎自愿接受姑娘的手，按照自己财力赠与父母和姑娘礼品。这种婚姻叫做阿修罗的婚姻。

32. “青年男女由于互相誓愿而成功的婚姻，叫做天界乐师的婚姻；它是由欲望产生的，以色情的快乐为目的。

33. “用武力自父家夺取号泣呼救的姑娘，杀伤要反对这种暴行的人，并在墙上打破缺口者，叫做罗刹的婚姻。

34. “情人潜入在睡眠中、醉酒中或精神错乱的妇女身旁时，这种可诅咒的婚姻叫做吸血鬼婚姻，是第八级和最卑鄙的婚姻。

35. “僧侣种姓嫁女前，以先举行奠水式为得体，但在其他种

姓，仪式随各人意愿举行。

36. “婆罗门啊，现在你们可以通过我要对你们做的全盘说明，来学习摩奴为每一种婚姻指定的特性。

37. “按照梵天形式结婚的妇女所生的儿子，从事善行，可拯救十个祖先，十个后代，并第二十一人，即自己，使脱离罪孽。

38. “按照诸神形式结婚的妇女所生的儿子，上可救七位祖先，下可救七个后代；按照圣仙形式结婚所生的儿子，可各救其三，而按照遗物主形式结婚所生的儿子，可各救其六。

39. “按照顺序，以梵天形式为首的前四种婚姻，出生闪耀圣学光辉并为善人推重的儿子。

40. “他们貌美悦人，性格善良，富有资财，声名显赫，享受各种快乐，恪尽职守，且百年长寿。

41. “但从其余四种坏婚姻中出生的儿子，则残暴、欺诈，憎嫌圣典及其规定的义务。

42. “从无可非议的婚姻，出生无可非议的子孙，从应受非难的婚姻，出生应受轻蔑的子孙；因而应该避免给人轻视的婚姻。

43. “当妻子和丈夫同种姓时，规定举行握手式[①]；不同种姓时，婚礼中应该遵循的规定如下：

① 新夫妇握手是婚礼的重要部分，梵语叫做 Panigraha，意为“手的结合”。

44. “武士种姓姑娘嫁给婆罗门，应该手拿一支箭，同时丈夫应该搀执她的手；商人种姓姑娘嫁给婆罗门或刹帝利，应该手执刺针；首陀罗姑娘与头三个种姓男子结婚，应该手执上衣的边缘。

45. “丈夫可从妻子月信来潮，所预示的适合于生育的时节接近她，而经常忠实地依恋她，除太阴禁日[①]外，其他任何时间都可以在情欲的引诱下，含情接近她。

① 见第四卷第128节。

46. 每月从月信来潮起十六个昼夜，连同被善人禁止的特殊的四天，构成妇女的自然期。

47. "这十六夜中，前四夜①，以及第十一和第十三夜是被禁止的，其他十个夜是被许可的。

① 见第四卷第40节。

48. "这最后十个夜中，偶数夜适于生男；奇数夜适于生女；因而欲得男子者应于适当时机和偶数夜接近妻子。

49. "但是，如果男性的精液量较大则生男，反之则生女，两者相等则生半阴阳，或男女双生；微弱且衰竭者不受胎。

50. "禁夜和其他八夜避免性交者，无论处于何住期，家住期或林棲期，和梵志生一样纯洁。

51. "通晓法律的父亲嫁女时不应该接受些微的馈赠；因为人若由于贪婪而接受这样的馈赠，被认为是鬻女。

52. "亲族们利令智昏，占有妇女的财产，车辆，衣服时，这些坏人要堕入地狱。

53. "某些识者说，在圣仙形式的婚姻中，新郎所送的牝牛和牡牛礼品是给予父亲的馈赠；但这是错误的，凡父亲嫁女时所接受的馈赠不论多寡都构成鬻卖。

54. "当父母不把给予姑娘的礼品取为己用时则非鬻卖，这纯粹是取悦新娘，也是珍爱的证据。

55. "如果父亲，兄弟，丈夫和丈夫的弟兄们愿意子孙众多，则他们应尊敬已婚妇女并多多馈赠。

56.“妇女到处受人尊敬则诸神欢悦；但是，如果她们不被尊敬，则一切敬神事宜都属枉然。

57.“凡妇女生活在愁苦中的家庭，不久就趋于衰灭；但她们未遭不幸的家庭则日见昌盛而诸事顺遂。

58.“未给与家中妇女以应有的尊敬，而被她们所诅咒的家庭，有如为魔术祭所消灭一样，全部毁灭。

59.“因而欲得财富者，应尊敬其家庭中的妇女，每逢佳节和大祭，要给予她们装饰品，衣服和精制的食品。

60.“夫妇相得的每一个家庭中，永久幸福不渝。

61.“因为，妻子打扮得不容光焕发，就不能取悦丈夫之心，丈夫不悦，则结婚而不能生育子女。

62.“妇女打扮得容光焕发，整个家庭亦同样生辉，如果她不容光焕发，则家庭亦暗淡无光。

63.“结应受责难的婚姻，疏于规定的仪式，怠于圣典的学习，缺乏对婆罗门的尊敬，家庭要陷于败亡。

64.“学习类如绘画的技艺，经营类如高利贷的商业，仅和首陀罗妇女一起生育子女；买卖牛、马、车辆，耕种土地，服务国王；

65.“为无祭供资格者祭供，否定善行的未来果报；荒废圣典学习的家庭，迅即趋于毁灭。

66.“但，反之，享有学习圣典带来的利益的家庭，虽财产不多，却在应被尊敬的家庭之列，名声斐然。

67.“家长要按照规定，以婚礼之火举行家庭的晨昏祭供，举行应以此火举行的五大祭供，并用它来煮烧每天的食物。

68.“家长有五个杀生处所或屠具，即：炉灶、磨石、帚、杵臼和水瓮，用之即为罪所束缚。

69. “但对无意误用上述屠具之过失，诸圣仙们规定了家长应该每日举行的五大祭供。

70. “尊敬吠陀在于诵读和教授圣典；奠水[①]是对祖灵的祭供；向圣火内撒布酥油是对诸神的祭供；给生物以食粮或其他食品是对鬼灵的祭供；履行接待宾客的义务是对人类的祭供。

① 祭祖灵不仅限于奠水。见第 82 节。

71. “尽心竭力不怠于这五大祭供的人，虽久处家中，不为使用屠具造成的罪孽所污染。

72. “但，凡不尊敬以下五种人，即诸神、宾客、应受其照顾者、祖灵和他本人的人，虽呼吸，如不生。

73. “五大祭供也称为：无供物的崇拜（Ahouta），供物（Houta），卓越的供物（Prahouta），神圣的供物（Brâhmyahouta），美食（Prâsita）[①]。

① 原文作：好吃的东西。

74. “无供物的崇拜指诵读圣典；供物指在火内撒布酥油；卓越的供物指给予鬼灵的食品；神圣的供物指对婆罗门的尊敬；美食指献给祖灵的水或米饭。

75. “家长要严于阅读圣典，祭供诸神；因为严格执行这些祭供，就是供养世界及其所包括的动与不动的物类。

76. “以适当的方式向火内撒布的酥油供物，变作水蒸气上达于太阳；从太阳下降为雨，从雨滋生食用植物，从食用植物，物类吸取其滋养分。

77. “有如一切生物赖空气之助以生，同样，一切其他住期亦赖家长之助以生。

78. “由于其他三个住期的人，通过从家长接受来的圣学和食物，每天得到供养，因此，家长的住期是最卓越的。

79. “因此，欲在天上享受不渝的幸福并在人间时常幸福美满的人，应该尽心竭力完成本住期的义务；不能控制其欲念的人，不能完成这些义务。

80. “圣仙，祖灵，诸神，鬼灵，宾客都向家长要求规定的祭供；知道自己义务的人，应该满足他们。

81. “要诵读圣典以敬圣仙，按照法律祭火以敬诸神，陈设供物，以敬祖灵，进食物以待宾客。

82. “每天要用米或其他食粮，或水，或奶，或根、果来设供，以邀祖灵的垂青。

83. “五供物中祭祖灵的供物，可用来招待婆罗门；但祭诸神的供物则不得招待任何人。

84. “再生族烹制好祭供诸神的食品后，要每天循例以家中之火祭供以下诸神：

85. “首先分别祭火神(Agni)① 和苏摩(Soma)② 神，其次合祭两者，再次则祭毗斯跋提跋(Viswas-Dévas)③ 和耽槃多离(Dhanwantari)④ 神；

① 火神阿格尼，司八方中的东南方。

② 苏摩或旃达罗(Tchandra)，月神。

③ 毗斯跋提跋，一个特殊类别的众神，其数有十，即 Vasu，Satya，Kratou，Dakcha，Kâla，Kâma，Dhriti，Kourou，Pourourava 和 Madrava。(威尔逊)

④ 耽槃多离，药王，和神膏同时出海。

86. “祭鸠护神(Kouhoû)①，阿奴摩底神(Anoumati)②，造物

主[3]，底亚跋（Dyâvâ）和普利底毗（Prithivî）神[4]，最后很好地祭火。

① 鸠护，新月后司昼女神。

② 阿奴摩底，满月后司昼女神。

③ 造物主一名可用于多数的神和圣仙，这里恐指毗罗止（Viradj）神。

④ 底亚跋，天神；普利底毗，地神，都是女神。——上述每一项祭祀，举行时伴诵“斯波诃”叹美之词，如斯波诃火神，斯波诃苏摩神等。

87. “这样专心致志地祭献奶油和米饭以后，要自东而南走向四方，并依次类推，祭献因陀罗[1]，阎摩[2]，水神[3]和鸠吠罗神[4]，以及形成他们的扈从的守护神。[5]

① 因陀罗，即天王（Swarga），是诸神之首，司八方中的东方，以虹为武器，体有千眼，眼即星辰，它的统治终于一个摩奴时期之末，十四个摩奴时期构成一劫波或一梵日。于是，这在位的天王为在诸神、阿修罗或人类间最应取得这一光荣地位者所代替。在规定的时期以前，它的地位也可能为一个完成苦行而无愧于即天王位的圣者所夺取。这一情况往往使他恐怖，因而一个圣者一经从事引起他不安的苦行，他就立即派诱惑的女妖（Apsara）去设法使他失败，从而夺去他一切苦行的果实。见舍齐译乾竺（Kandou）的故事（《亚洲杂志》，第一卷），《沙恭达罗》轶事（《摩诃婆罗多》节录）和《罗摩衍那》中的毗斯跋密多罗（Viswamitra）轶事，第一卷第63、64章。

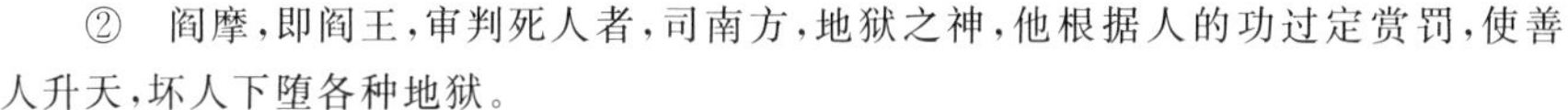

② 阎摩，即阎王，审判死人者，司南方，地狱之神，他根据人的功过定赏罚，使善人升天，坏人下堕各种地狱。

③ 水神，司西方，也被认为是坏人的惩办者，囚禁坏人于地狱深处，用蛇虫形成的锁链来缠绕他们。

④ 原文有Indou字样，注释有Soma字样，两名通常指月神，但这里显系指司北方又叫Indou和Soma的鸠吠罗。鸠吠罗系财神。

⑤ 对司东方的天王及其扈从守护神的祭供，应该在东方举行，对司南方的阎王应该在南方；对水神应该在西方；对财神应该在北方。咒文格式是“敬礼天王”等。（注疏）

88. “要将熟饭投在门口，念道：‘敬礼风神’；投在水内，念道：‘敬礼水神’；投在杵臼上，念道：‘敬礼林木之神’。[1]

① 这些神住在林木间。见舍齐译《沙恭达罗》剧本第四出，八开本版第124页。

89. “要在枕畔，即在东北方敬礼斯梨（Srî）神[1]；在床脚下，即向西南方敬礼跋陀罗迦利神（Bhadrakâlî）[2]；在住所的中央敬礼梵天和跋斯道斯跋底神(Vâstospati)[③]。

① 斯梨或 Lakchmî 是繁荣富饶的女神,在神话中她是毗湿奴天的配偶,她的名称斯梨和希腊谷神(Cérès)一名有近似处。

② 跋陀罗迦利是都尔伽(Dourga)女神的形象之一。(威尔逊)

③ 跋斯道斯跋底似为一家神,威尔逊认为他是天王的又一名称。

90. "献给毗斯跋群神的供物要投在空中;给日间徘徊的鬼灵的供物,要在日间献给;给夜间徘徊的鬼灵的供物,要在夜间献给。

91. "要在住所的上层或其后面设供,以求一切物类繁衍,并转向南方将其一切献于祖灵。

92. "要将准备给犬类,堕姓人,饲犬者,染象皮病者,或患肺痨病者,小鸟或虫类的部分食物,渐次撒在地上。

93. "如此经常尊敬一切物类的婆罗门,将光明被体,径直抵达最高的处所。

94. "这样完成祭供之后,首先要进食于宾客,并按照规定布施乞食的学生,给他一份相当于一口之量的米饭。

95. "无论学生按照律法献给教师一只牝牛的功德获得何种果报,再生族家长施给乞食学生的一份米饭也获同样果报。

96. "当他只做出少量的米饭时,可在调味后,只施与一部分,或者,如果他是知道圣典真义的婆罗门,可在按照律法对他致敬后,给他一瓶插有花果的水。

97. "无知者将一部分供物给与无学习圣典所增添的光辉并无异于一堆灰烬的婆罗门,则他献给诸神和祖灵的供物不产生任何果报。

98. "但将供物倾在辉映着圣学和苦行光辉的婆罗门口内时[①],则可使施者脱离最困难的处境,免于大过。

① 原文作：在火中。

99. “有客来时，家长要以规定的形式献座献水，供他濯足，献给他精心调制的食物。

100. “一个家长即使以拾穗为生，献供于五火[①]，但在其家中未被敬如宾客的婆罗门，可将其一切功德据为己有。

① 五火是 Gârhapatya，Dakchina，Ahavanya（见第二卷，第 231 节），Avasathya 和 Sabhya。最后两字的精确意义还不太明了〔见威尔逊著《摩罗底与摩多跋》（*Mâlatî and Mâdhava*）〕。Sabhya 根据注疏是天气寒冷时用以取暖的火。

101. “草，休息地点，濯足用水，温和的语言：是善良人家庭中绝不可缺少的。

102. “在好客之家过宿仅一夜的婆罗门叫做宾客（Atithi），因为他还没有逗留到一个太阴日（tithi）的时间。

103. “一个婆罗门和自己同住一村庄，或为消遣到自己妻子所住并点燃圣火的家中来访他，家长不要把此婆罗门看做宾客。

104. “愚蠢到就食于他人的家长，死后，沦为给予他们食物的人们的家畜，以惩罚他们这种行径。

105. “家长不应该在晚上拒绝接待由于日暮而到来的宾客，因为他来不及抵家。此客人，无论来得及时或太晚[①]，不应该留在家中而不用饭。

① 意为：在晚供和晚饭以前或以后。（注疏）

106. “家长不可自用某种食品而不给予宾客；尊敬宾客，是取得财富、荣誉、长寿和天界的方法。

107. “接待的宾客有高级、低级、平级之分，给予他们的座位、地点和床位，作别时对他们所施的仪节，招待他们的用心，都要适合他们的地位。

108. “祭供诸神和其他祭奠已毕，如突有新客到来时，家长要尽力供食，但不必再做祭奠。

109. “婆罗门不要因被邀就食而宣示自己的门庭和家世，因为为此理由而夸示它们的人，被贤者呼为食呕出物者。

110. “在婆罗门家里，刹帝利种姓的人不被看做宾客，吠舍，首陀罗，这个婆罗门的朋友，父系亲族的人和他的导师亦然。

111. “但如刹帝利作为宾客来到婆罗门家，当上述婆罗门等都已吃饱时，也可给以食品。

112. “即使是吠舍和首陀罗到他家里做客，也要叫他和仆役同食，以示亲切。

113. “至于他的朋友和其他的人，以好意来访，应该尽力备食，让他们吃为妻子和为自己准备的食物。

114. “在款待宾客之前，应毫不犹豫地先进食于新婚妇女、青年姑娘，病人和孕妇。

115. 首先用饭而毫不进食于上述人等的愚者，在用饭时，并不知道他自己将成为喂狗喂鹰的饲料。

116. “但当他的婆罗门宾客、亲族，仆人等都已吃饱时，家长夫妇可以吃剩下来的饭食。

117. “在敬献诸神，诸圣，诸先人，诸祖灵，及诸家神之后，家长可以吃献供剩下来的东西。

118. “使人只为一己烹食者，不过是食罪而已；因为用供余的东西做的饭食，称为善人的食物。

119. “国王、祭司、学习期满的婆罗门、教师，门婿，岳父和舅父等年终来访家长时，要重新赠与一块蜜饯[①]。

① 蜜饯,梵文作 Madhouporca,是一种用蜜、凝乳和果物制成的礼品。

120. “对出席祭供的国王和婆罗门,应该赠与蜜饯,但如祭祀已毕就不必给,这是规定;反之,其他的人,即使来的不是祭供的时刻,也应该接受蜜饯。

121. “日暮时,饭已准备好,妻子可进行祭供,而不念圣句,心中暗诵除外;因为敬礼群神的祭供,以及其他祭供,规定为早晨和薄暮。

122. “月月新月之日,维持圣火的婆罗门,在祭供祖灵糕饼(Pindas)之后,应举行叫做宾陀跋诃利耶(Pindânwâhârya,供后)的斯罗陀(Srâddha)超度祭。[①]

① “斯罗陀”一词,含义广泛,它适用于敬礼诸神和诸祖灵的各种仪式。这种仪式是对新逝世的亲族举行的,目的在于使亡灵超升天界,并位列祖灵之间,化为神明。印度人相信,不举行这种仪式,亡灵就要在世界上的恶神间游走徘徊。其他斯罗陀祭,如新月祭,一般是敬礼祖先和祖灵,以保证他们在另一世界的幸福。五大祭供之一的每天祭供,也是一种斯罗陀祭,叫做尼底耶(Nitya),意为经常的,因为每天应该举行它。见科尔布鲁克关于印度宗教仪式的论文(《亚细亚研究》第七卷)。

123. “贤者把每月敬礼祖灵的斯罗陀祭叫做宾陀跋诃利耶[①],因为它举行在祭供糕饼以后,应该小心翼翼地用法定的肉类来制作它。

① Pindânwâhârya 一词,由 Pinda“糕饼”,anou“以后”和 ahârya“应当吃的”等各词组成。

124. “我要准确地告诉你们,应延请或拒绝何种婆罗门来吃这种供食,其数目应为多少,应该对他们进何种食品。

125. “在诸神祭中,家长可以接待两个婆罗门,而在为父亲、祖父和曾祖父举行的超度祭中,可以接待三个,或在这两种仪式的每一种仪式中仅接待一个:无论如何富有,也不应追求接待大批人。

126. “以下五益：对于婆罗门的尊敬接待，适当的时间和地点，清静，招待婆罗门的好意，会被过多的人众所毁灭，因而不应该希求人数众多。

127. “悼念亡灵的祭仪叫做祖灵祭，这一法定祭仪，对于新月之日准确举行它的人，不断带来各种幸福。

128. “祭献诸神和祖灵的供物，应该由献祭人给予精通圣典的婆罗门；因为施给这种可敬人物的东西将产生卓越的果实。

129. “虽只招待一个熟谙祭神和祭祖灵的婆罗门，也要得美好的果报，但进食于大批昧于圣典的群众时则否。

130. “举行祭祀的人，要访求一个已读完吠陀的婆罗门，在审查家世清白时应上溯至远祖；这样的人才配分享对诸神和祖灵的献祭，这才是一位真正的宾客。

131. “根据律法，在一个有昧于学习圣学的百万人接受食物的斯罗陀祭中，只有一个通晓吠陀并对献给他的东西满意的人到场，就会有更多的功德。

132. “应该将献给诸神和祖灵的供物给予圣学卓越的婆罗门；因为血污的手不能用血来洗净[①]。

① 意为：再次给无知者以食物，不能拭去进食于昧于圣学的人的罪过。（注疏）

133. “在诸神和祖灵祭中，不通圣学的人吞食多少口供食，举行祭祀的人也要在来生吞食多少口灼热的具有尖刺的铁球。

134. “有些婆罗门特别献身于圣学；另外一些婆罗门献身于苦行；另外一些献身于苦行与圣学两者；另外一些献身于宗教活动。

135. “要将祭献祖灵的供物，殷勤地送给献身于圣学的婆罗门，可将祭献诸神的供物，以惯常仪式，献给上述四住期的婆罗门。

136. “儿子的父亲昧于圣学，而儿子自己可能已读完圣典；或者儿子没读过吠陀，而儿子的父亲可能非常精于圣典。

137. “两种人物中，其父亲研习过吠陀者，应该被认为是比较高尚的；但为尊重圣典，应该礼遇另一人。

138. “不应该让朋友吃斯罗陀供物；应该用其他礼品赢得感情；只有不视为朋友或敌人的婆罗门，可以被邀来参加斯罗陀祭。

139. “以友谊为斯罗陀祭或供献诸神的主要动机的人，在来世得不到供物和祭品的任何果报。

140. “由于无知而利用斯罗陀供物结交的人，作为只为图利而行祭并作为最卑鄙的再生族而被排斥于天界之外。

141. “这样一个仅限于享宴众宾的祭供，被贤者称为魔鬼的祭供(Paisâtchî)；它被关在下界[①]，犹如盲牛被关在牛舍。

① 它对来生毫无利益。(注疏)

142. “有如农民播种在不毛之地毫无收获，同样，把酥油供物送给一个无知的婆罗门也毫无裨益。

143. “但依法给予淹贯圣学者的东西，在今生和来世，会产生献食者和接受者同样加以撷取的果实。

144. “如果附近并无有学识的婆罗门，可随意延请一位朋友来分享供物，但绝不可邀请仇人，尽管他通晓圣学；因为仇人吃的供物对来生毫无益处。

145. “应该特别注意延请读过全部圣典，并特别精通梨俱吠陀的婆罗门；非常精通耶柔吠陀，并通晓吠陀分的婆罗门；或读完圣典，但特别精通娑摩吠陀的婆罗门，来分享祭品。

146. “只须这三种人的一种，在受到尊敬的接待后，分享供物，以便行祭人的七代祖先感到永恒不渝的满意就够了。

147. “这是祭供诸神和祖灵的主要条件，主要条件不具备时，应该知道另一条常被善人们遵从的补则：

148. “举行斯罗陀祭的人，没有渊博的婆罗门时，可延请外祖父，舅父，姊妹的儿子，岳父，教师，女儿的儿子，门婿，姨兄弟或表兄弟，祭司或主祭僧来就食。

149. “遇延请婆罗门参与敬礼诸神的仪式时，通晓律法的人对此婆罗门的家世不应过分苛察，但对于斯罗陀祭，调查时则应给予最大的注意。

150. “婆罗门行窃或犯有大罪者，去势者，主张无神论者，被摩奴宣称为无资格分享敬礼诸神或祖灵的祭品。

151. “怠于学习圣典的学生，生来没有包皮的男子，赌博家，为一切人行祭的人，不配分享供物。

152. “医师，示人以偶像的祭司，卖肉者，以商贾为生者，应该被排斥在一切敬诸神和祭祖灵的仪式之外。

153. “城市或国王的使役，患指甲病或黑牙齿的人，拒不听从老师命令的学生，抛弃圣火的婆罗门，高利贷者；

154. “肺痨病人，兽畜饲养者，先于兄结婚的弟弟[①]，忽视五大祭供的婆罗门，婆罗门的仇人，未先于弟弟结婚的兄长，依亲族过食客生活的男子；

① 见本卷第171，172节。

155. “舞蹈艺人，破梵戒的学生或苦行者，原配妻子种姓卑贱的丈夫，再婚妇的儿子，一目眇者，家有情夫的丈夫；

156. “为薪金而教授圣典的教师，和受业于挣薪金者的学生，首陀罗的学生和首陀罗教师；出言伤人者，丈夫生前或死后奸妇所生的儿子，

157. “无故抛弃父母或教师的青年，和堕姓人一起学习圣典，或和他们联姻的人；

158. “纵火者，毒杀者，食奸生儿供食的人，卖苏摩草汁[①]的人，航海者，歌颂诗人，制油者，伪证人；

① 苏摩，献给月神的草，属白前科。人们从中榨取其汁并在一些祭祀中饮用的，也叫苏摩。

159. “和父亲有争论的儿子，令人代己赌博者，酒徒，像皮病人，声名狼藉者，伪善者，植物液商人；

160. “制造弓箭者，先于姊姊结婚的妹妹的丈夫，设法谋害朋友的人，开赌场的人，以儿子为教师的父亲；

161. “癫痫病人，瘰疬病人，癞病人，坏人，疯子，盲人，以及轻视吠陀的人，都应加以排除。

162. “训练象、牛、马或骆驼的人，占星职业者，饲鸟者，剑术师；

163. “使河流改道者，以阻止河流为乐者，房屋建筑工人，使者和被雇佣的植树人；

164. “以玩狗为乐的饲犬人，放鹰者，诱惑青年女子者，残暴的人，过首陀罗生活的婆罗门，只献祭于低级神灵的祭司；

165. “不遵守善习的人，玩忽义务的人，常以所求烦人的人，农夫，腿肿的人，为善人所蔑视的人；

166. “牧羊人，看管水牛的人，再婚妇的丈夫，雇佣的死尸抬运人：都应该特别注意回避。

167. “操行应予谴责的人，或由于前生犯罪而致体弱或多病的人；不配邀入高尚人之列的人，以及僧侣种姓中最下层的人，都应该为每一个有见识的人排斥在两种仪式之外。

168. “没有学习过圣典的婆罗门，像枯草的火光一样熄灭，供物不应该给予他，因为人们不把酥油倒在灰烬中。

169. “在诸神祭或祖灵祭时，把供物给予不配被邀入善人丛中的人，在来世要有何种果报，我将无遗漏地宣示给你们：

170. “犯戒的再生族，如比哥哥早婚的弟弟，以及其他不许可吃的人，所吃的供物，被罗刹而不被诸神和祖灵所享。

171. “其兄尚未结婚而娶妻点燃婚礼之火的人，叫做钵利吠多利（Parivettri），其兄叫做钵利毗底（Parivitti）。

172. “钵利毗底，钵利吠多利，结这种婚姻的青年女子，三者都堕入奈落地狱（Naraka）中，嫁女者和举行婚祭的祭司亦然。

173. “不守规定的戒律，并随意满足兄长的寡妻的情欲者，尽管她已合法地和他结婚，但他应该叫做底底求（Didhichou，再婚妇）之夫。

174. “叫做公多（Kounda）和乔罗伽（Golaka）的两种儿子，生于有夫之妇的奸夫：其丈夫尚在者，小儿叫做公多，丈夫已死者，小儿叫做乔罗伽。

175. “这两者都是通奸的结果，如给予他们一部分供物，就会使祭诸神和祖灵的供物在今生和来世归于无有。

176. “一个不准被邀的人看到列席贵宾时，愚昧的举行祭祀人，就在来生得不到他给予所有那个人看过的人以食品的果报。

177.“一个盲人坐在另外一个人会看得见的地方，使施主丧失招待九十名贵客的功德，一目眇者丧失六十名；癞病人，百名；肺痨病人千名。

178.“如果一些婆罗门的肢体被最下级种姓献祭的人所接触，举行祭祀人就不能从给予这些婆罗门的东西中取得斯罗陀祭所提供的果报。

179.“又，精于圣典的婆罗门，由于贪婪而接受这样一个行祭人的礼品时，很快走向灭亡，就像没有烧过的泥瓶在水内销毁一样。

180.“给予卖苏摩草的人的食物变做粪便[1]；给予医生的变做脓血；给予示人以偶像者的丧失食物，给予高利贷者的不被嘉纳。

① 意为：给食物于卖苏摩草者，投生在吃粪便的动物中。

181.“给予商人的食品，今生或来世，都产生不了效果；给予再婚寡妇的儿子——再生族的食品，就像洒在灰烬中的酥油供物一样。

182.“至于上述其他不准入席和令人鄙夷的人，贤者声称给予他们的食物变做浆液分泌物、血、肉、髓、骨[1]。

① 和第180节一样解释。

183.“现在你们可透彻学习：被不准列席的人所玷污的集会，可以被何种婆罗门来净化，你们要认识这些卓越的人物，这些净化集会的人。

184.“完全通晓所有吠陀及所有吠陀分的人，又出身于博通神学的家庭的人，应该被认为是足以消除集会的玷污的人。

185. “致力于学习一个耶柔吠陀分的婆罗门，敬谨维持五圣火的婆罗门，掌握一个梨俱吠陀分的人，通晓六吠陀分的人，按照梵天婚礼结婚的妇女的儿子，歌唱娑摩吠陀主要部分的婆罗门，

186. “完全通晓圣典并讲解它的婆罗门，呈献一千只牛的学生，年达百岁的人：这些都应该被认为是足以净化宾客集会的婆罗门。

187. “应举行祭供之日的前夕或当日，举行斯罗陀祭的人至少要敬谨地延请如上所述的三位婆罗门。

188. “被邀参加斯罗陀祭的婆罗门，应该完全制驭欲念：不要阅读圣典，只须低诵和主祭人一样始终不能不念的咒文。

189. “祖灵无形无象地和这样一些婆罗门宾客为伍；祖灵借风的形式随在他们后面，他们坐时，祖灵也坐在他们的旁边。

190. “适于被邀分享诸神和祖灵供物的婆罗门稍有破戒，就要为这一错误而投生为猪。

191. “接受参加祭供后纵情于奴隶种姓妇女的人，举行祖灵祭人所能犯的一切罪恶都由他担负。

192. “祖灵（Pitris）[①]先诸神而生，不会发怒，极其清静，经常纯洁如学生，厌弃干戈，具有卓越的品质。

① 祖灵被认为是诸神、诸仙和人类的祖先，住在月球上。人类祖先已经成神也叫祖灵。对诸神祖先和人类祖先的祭献，似无区别。

193. “现在你们可学习一切祖灵的由来如何，应该由何人，用何仪式来特别敬礼他们。

194. “这些出自梵天的摩奴之子，这些以摩利俱[①]为首的众圣仙，都有被宣称是形成祖灵氏族的儿子。

① 见第一卷第35节。

195. “毗罗止[①]的诸子苏摩娑(Samosads),被认为是娑底耶(Sâdhyas)的祖先;而世所周知的摩利俱阿尼什跋陀(Agnichwâttas)的诸子,是诸神的祖先。

① 见第一卷第33节。

196. “阿多利的诸子,称跋利刹(Barhichads),是底底耶[①],多奈跋,夜叉,天界乐师,优罗伽,罗刹,神鸟,金那罗的祖先。

① 底底耶等,见第一卷第37节。

197. “苏摩钵(Somapas)是婆罗门的祖先;诃毗什摩(Ha-vichmats)是刹帝利的祖先,阿底耶钵(Adjyapas)是吠舍的祖先;苏诃利(Souhalis)是首陀罗的祖先。

198. “苏摩钵是跋梨求仙的诸子;阿底耶是弗罗斯底耶(Pou-lastyas)的诸子;苏诃利是跋息什陀(Vasichtha)的诸子。

199. “阿尼多陀(Agnidadhas),阿那尼多陀(Anag-nidadhas),迦毗亚(Kâvias),跋利刹,阿尼什跋多(Agnichwâttas)和苏密耶(Sômyas)应该被认为是婆罗门的诸祖先。

200. “上述各种祖灵的氏族为主要氏族,他们的儿子和孙子也应该在世间一律被认为是祖灵。

201. “圣仙生祖灵,祖灵生诸神和多奈跋;诸神渐次创造这由动物类和不动物类组成的全世界。

202. “满怀信仰之心献给祖灵的清水盛在银瓶或镀银瓶里,它是永恒不渝的幸福的源泉。

203. “敬礼祖灵的仪式,对于婆罗门来说,较高于敬礼诸神的仪式,对诸神的祭供先于对祖灵的祭供,前者被认为可增加祭祖灵

的功德。

204.“为保护对祖灵的祭献，家长应该在开祭时先敬诸神，因为没有经此项预防的供物，会被罗刹全部破坏。

205.“祖灵祭前后都要伴以诸神祭，切忌仪式以祖灵祭开始和结束；因为以祖灵祭开始和结束的人，他和他的全部族人不久就灭亡。

206.“要用牛粪涂抹一个清静人稀的地方，并注意选择一个南向的斜坡[①]。

① 祖灵之主阎摩司南方。

207.“祖灵常乐于嘉纳在天然清静的林中隙地，岸边或僻静的地方献给他们的东西。

208.“婆罗门适当沐浴后，家长应该把他们各人分别延入准备好覆盖鸠娑草的坐位上。

209.“当他恭敬地延请婆罗门入座并先敬诸神后，要给他们香料和芬芳的花冠。

210.“在对宾客进水和鸠娑草、芝麻粒以后，由被其他婆罗门推举的婆罗门和他们一道举行圣火祭。

211.“要按照规定，首先以赎罪的酥油供物献给火神，月神和阎王，然后以米饭供物满足祖灵。

212.“如无祭火（如尚未结婚或其妻已故），可将三种供物倒在一位婆罗门手中，因为圣火与婆罗门之间并无差别：这是通晓吠陀的人们所宣布的定论。

213.“因为，智者把这些无愠怒、貌常和悦，出身于原始种姓并献身于繁荣人类的婆罗门，看做是祭仪之神。

214. “在按照规定形式，自左至右，绕火一周，并将供物投向圣火后，要用右手洒水在应置放米糕的地方。

215. “以残余的米饭和酥油制成三块糕点[①]后，要专心致志地，用和洒水相同的方式，即用右手，面向南方，将它们放在鸠娑草屑[②]上。

① 原文作：三个球。

② 鸠娑草，长齿草属，是祭供用的圣草。

216. “当极其敬谨地并按照规定将糕点放在鸠娑草屑上以后，要用草根拭右手，以满足分享此残余者，即父亲、祖父和曾祖父。

217. “通晓圣言的婆罗门盥漱既毕，面北，缓缓屏息三次，敬礼六位季节神和祖灵。

218. “应将他洒在地上余下的水，再次缓缓倒在糕点旁边，而一心一意地按照糕点供献的顺序嗅之。

219. “于是按照这一顺序取过献于先父、先祖父和先曾祖父的祖灵的三块糕点的各一份，首先按照规定，使代表祖父和曾祖父坐着的三位婆罗门吃此份食。

220. “如果父亲尚在，家长要致祭于自祖父以上的三位父系祖先的祖灵；或者，行礼时，可以使父亲代替假设他已死去而代表他的婆罗门来吃，将献给祖父和曾祖父的两份糕点，给予代表他们的两位婆罗门。

221. “其父亲已故而祖父尚在的人，祭悼中呼其父名之后即呼曾祖父之名，即举行斯罗陀祭来纪念他们。

222. “或如摩奴所宣示的，祖父可以代替假设他已死去而代

表他的婆罗门参加斯罗陀祭；或者，孙子受祖父委任，可以便宜行事，只祭其先父和先曾祖父，或把年迈的祖父也包括进去。

223. “在将水连同鸠娑草和芝麻倒在三位婆罗门手上以后，要将三块糕点中每块糕点的上部给予他们，说：‘愿这供物献给他们’。[①]

① 主祭人拿起第一块糕点的上部，送给婆罗门，说“献给我父亲”；其余两块糕点类推。（注疏）——立法家在这里再次讲到他在第219节所说的。

224. “于是两手捧持满盛米饭的器皿，追忆祖灵，静穆地将它放在婆罗门面前。

225. “供食不用两手覆盖，就立即被心怀不善的阿修罗弄得狼藉不堪。

226. “要清静和小心翼翼地先将羹汤，蔬菜，和其他适于下饭的东西，牛奶，乳酸，酥油，蜜，

227. “各种糖果，各类奶制食品，根和果实，美味的肉和芳香的饮料放在地上。

228. “从容地将所有这些食品端来，说明它们的性质，敬谨而清净地，依次进献于各位宾客。

229. “不要落一点泪，不要激怒，不要说谎，不要以足接触食品，也不要振动它们。

230. “泪招来幽灵[①]；怒招来敌人；说谎招来犬；足触食品招来罗刹；振动食品招来邪恶的人。

① 意为进食于来享的幽灵，使祖灵非常不悦。（注疏）

231. “婆罗门喜欢的任何东西，要舍得给他们，要对他们谈论最高的神有：这是祖灵的愿望。

232. “举行祖灵祭仪式时，要朗诵圣典，法典，伦理史，英雄诗篇，往世书[①]和神学原著。

① 往世书（Pourânas）诗集，共18种，印度人认为它是由一个叫做毗耶娑（Vyasa）的婆罗门学者编纂成现在这种形式的。毗耶娑就是“编纂人”的意思。人们推定他生在公元前1000—2000年之间。保持现在形式的吠陀和伟大的《摩诃婆罗多》史诗，也被认为是由他整理的。往世书诗集着重论述五个方面，即：宇宙的创造、毁灭和新生，诸神和诸英雄的世系，诸摩奴的朝代，及其后人的功业。阿耆尼往世书（Agni－Pourâna）是其中最重要的篇章之一，它另外包括一些占星、天文、地理、政治、法律、医药、诗歌和文法学等方面的知识；是印度人名副其实的百科全书。诗集的背景是古老的，因为人们看到摩奴原文曾引用过它们。但它们现有的形式被一些学者认为是近代的。这是一个需要继续研究加以澄清的问题。印度各种不朽的文献的年代远远未能确切地确定下来。

233. “自己要欣然设法引起婆罗门的愉快，从容不迫地进食给他们；要再三将他们的注意力吸引到米饭和其他食品以及它们的优点上去。

234. “自己女儿的儿子学习虽未期满，要特别注意延请他参与斯罗陀祭；要在他的座次铺上尼泊尔牝山羊毛毯，并在地上撒布芝麻。

235. “在斯罗祭中有三种事物是清静的；女儿的儿子，尼泊尔毛毯和芝麻粒；有三件事物受到重视：清静、无愠怒和从容不迫。

236. “一切烹饪的食品要很热，婆罗门用食时要沉默；虽被祭主问到食品的性质时，也不要就此问题加以说明。

237. “当食物保温，人们用食时不语，不说明食品性质时，祖灵就来享祭。

238. “一个婆罗门戴帽，或面向南或穿鞋，他吃的东西肯定只为罗刹而不为祖灵所享。

239. “旃陀罗（Tchandâla）[①]，猪，雄鸡，狗，经期妇女和去势者，不可看婆罗门用食。

① 旃陀罗是不清静的人，生于首陀罗男子和僧侣种姓的妇女。

240. “祭火时，分配供物，进食婆罗门，祭祀诸神，祭供祖灵，凡上述物类所能看到的，都不产生预期的效果。

241. “猪以其嗅，雄鸡以其羽翼之风，狗以其注视，微贱种姓的人以其接触破坏它。

242. “跛足或一目眇者，或肢体不全或肢体过多者，即使是祭主的仆役，也应该回避祭典。

243. “如有一婆罗门或一行乞者来求食物；祭主应在取得众宾客许可后，尽力给以尊敬的接待。

244. “用佐料调和各种食品，并浇之以水以后，可将它们投在食事已毕的婆罗门面前，撒在地上的鸠娑草屑上面。

245. “盘中残余的东西，和撒在草屑上的东西，应该属于未及举行入门式而死去的儿童们，和无故遗弃本种姓妻子的人们。

246. “贤者决定祖灵祭中落在地上的残余属于勤劳而生性善良的仆人。

247. “举行叫做撒宾陀的斯罗陀祭以前，对于一个刚刚死去的婆罗门，应该举行一个特别的斯罗陀祭而不祭诸神[①]，可只延请一个婆罗门与祭，并只献一块糕点。

① 这种斯罗陀祭式叫做“Ekodickta”，即“献给一个人的”。一个亲族死后，为超度亡灵，应于年中举行十五次类似的斯罗陀祭。这些特别的斯罗陀祭最后以举行于周年忌日的撒宾陀斯罗陀祭而告结束（见《亚洲研究杂志》第七卷第263页，八开本版）。

248. “按照律法对这一再生族举行过叫做撒宾陀的斯罗陀祭后，他的儿子应在每年新月之日祭供糕点。

249. “无知者参与斯罗陀祭后，以残余给予首陀罗的，头部向下堕入叫做黑绳(Kâlasoutra)的地狱中。

250. “如果一个人参与斯罗陀祭后,在同一天和一个妇女[①]共寝,他的祖先将在此月内卧在该妇女的粪便中。

① 英文和俄文译本都译为“首陀罗妇女”。——译者注

251. “宾客们已经饱餐时问他们‘你们吃得好吗?’然后请他们漱口;漱口完毕,又对他们说:‘请在这儿或在府上休息吧!’[①]

① 或根据另一说法:“祝你们愉快!”这无疑是一句告别的话。

252. “这时婆罗门要答以:‘愿供品为祖灵所嘉纳!’,因为在一切敬礼祖灵的祭事中,‘愿供品被嘉纳’是最好的祝福。

253. “随后,要使宾客得知所剩食品,在婆罗门请他如此这般处理后,他可做他们要他做的事情。

254. “在纪念祖灵的祭仪后,要对婆罗门说:‘你们吃得好吗?’在为一家庭举行涤罪的斯罗陀祭后,要说:‘你们听得好吗?’在祈求多福的祭仪后,要说:‘你们成功吗?’在敬礼诸神的祭仪后,要说:‘你们满意吗?’[①]

① 上述四句话中的每一句,原文仅用一个单词。因为注疏家只加以重复并未加以说明,恐不能完全把握其真义。四个单词的原文如下:Swaditam,吃好;Sousroutam,听好;Sampannam,取得;/Routchitam,知悉。

255. “午后,鸠娑草屑,地点的净化,芝麻粒,慷慨施舍,食粮烹调好的食物,高贵的婆罗门:这些都是祖灵祭仪中值得想望的好事。

256. “鸠娑草屑,咒文,上午,下述一切祭供,以及提到的诸净法,应该被认为是敬礼诸神祭祀中吉祥的事物。

257. “像林栖者所吃的野稻米,牛奶,苏摩草榨取的汁液,鲜肉以及未加工的盐,被指定为性质上适于作供品来使用。

258. “和婆罗门作别后,家长要沉潜、静默,并在洁身后,转面

向南,祈求祖灵以下宠恩:

259. ‘愿我们的家庭中,慷慨好施的人数弥增!愿对圣道的热诚增长,我们的家世昌盛!愿信仰之心永远不离弃我们!愿我们多有所施与!’

260. “向祖灵表达愿望后,立即这样结束糕点的供献,把剩下来的糕点给予一牝牛,一婆罗门或一牝山羊,或将它们投到火或水中。

261. “一些人在婆罗门食后祭献糕饼,另外一些人则将剩下的糕饼投给鸟吃,或投到火或水中。

262. “忠于对丈夫的义务并关心敬礼祖灵的正妻,欲得男儿,应念诵通用咒文,吃中央的糕饼。

263. “这样,她就会生一个享长寿,有令名,聪慧,富有,子孙繁衍,具有美德,克尽厥职的儿子。

264. “接着,家长洗手漱口后,要为父系亲族备食;并在敬谨地向他们进食后,也给母系亲族进食。

265. “婆罗门残留的食物,不要清除掉,要留到他们去后,家长拿来作日常的家庭祭供。这是规定的律法。

266. “为何依法制作使祖灵长期乃至永远满足的供品,我要毫无遗漏地宣示给你们。

267. “对于按照例行仪式祭献的芝麻,稻米,大麦,黑扁豆,水,根或果实的供品,祖灵欣悦一整月之久。

268. “鱼肉使它们欣悦两个月之久,鹿肉三个月,羊肉四个月,许可再生族吃的鸟肉五个月;

269. “山羊羔肉六个月;梅花鹿肉七个月;黑羚羊肉八个月;

鲁鲁鹿肉九个月。

270. “对于野猪肉和水牛肉，它们欣悦十个月，对于野兔肉和龟肉十一个月。

271. “牛奶或加奶粥使它们欣悦一整年。跋尔陀利那娑[①]肉使它们欣悦十二年。

① 祭司称长耳朵的白色老公山羊为跋尔陀利那娑，又叫做“三种姿态饮水者”（tripia），因为它饮水时，舌和两耳都同时浸入水中。（注疏）

272. “叫做伽罗娑伽的蔬菜，海虾，犀肉，红毛山羊羔肉和蜜，使他们感到长久的欣悦，林栖者所吃的食物亦然。

273. “凡在雨季[①]，太阴月的第十三天和在摩伽（Maghâ）[②]太阴星宿下祭供的蜜制清净食品，是无限欣悦的源泉。

① 季节（Ritous）有六，两个月为一季，即春季（Vasanta），热季（Hrichma），雨季（Varcha），秋季（Sarat），冷季（Hémanta），冬季（Sisira）。古时印度的一年有 360 天，由秋季的秋分左右开始。十二个月的名称顺序如下：Âswina（九—十月），Kartika（十—十一月），Mârgasîrcha（十一—十二月），Fôcha（十二—一月），Mâgha（一—二月），Phalgouna（二—三月），Tchaitra（三—四月），Vaisâkha（四—五月），Djyaichtha（五—六月），Āchâdha（六—七月），Srâvana（七—八月），Bhâdra（八—九月）。近代印度的一年由 Tchaitra（三—四月）和 Vasanta（春季）开始。

② Maghâ 是第十个太阴星座。

274. “祖灵们说：‘愿在我们的家族中出生一个人，以便他在月之十三日并其他一切太阴日，像影东斜时，对我们祭供加牛奶、蜜和奶油煮沸的米粥。’

275. “信仰纯洁的人所献按照规定制作的供品，为身在另一世界的祖先们，带来永久不渝的快乐。

276. “在晦冥的半月中，第十日及其以后的日子，除第十四日外，都是最宜于斯罗陀祭的太阴日，其他的日子则不然。

277. “在偶数的太阴日或偶数的太阴星宿下举行斯罗陀祭

者，愿无不偿；奇数之日敬礼祖灵者，得显赫的子孙。

278. “对于举行斯罗陀祭，后半月（晦冥的半月）优于前半月，同样，下半天也优于上半天。

279. “祭供祖灵，应按规定，始终不懈，由一个右肩带圣纽，手持鸠娑草和不休息的婆罗门，以献于祖灵的右手部分来执行。

280. “绝不可在夜间举行斯罗陀祭，因为夜间被罗刹所骚扰[①]；也不可在黎明、薄暮或太阳升起后不久。

① 原文作：因为它被称为属于罗刹的。

281. “没有在每月新月之日举行斯罗陀祭的家长，应按规定形式，每年三次，即冷季、热季和雨季举行斯罗陀祭；但属于五大祭供的斯罗陀祭要每天举行。

282. “构成敬礼祖灵成分的供物，不宜在未经视圣的火中制成；维持圣火的月斯罗陀祭，只能举行在新月之日，但逝世周年斯罗陀祭，因为时间相对固定，不在此限。

283. “婆罗门不能履行属于五大祭供的日斯罗陀祭时，他对祖灵举行的奠水式，使他获得敬礼祖灵的一切果报。

284. “贤者呼我们的父亲们为跋修（Vasous）；祖父们为鲁陀罗（Roudras）；祖父的父亲们为阿底底耶（Adityas）[①]：永远的启示曾这样宣示过。

① 他们应在斯罗陀祭中以此名义被奉为神灵。（注疏）

285. “一个人要常食残食和神膏：残食是献给贵宾们的食物的残余；膏神是献给诸神祭品的残余。

286. “如我上面宣示给你们的，这是关于五大祭供的规定；现在你们可以学习关于规定婆罗门生活方式的律法。

第四卷 生计 戒律

1. "婆罗门在教师家里度过其一生第一个四分之一的时间[①]以后,其生活的第二个时期,可于婚后住在自己家里。

① 婆罗门的一生分为四个住期;他们依次过这四个宗教住期的生活,四个住期是:梵志或学生期(Brahmatchâri),居家或家长期(Grihastha),林栖或隐士期(Vânaprastha),比丘或苦行期(Sannyâsi)。

2. "除遇困难情况外,一切不伤生或伤生最少的生计,是婆罗门应该采取的生计。

3. "仅仅为了维持生计,他可从事特别适于自己的无可非议的职业,并以不苦害其身体为度,谋求积蓄财富。

4. "他可依利多(Rita)[①]和阿摩利多(Amrita),摩利多(Mrita),或普罗摩利多(Pramrita),甚或娑底衍利多(satyânrita)为生,但绝不可依斯跋波利底为生(Swavritti)为生。

① 很难确切译出 Rita,Mrita 等字的意义,此处仅能揣摩其大意。

5. "利多(真正的生计)一字,可以理解为拾米粒或落穗的行动;阿摩利多(不朽的生计)一字,可以理解为赐与而非求得的;摩利多(凡人的生计)一字,可以理解为乞得的布施;普罗摩利多(凡而又凡人的生计)一字,可以理解为耕作[①]。

① 见第十卷第 83 节。

6. "娑底衍利多(真与伪)一字,意为商业;在有些情况下也可依以为生；为人奴叫做斯跋波利底（狗的生活），婆罗门应极力避免。

7. “可以在仓房内储蓄三年或更多时间的食粮，或在瓮内保存一年的食粮，或只有三天的食粮，或并无隔日之粮。

8. “遵循上述四种不同方式行事的婆罗门家长中，应该依次认为在序列上居后的是最好的，是最足以以其德行来征服世界的。

9. “其中赡养人口繁多的一种人，有六种生计，即拾落穗，受布施，求布施，耕田，经商，放贷；其家庭人口较少的有三种生计，即，祭祀，教授圣典和接受布施；另外一种人有两职业，祭祀和教学，第四种人以传播圣典的知识为生。

10. “以拾谷粒及落穗为生并献身于维持圣火的婆罗门，可举行新月、满月及冬夏至日的祭祀，而不并行其他祭供。

11. “不要为谋取生活而频频接触浮世，操行要正直，诚朴，纯洁而无愧于婆罗门。

12. “如追求幸福，为人要完全知足，节制欲望，因为知足为幸福之源，反之则为不幸之源。

13. “以上述方法维持生计的婆罗门家长，应遵守下列规定，遵守好这些规定可取得天界、长寿和令名。

14. “要始终不懈地完成吠陀规定的特殊义务；因为努力完成它，可以达到最后解脱这一最高境界。

15. “不要用类如音乐和唱歌等诱惑的技巧或被禁止的职业来求取财富；不论身处富裕或贫乏，不应该接受无论何人的施与。

16. “不要沉湎于任何肉欲，要尽心竭力克服声色过度的偏好。

17. “应该放弃一切足以妨害学习圣典的财富，而谋求一无害于学习圣典的生计；因为它可以给人带来幸福。

18. “服装、语言、思想、要和年龄、职业、财产、神学知识及家庭等相适应，要这样立身处世。

19. “应该经常学习这些启发智慧，教人取得财富或维持生计的圣书（Sâstra）[①] 和吠陀的注疏。

① Sâstra 一词，意为“书”、“学问”；一般指有关宗教、法律或认为有神圣渊源的学术之作。

20. “因为，随着一个人学习这些著作逐渐取得进步，他就变为异常有教养，他的知识就会放出异彩。

21. “要尽可能不忽视对诸圣仙、诸神、诸鬼灵、人类和诸祖先的五大祭供。

22. “熟悉关于祭供法令的一些人，不断在五知根中实行祭供，而不在表面上执行五大祭供。

23. “一些人经常在语言中祭献他们的呼吸，即以念诵圣典来代替呼吸；在呼吸中祭献语言，即保持沉默，从而在他们的语言和呼吸中获得祭供的永久果报。

24. “另外一些婆罗门以圣知的慧眼看到学识是完成这些祭供的基础，所以常以圣学来举行祭供。

25. “家长应常在昼夜开始和终了时执行火祭，并在每半个太阴月杪，举行新月和满月的特殊祭祀。

26. “上年谷物用尽，即或在没用尽时，一俟收获完了，要立即祭献新谷物；每四个月一季之末，要举行规定的祭祀；冬夏二至日要祭祀一个兽类；年终，要祭祀苏摩汁。

27. “维持圣火并欲长寿的婆罗门，在荐新谷和祭献一个兽类之前，不要食新米和兽肉。

28. “因为圣火渴望新谷和兽肉，如不祭以谷物的新粒和兽肉，就设法吞食怠忽的婆罗门的生命。

29. “对于任何留在自己家里的客人，要尽一切可能以应有的尊敬，给予他以座位、食物、床、水、根或果实。

30. “异教徒，从事犯禁职业者，伪善者[①]，不相信圣典的人，利用诡辩攻击它的人，举动如鹭[②]的人，不应该予以尊敬，哪怕只是一句尊敬的话。

① 原文是：有猫的习惯的人。

② 见第196节。

31. “学完吠陀，完成所有宗教义务后才离开老师家，并精通神学的婆罗门家长，应该受到礼遇，并分享对于诸神和祖灵的祭供，相反者要加以回避[①]。

① 在第30节讲到，禁止和他们谈话；但可以给他们吃的。

32. “有家业者要尽可能给自己不做饭的人、神学学生乃至异教的求乞者以食物；如果家庭不受影响，一切生物以至植物都应该有它们的一份食物。

33. “家长饿得要死，可向武士种姓的国王、祭僧，自己的学生而不向其他任何人求布施。这是规定。

34. “有办法维持其生计的婆罗门家长，不应该使自己饿毙，又只要还有一些办法，就不应穿着污旧的衣服。

35. “头发、指甲、胡须要修剪，要能坚持苦行，要穿白色衣服，要清洁，要专心致志学习吠陀和一切可能对自己有益的事情。

36. “要携竹杖和储满水的壶、圣纽、一把鸠娑草，和闪光发亮的金耳环。

37. “永远不要注视旭日、落日、蚀日、映照水内或运行中天的日。

38. “不要跨过系牛犊的绳索，下雨时不可跑步，不要对水注视自己的容貌；这是规定。

39. “当经过土丘、牝牛、偶像、婆罗门，酥酒瓶或蜜瓶、十字路口和巨大的名树的一旁时，要常靠右边走。

40. “无论感到多么强烈的情欲，不要接近月经开始出现的妻子[①]，不可和她同床共寝。

① 见第三卷第 47 节。

41. “因为人若接近被月经所污的妇女，其学识，精力，体力，视力和寿命完全破坏。

42. “但远离经污妻子的人，学识，精力，体力，视力和寿命得到增长。

43. “不要和妻子共盘而食，当她用饭，打喷嚏，欠伸或懒洋洋坐着时，不要注视她；

44. “如重视精力就不要注视正在涂眼膏[①]，或涂香水，或袒胸露乳，或临盆的妻子。

① 这种眼膏是一种非常精细的黑药粉，大部分用酸化锌构成，印度妇女用以轻轻涂抹在睫毛上。

45. “只穿一件衣服时不应用食，不应赤条条地裸浴，不要在路上、灰上或牝牛的牧场上大小便；

46. “也绝不要在犁过的耕地上，水中，火葬场，山上，庙宇的废墟上或白蚂蚁冢上；

47. “也不要在生物栖息的穴中，或走路，或站立，或在河岸或在山顶时。

48. “同样，排泄大小便时，绝不要注视着为风所吹动的东西，注视着火或婆罗门，或太阳，或水，或牝牛。

49. “在用树枝，土块、树叶、枯草等类似的东西盖在地面上以后，保持清洁，缄默不语，裹衣，蒙头来排泄粪便。

50. “日间大小便时要面向北；夜间则面向南；黎明和薄暮时，方式和日间同。

51. “无论昼夜，在阴影或黑暗中，不辨天空方位时，婆罗门大小便，可任意面向何方，在害怕盗贼或野兽危及生命的地方亦然。

52. “面对火、太阳、月亮、水池、再生族、牝牛或风便溺的人，丧失其一切神圣的学识。

53. “家长不要用口吹火，不要注视裸妻，不要向火内投置任何污秽的东西，不要向火烤其两足。

54. “不要把火放在床下火盆内，不要由上面跨过，睡眠时不要把它放在脚部；不要做任何可以危及其存在的事情。

55. “黎明或薄暮时分，不宜用食，行路和睡眠，不要在地上画线，也不要自行摘去花冠。

56. “不要把粪、尿、唾液、其他被不净之物所污染的东西、血和毒品投入水中。

57. “不要独宿在无人栖息的家中，不要惊醒财富和学识比自己高的酣睡者；不要和经期中的妇女交谈。没有祭司陪同不要行祭。

58.“在祭火的场所，在圈牝牛的地方，在婆罗门面前，在阅读圣典和用饭时，要袒右臂。

59.“不要打扰饮水的牝牛，不要指点喂它喝奶的人；看到天空出虹时[①]，如果知道事有宜忌，不要把它指给任何人。

① 原文是：天王的武器。

60.“不应该住在不尽职守的人们住居的城市，也不要久留在疾病丛生的地方；不要单身跋涉，不要长时间留在山上。

61.“不要住在首陀罗为王的都市里，或在被坏人围绕的城市里，或在带有其宗派标志的异教徒众或属于杂种种姓的人们频繁出入的城市里。

62.“不要吃脱脂的食品，不要过分餍足其食欲，早晨不要吃得太早，晚上不要吃得过晚，早晨吃得丰盛时，晚上不要做饭。

63.“不要从事任何无益的工作；不要掬手饮水，不要吃任何放在膝上的食物，永远不要无故好奇。

64.“不宜跳舞、唱歌，弹奏任何乐器，法论中所示的情况除外，不宜以手击臂，切齿作佶倔的叫声，因愤怒而喧嚣。

65.“不要在青铜盆中洗足，不要在破盘或有杂味儿的盘中吃饭。

66.“不要穿用别人穿用过的鞋子、衣服、圣纽、装饰品、花冠和水壶。

67.“旅行勿乘不驯的、或因饥饿、疾病而致衰惫，或其角、眼或蹄有缺陷，或其尾巴残伤的驮兽。

68.“但在上路时可乘训练得好的、轻捷、吉相、色泽悦目、形体美好的兽类，并轻轻地用刺锥来刺激它们。

69. “处女宫（Kanyâ）[①]的太阳，火刑场的烟，和破椅子，应该回避，家主从来不得自行理发剪指，或以牙齿修指。

① 黄道，梵语作 Râsi－tchakra，意为黄道轮或黄道圈，分为三百六十度或部分（Ansas），共有十二宫，三十度一宫，其名目为白羊宫（Mécha），金牛宫（Vricha），双子宫（Mithouna），巨蟹宫（Karkataka），狮子宫（Sinha），处女宫（Kanyâ），天秤宫（Toulâ），天蝎宫（Vristchika），射手宫（Dhanous）；摩羯宫（Makara）；宝瓶宫（Koumbha）。

70. “不要无故打碎一个土块；不要用指爪断草，不要做任何绝对没有利益或会引起不愉快结果的事情。

71. “无故打碎土块的人，以指爪断草的人，或啮指甲的人，很快走向灭亡，诽谤者和不净的人亦然。

72. “不要发任何应受指责的言论；除头部外，不要戴花饰；乘牝牛或牡牛之背，在任何情况下，都是应予谴责的事情。

73. “绕有围墙的村庄或家庭，非门勿入；晚间要远离树根。

74. “不要赌骰，不要自己用手穿鞋，不要卧床吃东西，或手持食品，或把它放在椅子上吃。

75. “日没后，不要吃任何含芝麻的食品；永远不要赤条条地睡在地下，饭后不漱口不要到任何地方去。

76. “以水浇足后可以用食，但足湿绝不可入睡；足湿用食的人享长寿。

77. “不要到不辨路途，难以通行的地方，以及为树木，葛藤，灌木丛所拦阻，可以藏有蛇虫或盗贼的地方去；不要注视粪尿，不要借助两臂游泳过河。

78. “欲得长寿者，不要足践毛发，灰烬，骨或碎片，也不要走在棉花籽或细谷壳上。

79. “虽在树荫下，也不要和堕姓人，旃陀罗[①]，弗迦娑（Poukkasas)[2]，狂人，恃财傲物者，最下贱的人，俺底耶跋娑耶(Antyâvasayî)[3]为伍。

① 旃陀罗，是一种低贱的人，生于首陀罗男子和婆罗门女子。见第十卷第12节。

② 弗迦娑，不净的人，生于尼遮陀(Nichâda)男子和奴隶种姓女子。见第十卷第18节。

③ 俺底耶跋娑耶，下贱和使人轻视的人，生于旃罗陀男子和尼遮陀妇女。见第十卷第39节。

80. "除非首陀罗是自己的家仆，不要给他出主意或给他残食；不要给他一部分已献供于诸神的奶油；除非另有居间，不要教给他律法和任何赎罪的苦行。

81. "因为把律法宣示给奴隶种姓的人，或使其知道赎罪苦行的人，和他一起堕入叫做阿桑波利多(Asanvrita)的黑暗地狱中。

82. "不要用两手搔首，食后盥漱之前不可接触它，未洗头之前不可入浴。

83. "注意不要因动怒而抓取人家的头发，或打击其头部，或自己打击自己的头部；用油涂首后，不要用油接触任何肢体。

84. "不要接受非王族出身的国王，以及靠屠宰场，油坊，酿酒场，妓馆的收入为生的人任何东西。

85. "一个油坊和十个屠宰场一样丑恶；一个酿酒场和十个油坊；一个妓馆和十个酿酒场；一个这样的国王和十个开妓馆的人一样丑恶。

86. "一个不属于武士种姓的国王被宣布为等于经营一万个屠宰场的屠夫；从他那里接受物品，是一件可怕的事情。

87. "从一个贪婪违法的国王处接受物品的人，依次堕入以下二十一种地狱中：

88. “多密斯罗(Tâmisra),安陀多密斯罗(Andhatâmisra),摩诃楼罗波(Maharôrava),楼罗波(Rorava),奈落(Naraka),迦罗修多罗(Kâlasoûtra)和摩诃奈落(Mahanaraka)。

89. “扇祇波那(Sandjîvana),摩诃毗耆(Mahâvîtchi),多钵那(Tapana),三钵罗多钵那(Sampratâpana),三诃多(Samhâta),沙迦鼓罗(Sakakola),鸠陀摩罗(Koudmala),弗提梨提迦(Poutim-rittica)。

90. “罗睺扇鸠(Lohosankou),梨耆阇(Ridjicha),般陀那(Panthana),沙罗摩利河(Sâlmali),阿尸钵多罗波那(Asipatra-vana)和罗诃陀罗迦(Lahadâraka)[1]。

① 这些字里面有好多字义我不明了;另有一些字却易于索解,如:多密斯罗和安陀多密斯罗可能指“黑暗之地”;楼罗波和摩诃楼罗波指“泪水之居”;多钵那和三钵罗多钵那指“痛苦之居”;摩诃毗耆指“巨涛河”;弗提梨提迦指“恶臭之地”;罗睺扇鸠指“铁矛之地”;梨耆阇指“投恶人于油炸炉火的地方”;阿尸钵多罗波那指“其树叶为剑刃之林”。

91. “熟悉这一规定,解释圣典并希望死后解脱的婆罗门学者,绝不从国王处接受任何东西。

92. “家长要在祭婆罗密(Brâhmi)[1]的时刻,亦即在末更时分觉醒;要熟思美德和正当的利益,熟思它们所需要的肉体劳顿,熟思吠陀的体蕴和真义。

① Brabmi 或 Raraswati,语言和雄辩的女神。

93. “黎明,起床,如厕,清洁后,要集中注意力,长时间伫立念诵娑毗陀利赞歌,按时完成其他神课,即晚课。

94. “圣仙等由于早晚长诵咒文而得长寿,睿智,生前令誉,死后永久的光荣,以及圣学所给予的光辉。

95. “婆罗门要在七八月或八九月的满月之日，按照规定举行叫做优钵伽尔摩(Oupâkarma)[①]的祭仪后，以四个半月的时间，不懈地阅读圣典。

① 关于优钵伽尔摩，注疏家未作详述，琼斯认为它和火祭一起举行。

96. “在弗什耶的太阴星宿下[①]，要于村落之外举行叫做圣典授予式(Outsarga)[②]的典礼，或举行在一二月的晴明半月的第一天，和这一天的上午。

① 弗什耶(Pouchya)是第八个星宿。

② 这一典礼的意义不详。

97. “按照律法在村外完成这一典礼后，可在当日、当夜和次日，或当日和当夜，[①]中止阅读。

① 原文是：在一个过渡的夜间，即在两天之间的夜间。

98. “但随后，要在晴明的半月间，专心阅读吠陀，并在晦冥的半月间，阅读一切吠陀分。

99. “阅读时，发音要清晰，要抑扬中节，但绝不可当首陀罗之面；在夜间的末更[①]，读完圣典后，无论如何疲乏，不应再睡。

① 一个更(Yama)是一昼夜的八分之一，即三个小时的时间。

100. “再生族要经常依上述规定方式诵经(Mantras)[①]，有暇即专心阅读法令和经文。

① 原文是：用韵律编写的部分(Tchandaskrita)；Mantras 系用诗体写成。

101. “按照上述规定学习或教授圣典的人，经常避免在下述一切诵读都被禁止的情况下从事诵读。

102. “晚间，听到风声；日间，风刮起尘土时：这是由熟知何时适于阅读的人禁止在雨季期间学习吠陀的两种情况。

103. “打闪，打雷，下雨，或大流星到处从天陨落时，阅读应中止到第二天的同一时刻。摩奴就是这样决定的。

104. “婆罗门在点燃圣火，进行早晚祭供时，看到这些变异同时发生，要知道不应该阅读吠陀；雨季以外的时间，出现云霓时亦然。

105. “遇有异常音响，地震，星体晦冥时，要知道虽在适当时间，阅读也应该被推延到次日同一时间。

106. “婆罗门在燃起祭火时，如出现闪电，或闻雷声而无雨，日间或夜间[①]其余部分的诵读应予中止；如有雨，应停止阅读一昼夜。

① 原文是：日光延续时（如早晨现象发生），或星光延续时（如夜间现象发生）。

107. “欲尽善尽美履行其职务者，要在村、庄、城市和恶臭充斥的地方，中止其阅读。

108. “在殡仪队通过的村庄，在坏人面前，在有人哭泣时，在稠人广众间，阅读吠陀要中止。

109. “在水中，午夜，便溺，口中含有余食，或参与斯罗陀祭时，脑海中甚至不得对吠陀有所思考。

110. “被邀参加独一人[①]的葬仪的婆罗门有识之士，应该在三天的时间内不学习圣典，国王生子或罗睺（Râhou）[②]出现时亦然。

① 见第三卷第247节。

② 罗睺是人格化的上部或龙头。它是一种阿修罗或泰坦（Titan），当搅拌乳海产生神膏时（见第2卷第162节注），它杂在诸神间，欲染指长生不老的仙液。在它张唇啜饮时，日神和夜神发现了它，告于毗湿奴天，毗湿奴天使用圆盘，一举将其头颅削下。但神液却使这阿修罗长生不死，它的头颅不时向日月冲击，想吞掉它们，以图报复。根据印度神话，这就是日月食的来源。这个故事记述在《摩诃婆罗多》史诗有关神膏产生的一段有趣的逸事中。学者威尔金斯（Wilkins）曾将其译为英文，刊载于《薄伽梵歌》（*Bhagavad - Gîtâ*）之后，波雷（Poley）则转载于他的 Dévi - Mahâtmya 版本的注释中。阿修罗的躯干，叫做 Kétou，是人格化的下部，或龙尾。在天文学上，罗睺和 Kétou 是两个行星。

111. “婆罗门学者参加对某人的斯罗陀祭，身上染有香料气味和油污时，不应该阅读圣典。

112. “卧床时，两脚搭在椅子上时，两腿交叉坐，腰和膝上缠着上衣时，吃肉食、米饭或人家在生子或死人时所给的其他食品后；

113. “降雾时，闻箭响或琴声时，黎明或薄暮时，新月之日，太阴月第十四天，满月之日，太阴月第八天，都不要学习圣典。

114. “新月之日杀害教师，太阴月第十四天杀害学生；第八天和满月之日不利于圣典的记诵；因而要在这些太阴日中，避免一切诵读。

115. “婆罗门在尘沙飞扬，空间四方起火，狼嚎，犬吠，驴鸣，骆驼嘶叫之声相闻时，不应该诵读吠陀，又当和人相伴时亦然。

116. “墓地附近，村庄附近，牝牛牧场上，穿和妻子性交时的衣服时，方在斯罗陀祭中接受馈赠时，不要阅读。

117. “斯罗陀祭中的赠品不论是生物或无生物，接受它的人不应阅读吠陀；因为据称这时他的口在他的手中。

118. “村庄被盗匪攻击，或庄内有火灾警报时，婆罗门要知道阅读应推迟到第二天，一切异常现象发生时亦然。

119. “欲尽善尽美完成其任务者，在优钵伽尔摩和优多娑尔伽后，应中止阅读三夜；同样，在十一十二月的满月后，在随后三个晦冥半月的第八太阴日，以及每一季节末的一昼夜，应该停止阅读一昼夜。

120. “婆罗门在马上，树上，乘象，坐船，骑骆驼，处不毛之地，或乘车时；

121. “口角时，或激烈争吵时，行伍间，战役中，食事初罢手还

湿的时候，不消化时，呕吐，吞酸时；

122. “有碍于礼遇客人时，风狂吹时，身体出血或为武器所伤时，不要阅读。

123. “如果娑摩吠陀[①]的歌声，袭耳而来，这时就不要诵读梨俱吠陀或耶柔吠陀；学完一部吠陀或叫做森林书(Aranyaka)的吠陀分后，不要马上开始另外一种阅读。

① 娑摩吠陀的经文系用诗体写成，以供歌咏；梨俱吠陀亦用诗体，但仅应朗诵；耶柔吠陀一般系用散文写成(《亚洲研究》，第八卷，第381页，八开本版)。

124. “梨俱吠陀用敬诸神，耶柔吠陀用敬人类，娑摩吠陀用敬祖灵，因而婆摩吠陀的声音似有不纯。

125. “有学识熟知此道的婆罗门，要在依次频频念诵吠陀的精华，即单音圣言、三言和咒文之后，随即在一切许可的日子里阅读吠陀。

126. “如果有牝牛或其他动物，青蛙、猫、狗、蛇、獴或老鼠，在师生之间通过，须知阅读应停止一昼夜。

127. “遇两种情况，即，应该学习的场所不洁和自己本身未净化时，再生族应始终极端注意避免诵读。

128. “新月之夜，第八天，满月之夜和第十四天，再生族家长虽在适于夫妇欢爱的时节[①]，亦应纯洁如学生。

① 见第三卷第45节。

129. “饭后，病中，午夜，穿着好几件衣服时，在不知底的水池中，不可入浴。

130. “不要故意踏过神像、父亲或教师、国王、家长、导师、红发或铜色皮肤的人和行过祭祀的人的影子。

131. “中午、夜半，或在斯罗祭中食肉后，黎明或薄暮时，不可久留十字路口。

132. “要避免故意同擦过人体的油脂，沐浴过的水，粪尿，血液，黏液，咳出物，呕吐物等的一切接触。

133. “不要怜爱敌人，敌人的朋友，坏人，盗匪，或人家的妻子。

134. “因为世间没有任何事物比取悦人家妇女，更有害于延年益寿的。

135. “欲增加其财富的婆罗门，绝不要轻视一个刹帝利，一条蛇，一个熟谙圣典的婆罗门，无论他们有什么困难。

136. “因为这三者可以促使轻视他们的人死亡，因而有识之士绝不应该对他们加以蔑视。

137. “绝不可为以前的失败而自暴自弃；要终生追求幸运，不要设想它难于取得。

138. “要说实话，要说引人愉快的事情；不要宣布不愉快的事实，不要说应酬人的谎言：这是永久不渝的法律。

139. “要说：‘好，好’，或说：‘好’[①]，不要无故结怨，或无故寻衅于人。

① 我对这句子的意义不了解。

140. “出门旅行时，清晨勿过早，晚上勿过迟，不要在中午时分，不要与生人为伍，不要单独一人，不要和奴隶种姓的人在一起。

141. “不要侮辱少一个肢体的人，或由于畸形而多一个肢体的人，或无知的人，上年岁的人，貌丑的人，穷人，或出身微贱的人。

142. “婆罗门食后或便溺后，未盥洗，不可用手来接触牝牛、婆罗门或火；身体虽好，未净化，绝不可注视空中的发光体。

143. “如果遇到身体不洁而对它们有所接触时，要进行盥漱，要常以掬在手心的水浇洗其诸感官，诸肢体和脐部。

144. “无病时，绝不可无故接触身体的孔窍[①]；要避免接触身体上应该保持隐蔽的有毛部分。

① 见第二卷第53节。

145. “要严格遵从吉祥的习惯，和规定的处世之道；要身心纯洁，抑制感官，低声诵经，经常维持火祭不绝。

146. “对于遵从吉祥习惯和规定的处世之道，完全纯洁，低声反复诵经和维持火祭的人，不怕任何灾祸。

147. “婆罗门要在适当时间，非常精确地诵读每天应该诵读的以单圣言‘唵’、三言佛尔、佛波、斯跋尔和娑毗陀利赞歌组成的吠陀分；这一义务被贤者宣示为主要的，其他一切义务都被宣布为次要的。

148. “婆罗门由于专心诵读圣典、完全纯洁、严格的苦行，注意于不伤生而忆起前生。

149. “忆起前生，重又专心诵读圣典，并由于经常专心诵读圣典而达享受在于最后解脱的永久幸福。

150. “要经常在新月和满月之日，举行由咒文祝圣的祭祀，和赎罪的供献；要在十一—十二月满月后三个晦冥半月的第八、第九太阴日，完成规定仪式[①]，经常敬礼祖灵。

① 第八太阴日的仪式叫做 Achtakâ，第九日叫做 Anwachtakâ。见琼斯在《论印度太阴年》中所发表的《印度历法》（《亚洲研究》第三卷）。

151. “要将粪便、洗脚水、残食、洗澡水，倒在远离圣火的地方。

152. “要在夜尽和白天的第一部分便溺，穿衣、洗浴、刷牙、敷眼膏和敬礼诸神。

153. “要在新月之日和其他规定的太阴日礼敬诸神像、婆罗门的有德之士，欲从之得到保护的国君和应予尊敬的亲族。

154. “要对来访的贵宾谦虚施礼，献以自己的座位；合掌侍坐其侧，离去时徐行其后。

155. “启示的经书和法典内完美宣示的，与个人习惯有联系的和作为宗教义务与公民义务基础的良风美习，要不懈地遵守。

156. “因为遵守这些习惯可得长寿，可得所希望的子孙和用之不竭的财富；遵守这些习惯可消灭凶兆。

157. “有坏习惯的人，在世成为众矢之的；经常不幸，为疾病所苦，短命。

158. “有好习惯、信仰之心纯洁，不诋毁任何人的人，虽无吉祥征兆，也应寿至百岁。

159. “要注意避免一切依赖人家帮助的行为，要与此相反，热心从事一切依靠自己的职务。

160. “一切依靠人家的事情招致痛苦，一切依靠自己的事情带来快乐；须知大体上这就是苦乐的道理。

161. “应该急于履行既未规定又未禁止，而可以使履行者感到内心愉快的一切活动；但不要做会产生相反效果的事。

162. “再生族要避免给教师，给为自己讲授吠陀的人，给父母，给导师，婆罗门，牝牛，以及一切从事苦行的人造成任何痛苦。

163. “要避免无神主义[①]，避免轻视圣典及诸神，避免仇恨，伪善，傲慢，愤怒，及性行苛刻。

① 无神主义指否认来生的行为。

164.“绝不可因盛怒而举杖打人，除儿子和学生外，绝不可责打任何人；可为教育他们而加以惩罚。

165.“再生族冲向婆罗门，意图加害，但未进行打击者，被罚在多密斯罗地狱徘徊一百年。

166.“因盛怒而故意打击他的人，哪怕只用一根草，也要在低贱的动物腹内轮回二十一次。

167.“由于对律法无知，而使未向其格斗的婆罗门流血者，死后要身受最剧烈的痛苦。

168.“滴落地上的血吸染了多少粒尘埃，造成这种流血的人，在来生也被肉食动物吞噬同样多的年。

169.“因此，通晓律法的人绝不应该攻击婆罗门，或者哪怕是用一根草来打他，或使他身上出血。

170.“邪恶的人，以伪证取得财富的人，以不断害人为乐的人，绝不能在世间享受幸福。

171.“修德行道无论有任何困难，绝不可心向不义；因为邪恶不正的人，立场改变之快，有目共睹。

172.“在此世间所行不义，好像大地，不立即结果；但渐渐发展，它就侵蚀和倾覆此行不义的人。

173.“惩罚不留给他，就留给他儿子；不留给他儿子，就留给他孙子，反正所行不义，对其作孽者，肯定从来不会没有果报。

174.“靠行不义，可以成功于一时；此时他可以取得各种繁荣幸福，战胜敌人；但随后他和他的家庭以及属于他的一切就灭亡。

175. “一个婆罗门要经常爱好真理，正义，良风美习和纯洁，适当地惩罚学生，抑制其言谈，腕力和食欲。

176. “不合法的财富和快乐，以及即使合法，但足以招致来生不幸，使人苦恼的行为，都要放弃。

177. “不要贸然行事，贸然行路，贸然相视；不要走邪辟的道路；不要言语轻浮，不要做也不要盘算害人的事。

178. “要走父、祖所走的善人之道，走这条道，无害于人。

179. “绝不要和祭僧、导师，教师，舅父，宾客，被保护人，儿童，老人，病人，医生，父系亲族，姻亲族，母系亲族，

180. “父母，家中妇女，兄弟，儿子，妻子，女儿和奴仆们发生任何口角。

181. “家长避免和上述人等口角时，免去一切不经心犯的罪恶；戒除一切争论时，成功地取得以下各界。

182. “教师是梵界之主[1]；父亲是造物主界之主；宾客是天王界之主；祭僧是诸神界之主：

① 即，避免和教师发生一切争论并设法使其满足，取得梵天世界。（注疏）

183. “双亲支配天女世界；母系的堂兄弟支配一切神的世界；姻亲族支配水的世界；母亲和舅父支配大地：

184. “儿童，老人，被保护的穷人和病人应被认为是太空之主；长兄等于父亲，妻子和儿子有如自己的身体：

185. “众奴仆好像他的影子，女儿是最值得疼爱者；因而，如果这些人中的一个人得罪他，他要经常忍受而无愠怒。

186. “尽管由于他的学识和虔诚，有资格接受礼品，但要抑制接受的偏好，因为接受太多时，圣典学习输送给他的力量迅即消失。

187. “明理之士对于律法规定有关接受馈赠的规则无所知时，虽饿死，也不接受任何东西。

188. “不学圣典的人，接受金银，土地，马匹，牝牛，米饭，衣服，芝麻粒和酥油时，有如放火于薪，被化为灰烬。

189. “金钱和米饭烧尽他的生命；土地和牝牛烧尽他的身体；马匹烧尽他的眼睛；衣服烧尽他的皮肤；酥油烧尽他的精力；芝麻烧尽他的子孙。

190. “不修苦行，不学吠陀，而贪求馈赠的再生族，如乘石舟，和馈赠人一起沉没水中。

191. “因此，无知者应以接受任何东西为可怕，因为最小的馈赠可使他陷于绝境，有如牝牛陷在泥淖中。

192. “知法者就是水也不要给予作风如猫的伪善的再生族，或习惯如苍鹭的婆罗门，或不知吠陀的人。

193. “每一件东西，虽系合法取得，但如给予这三种人，在来生授受双方同受其害。

194. “有如欲乘舟渡河者之沉于河底，同样，无知的赠与者和无知的受赠者也沉沦在地狱的深渊中。

195. “打美德的幌子，始终贪得无厌，行诡谲，恶意欺人，残暴，诽谤众人者，被认为作风如猫。

196. “目光始终低垂，生性邪辟，只图私利，无信实，伪装德容道貌的再生族，被称为作风如苍鹭。

197. “行径如苍鹭，作风如猫者，堕入俺陀多密斯罗地狱中，以惩罚他们这种恶行。

198. “一个人绝不可借苦行来赎罪，以求利用苦行，隐藏过犯，欺骗妇女和首陀罗。

199. “这样的婆罗门，在今生和来世，被精通圣典的人们所轻视，凡他以伪善所作的敬神行为，都归于罗刹。

200. “没有权利佩戴某一住期徽志，而佩戴之以为生的人，承担该徽志所属人所犯的罪恶，转生到畜牲腹内。

201. “一个人绝不要在人家水池内入浴；因为，他如这样做，要沾染水池主人所能犯下的一部分罪恶。

202. “未经所有主许可而使用人家马车，床铺，椅子，水井，园圃，住室者，承担该人四分之一的过犯。

203. “应常在河内，在为敬诸神而开凿的池塘内，在湖泊内，在小溪和急流内入浴。

204. “贤者要始终对伦理义务（yamas）比对宗教义务（Niyamas）[①]更注意遵守；其守好一切义务而忽视伦理义务者不免堕落。

① 以伦理义务和宗教义务译 Yamas 和 Niyamas 两字，不绝对准确。以下是著名立法家耶撽那跋基耶（Yadjnavalkya）关于两种义务所列举，注释家鸠鲁伽和罗伽跋南陀所援引的事项。Yamas 有十项，即梵行，怜悯，忍辱，内观，信实，方正，戒杀，戒偷，温和，抑制。Niyamas 是沐浴，沉默，斋戒，供养，学习吠陀，禁欲，服从经师，清净，不动心，严正。

205. “婆罗门绝不应在未读过吠陀的人举行的祭祀中，或在一村庄内的公祭僧、妇女或阉人所献的祭祀中用食。

206. “这般人所献的酥油供物，嫁祸于善人，而为诸神所不悦；所以这样的祭供，应予避免。

207. “绝不要吃狂人，愤怒的人，病人所进的食物。

208. “也不要吃经打胎的人[①]看过的，经期妇女摸过的，鸟儿啄过的，和狗接触过的食物；

① 原文作:杀胎儿者,又据另一意见:杀婆罗门者。

209. “牝牛嗅过的,特别是叫卖过的食物;一伙婆罗门骗子的食物,娼妇的食物,以及精于圣学的人所轻视的食物;

210. “盗贼,公开卖唱者,木工,高利贷者,新近完成祭祀者,吝啬人,被剥夺自由的人,带锁链的人的食物;

211. “众人嫌弃的人、阉人、不贞的妇女、伪善者的食物;不要接受变酸的甜食,过夜的东西,首陀罗的食物,或人家的残食;

212. “医生,猎人,坏人,吃残食的人,凶暴的人,产妇,先于人家离席盥漱的人,和产后净化未过十天的妇女的食物;

213. “不以适当尊敬给予的食物,未经祭供的肉食,无夫无子的妇女的食物,敌人的,城市的,堕姓人的食物,上面打过喷嚏的食物;

214. “诽谤者,伪证人,出卖祭祀报酬的人,跳舞者,裁缝,恩将仇报的人的食物;

215. “铁匠,尼遮陀[①],伶人,金工,竹工,兵器工的食物;

① 尼遮陀,堕姓人,生于婆罗门男子和首陀罗妇女。

216. “饲犬人,酒商,洗衣商,染布商,坏人,自己不知而家中妻子有情夫的人的食物;

217. “容忍其妻不贞、或万事听凭妇女支配的人的食物;给予死去尚不满十天的亡人的食物[①],以及最后,一切使他不快的食物。

① 俄译本作:由于家有不满十日的死人而不清洁的食物。——汉译者

218. “国王给予的食物,毁灭精力;首陀罗的食物,毁灭圣学的光辉;金银工的食物,毁灭寿命;皮革工的食物,毁灭令名;

219.“匠人如厨师给予的食物，消灭一切子孙；洗衣商的食物，消灭体力；狡猾之徒和娼妇之流的食物，排斥人于神界之外。

220.“吃医生的食物，就是吃脓；吃不贞妇女的食物，就是吃精液；吃高利贷者的食物，就是吃粪便，吃兵器工的食物，就是吃污秽的东西。

221.“除上面依次列举的人以外，仍不应尝其食物的其他一切人的食物，被贤者看做是皮、骨和毛发。

222.“由于不注意而吃其中一种人的食物时，应斋戒三日；但若故意吃时，就如吃了精液、粪尿一样，应从事一种苦行。

223.“每一个有学识的再生族，都不要吃不举行斯罗陀祭的首陀罗烹制的米饭；但在必要时，可以接受数量仅够一夜的生米。

224.“诸神将吝啬的神学生和慷慨的理财家详加比较后宣称，这两种人给予的食物有同样性质。

225.“但梵天来对他们说：‘不要把不同的东西等同起来；慷慨人的食物为信仰所净化，而另一种人的食物则因缺乏信仰而被玷污。’

226.“富人要虔诚不懈地举行祭供和举办慈善事业[①]；因为以正道取得的财富来举办这两种事业，提供不灭的果报。

① 这些慈善事业指：挖池塘或凿井，修建公共水泉，栽植花园树木等。

227.“他应经常完成慷慨施与的义务，祭献时，祭室内外有值得布施的人，要经常竭尽所能，欣然完成布施的义务。

228.“不吝惜的人，人求其施与，总要给一些东西；他的施与必会遇到一个足以解除其一切罪恶的受施者。

229.“与人水者得到满足；与人食物者得到不变的快乐；与芝

麻者得到所希望的子孙；与灯火者得到卓越的视力。

230. “与土地者得地；与黄金者得长寿；与房屋者得广厦；与银钱者得无上之美。

231. “与衣服者抵达月神的住所[①]；与马匹者抵双阿斯毗[②]住所，与牡牛者得大幸运；与牝牛者升至太阳神世界[③]。

① 抵达月神住所，可享有超人的权力。（注疏）

② 双阿斯毗（Aswis），太阳神和女仙阿斯毗尼（Aswini）之子，是诸神的医生。

③ 太阳神（Soûrya），迦息耶婆和阿底底的儿子，所以有阿底底耶之名。阿底底耶共 12 名，是太阳在一年中每一个月的形象。

232. “与车或床者得匹偶；与避难所者得最高主权；与食粮者得永久的满足；与圣学者得与梵结合。

233. “在以水、米饭、牝牛、土地、衣服、芝麻或酥油及其他物品构成的施与中，以圣学与人最为重要。

234. “人不论以何种意图进行某种施与，他将按照此意图以相当的荣誉来接受果报。

235. “敬赠礼物与敬受礼物的人同升天界（Swarga）；反是以行，两者都堕入地狱（Naraka）。

236. “人不要以其苦行自豪；祭祀后，不要说谎言；虽为婆罗门所苦，也不要对他侮辱；有所施与，不要到处宣扬。

237. “祭祀被谎言消灭；苦行的功德被虚荣消灭；寿命被侮辱婆罗门之举消灭；施与的果报被宣扬的行为消灭。

238. “要避免伤害任何生物，以免孤身进入来世，要渐次积累功德，有如白蚁增高其蚁冢。

239. “因为父、母、妻、子、亲族，都不是注定要伴他进入来世的，只有功德与他同在。

240. “人独生、独死、独膺善行的果报，独受恶业的惩罚。

241. “人的亲族将其尸体弃置于地，有如木屑和土块一样，以后就掉头远去；而功德却与其灵魂相伴不离。

242. “要不停地渐次增加其功德，以免只身进入来世；因为有功德伴随他，就可以穿越地狱间不能通行的黑暗。

243. “人以功德为主要目的，其罪为苦行所消弭者，即可被功德带入天界，灿然生辉，具有神的形体。

244. “欲使其门庭昌盛者，要常和最卓越的人士结交，绝对摒弃卑不足道的人。

245. “一个婆罗门常和高贵人士结交，避免卑不足取的人，就升至前列；反是以行，就沦为奴隶种姓。

246. “在事业上不屈不挠，温和，忍让，不和坏人交游，又不伤生者，如果坚持这些善行，将因其抑制和施与得升天界。

247. “可以从任何人接受薪木，水，根，果物，不求而给予的食物，蜜，以及免于危险的保护。

248. “以先前未经要求，未经许诺而献来的银钱布施，虽来自做坏事的罪人也可以接受；这是梵的意见。

249. “轻视这种布施的人，其祖灵在十五年内不享其任何祭供；圣火在十五年内不将其酥油供物上荐于诸神。

250. “不应傲慢拒绝卧床，住室，鸠姿草叶，香料，水，花，宝石，乳酸，烧大麦，鱼，牛奶，肉和野菜。

251. “家长欲赡养父母及其他应予尊敬的人，妻子及应予保护的人，欲敬诸神及宾客，可从任何人接受不论任何东西；但不要将其所受，用于私人享受。

252. “但如父母已故，或在家内分居时，本人在寻求生计之际，只可从善人处接受东西。

253. “农民，家庭友人，牧人，奴隶和理发匠，自荐工作的苦人，是奴隶种姓中可以吃其所属主人给予食物的人。

254. “自荐的穷苦人应该声明他是何人[①]，希望做何事，能被雇佣于何种服务。

① 即，家庭如何，性情如何。

255. 关于自己的情况不如实告诉善人者，是世间最有罪的人；他把自己所没有的资格窃据为己有。

256. “语言决定一切事物，语言是它们的基础，它们都出自语言，语言不实，利用它奸诈行骗的狡猾之徒，在一切事物上都是虚伪的。

257. “家长可以按照规定，读圣典以清偿对诸大仙的债务，生子[①]以清偿对祖灵的债务，献祭以清偿对诸神的债务后，要将照料家务委于其子，住在家里，完全不问俗务，将其思想凝注于最高的存在。

① 如人未生子以供在其身后举行葬礼，则其先世祖灵将自天界沦入地狱。

258. “要独处僻静的地方，经常冥想他的灵魂未来的幸福；因为作此冥想，他可以抵达梵我一如的最后解脱。

259. “这是婆罗门家长的日常生活方式；这是对学习期满的人规定的守则，增加善性的良规。

260. “认识圣典的婆罗门，按照这些规定行事，解脱一切罪恶，取得永远神我一如的光荣。”

第五卷 斋戒和净法的规定
妇女的义务

1. 诸圣仙听取有关家长的法令的宣示后，对出自圣火和心胸豁达的跋梨求说了这些话：

2. “尊者啊，对于奉行宣示的义务和熟知圣典的婆罗门，死亡为什么会在吠陀规定的年龄以前行使它的权力呢？”

3. 于是，摩奴之子道德高尚的跋梨求对这些赫赫圣仙说道：“你们可以听一听，由于什么错误，死亡要毁灭婆罗门的生命：

4. “当他们忽视学习吠陀，抛弃规定的良风美俗，怠慢地履行宗教义务，违犯食戒的规定时，死亡就打击他们的生命。

5. “葱、蒜、韭菜、香蕈和一切生在不净物质中的植物，再生族不应该吃。

6. “树木渗出凝结的红树胶，切伤取出的树胶，锡卢树(Sélou)[1]的果实，刚生犊的牝牛的奶用火加浓者，婆罗门应力求忌避。

① Sélou 的学名是 Cordia myxa。

7. “和芝麻煮在一起的米饭，桑耶婆[1]和牛奶、面粉糕点烧在一起，未先祭供诸神的米饭，诵经时未经接触过的肉，供祭诸神用尚未祭供过的米饭和酥油；

① 桑耶婆(Samyâva)[1]是用奶油、牛奶、糖和小麦粉制成的食品。

8. “产后未过十天的牝牛的鲜奶，牝骆驼或牝单蹄四足兽的奶，羊奶，交尾期或丧失牛犊的牝牛的奶；

9. “除牝水牛外一切林栖野兽的奶，妇女的奶，和一切性甘而变酸的食物都应忌食。

10. “酸味东西中，可以吃乳酸，和一切用酸乳制成的东西，以及从花、根和果实中抽出、性质无害的一切酸质物。

11. “一切再生族要无例外地戒食猛禽，栖居城市的鸟类，圣典许可以外的单蹄四足兽，和叫做低低巴[1]的鸟类；

① 低低巴(Tittiba)学名是 Parra Jacana 或 Parra Goensis，系鹡鸰的一种。

12. “麻雀，潜水鸟，红鹤，红鹅[1]，公鸡，印度鹤，罗遮柔婆罗鸟[2]，啄木鸟[3]，鹦鹉，和娑利迦鸟[4]。

① 红鹤(Hansa)，梵语 tchakrarâka，学名 Anas casarca。

② 梵语 Radjjouvala，一种不知名的鸟。

③ 梵语作 Dâtyoûha，科尔布鲁克认为是鹬鸟 (Gallinule)。

④ 梵语 Sârika，学名 Gracula religiosa，性极驯良，善学一切声调，说话较鹦鹉更为清晰。见印度剧本《Ratnâralt》。

13. “以咀叩食的鸟类，蹼足鸟类，凫类，以爪尖撕食的鸟类，潜水食鱼的鸟类；要戒食摆在屠宰商店的肉和干肉。

14. “苍鹭肉，巴罗迦鹤肉[1]，乌鸦，鹡鸰，两栖食肉动物，家畜猪，以及最后，不准食用的一切鱼类。

① 巴罗迦(Balâkâ)，鹤的一种。

15. “吃一个动物的肉者，叫做吃此动物者；吃鱼者是吃各种肉者；所以应该戒鱼。

16. “叫做钵底那[1]和罗喜多[2]的两种鱼，可在敬诸神或祖灵的供食中吃，罗遮婆[3]，欣诃都多鱼[4]和各种娑娑迦虾[5]亦然。

① Pâlhîma，尼罗河鱼名，学名 Siturus pelorius。

② Rohita,学名 Cyprinus denticulatus。

③ Râdjîva,学名 Cyprinus niloticus。

④ Sinhatouda,一种不知名的鱼。

⑤ Sasalka,海虾。

17.“不要吃非群栖动物,野兽和自己不认识的鸟类(虽然它们不在被禁食之列),或有五爪的动物。

18.“立法家宣称,在五爪动物中,刺猬,豪猪,恒河鳄鱼,犀牛,乌龟和野兔,可以吃,又除骆驼外具有一列牙齿的四足兽亦然[①]。

① 这段文字很难理解,因为不存在仅具一列牙齿的动物。在第一卷第 39 节中,立法家曾谈到动物的创造,但谈的是具有两列牙齿的动物;注疏家举狮子为例;肉食动物的各种牙齿都是锐利而上下交错的;但草食反刍动物的臼齿,上列是平的,上下交合。本段所指动物齿型,或者应该在这种动物齿型所表现的区别上求得解释。

19.“再生族故意吃香蕈,家畜猪肉或公鸡肉,大蒜,韭菜或洋葱者立刻成为堕姓人;

20.“但若无意中吃过上述六种食物之一,要做桑多波那的苦行[①],或苦行僧的旃陀罗衍那苦行[②];至于其他东西,要斋戒一整日。

① 见第十一卷第 212 节。

② 见第十一卷第 218 节。

21.“再生族应该每年进行一次叫做普罗遮帕底亚[①]的苦行,以便清除自己无意中吃禁食所感染的罪污;但明知故犯,应该进行在此情况下特定的苦行。

① 见第十一卷第 211 节。

22.“准予食用的野兽或鸟类,可由婆罗门屠杀以供祭祀,或供他应该扶养的人食用。因为过去阿伽底耶[①]曾这样做过。

① 阿伽底耶(Agastya),一位著名圣仙的名称。

23.“因为在古代祭祀中，在由婆罗门和刹帝利所献的供物中，曾将法律准吃的野兽和鸟类的肉荐于诸神。

24.“一切易于吃下或吞咽而未沾染任何污秽的食物，虽保留过一整夜，上面加油，仍旧可吃；残余的酥油亦然；

25.“一切用大麦或小麦做的，或牛奶调制的各种食品，虽不浇油，再生族仍然可吃，又虽经保存过一些时间亦然。

26.“一切允许或禁止再生族食用的食物，已列举无遗；现在我再将关于食肉或戒食肉应该遵守的规则宣示给你们。

27.“已献祭过的肉或密咒祝圣过的肉，再生族可以吃，或者当婆罗门愿意的时候，或在宗教仪式中规定要求吃的时候，或生命濒危的时候，可只吃一次。

28.“梵天为维持生灵创造了这个世界，一切存在物，无论动物或不动物，都作为生灵的食品。

29.“不动物是动物的食饵；无牙齿物是有牙齿物的食饵；无手物是有手物的食饵，怯懦者是勇敢者的食饵。

30.“准吃的动物肉，虽每天吃，不犯罪，因为梵天创造了某些生物是被吃的，另一些动物是吃它们的。

31.“诸神的规定宣称：吃肉只是为了行祭；但反其道而行之，叫做罗刹的规定。

32.“自购，自养，或自他人接受的动物，其肉只有在荐给诸神和祖灵之后才吃的人，无罪。

33.“知法的再生族，除急需情况外，不按照这一规定，绝不要食肉；因为违反这一规定，将在来生为他非法吃过其肉的动物所吞噬，而无法抗拒。

34. “由利欲吸引杀害野兽者的过犯，和不先荐诸神而吃肉的再生族的过犯，在来世不被等同看待。

35. “但是一个人在宗教仪式中拒绝吃法律规定他必须吃的祭肉，死后继续不断轮回转生动物二十一次。

36. “婆罗门绝不要吃未经咒文净化的肉，但按照永久的规定，经咒文净化时可以吃。

37. “想吃肉时，要用奶油或面粉制成动物形象；绝不要想不用于祭祀而杀害一个动物。

38. “非法杀死动物的人，那个动物身上有多少毛，他就在以后历次出生中，经受同样数目的暴死。

39. “自存神出自己意创造了万物以供祭祀；祭祀是此世万物增生的原因；因此，为祭祀而犯的杀生，不是杀生。

40. “以祭祀而结束生存的植物，家畜，树木，两栖动物和鸟类，转生在较高的地位中。

41. “以特别仪式待客时，行祭时，献供于祖灵和诸神时，可以动物为牺牲；但在其他情况则不然：这是摩奴的决定。

42. “熟知圣典本意和真谛的再生族，在上述情况下杀死动物，使本人和牺牲的动物，一起到达幸福的去处。

43. “每一个心胸豪放的再生族，或居家，或从师，或林栖①，虽在困难时，无吠陀许可，不应犯杀动物戒。

① 即无论在居家期，梵志期或比丘期。

44. “人们在这个由动物和不动物组成的世界中所造成的伤害，凡圣典所命令和规定的，不被认为是伤害；因为法律出自圣典。

45. “杀害无辜动物以为乐者，无论生前或死后，都看不到幸福的增加。

46. “但不是自愿使动物强受役使或死亡的痛苦，并愿一切物类幸福的人，享受无尽的快乐。

47. “不加害于任何生物者，无论考虑、从事、专心致志于任何事情，都顺利成功。

48. “只有伤害动物，才能获得肉食；而杀害动物闭塞上天的门径；所以应该避免犯戒食肉。

49. “仔细考虑到肉的由来和动物的死亡与受制，再生族要戒各种肉食，即准吃的肉食亦然。

50. “遵守规定，不像吸血鬼一样吃肉的人，今生博得人家爱戴，不为疾病所苦。

51. “同意杀死一个动物的人，杀死它的人，切碎它的人，买者，卖者，烹调者，上肉食者，吃肉者，都被认为参加了杀生。

52. “不先祭祖灵和诸神，而欲借其他生物的肉来增加自己的肉的人，没有比他更有罪的。

53. “百年内，每年举行马祭[①]的人，和终生不食肉的人，取得同样的功德果报。

① 马祭(Aswamédha)是一种最高级的祭祀；一个王侯举行过一百次这种祭祀，就使他取得代替天王统治诸神的权利。这一祭祀开始是象征性的(行祭时只将马拴缚而不加杀害)，以后变成现实。

54. “人以清净的果、根，和林栖者充当食物的谷粒为生，得不到和完全戒食动物肉同样大的果报。

55. “‘我’在今生食其肉，‘它’在来生吞噬‘我’！[①]根据贤者意见，‘肉’这一个字，真正是从这一意义派生出来的。

① “我”、“它”两字，在原始梵文中，mam，sa 两字结合在一起，构成一个 mâmsa

字,其义为肉。

56.“在许可的情况下,食肉,饮酒,恋爱,都不是罪过;因为人倾向于这些事情;但戒绝它们则是很有功德的。

57.“现在我要适当地将有关四种姓对死者净化和对无生物净化的规则,顺序宣示给你们。

58.“如果小儿生满牙齿时,在生齿后举行剃发式和束纽式时死去,其一切亲族都是不净的;小儿出生时也有同样规定。

59.“法律宣布,撒宾陀亲族死尸所造成的不净,延续十天十夜,或直至骨骸被收集的时刻[1],即四天的时间,或按照死者的婆罗门亲族功德的大小,仅只三天的时间,或仅一天的时间[2]。

① 烧尸体时,节制用火,使残留一些骨骸,而后加以收集(《亚洲研究》杂志第七卷第242页)。

② 维持梵天启示所规定的圣火的婆罗门,学习吠陀以及咒文和礼仪书的婆罗门,净化一日;仅有上述两种功德之一的人,净化四日;又,无一长可取的人净化十日。(注疏)

60.“撒宾陀亲族[1]或由糕点供献互相联系的人们的亲族,至第七代,或尊卑亲属的第六级而终止;撒摩诺陀迦亲族或由同一奠水式互相联系的人们,到他们的出身或家族名称不复为人所知时而终止。

① 尊亲属中父亲、祖父,及祖父以上的四位祖先,共六代,称为撒宾陀亲族,撒宾陀亲族的身份至第七世祖先而终止。卑亲属中,儿子,孙子等亦然。这种撒宾陀亲族的身份系由供献糕点所建立的关系得来。因为糕供是献给父亲、祖父、曾祖父和高祖父的;高祖父以上三祖先则享受制糕点用剩的稻米。第七代祖先就不来享受糕供。由于献糕供所建立的联系,一个人,他的上述六代祖先是撒宾陀亲族时,他本人也是祖先的撒宾陀亲族。所以撒宾陀亲族的身份共包括七代。

撒摩诺陀迦亲族的身份在人们的记忆中没有亲族关系的踪影时才终止。(注疏)见第三卷第215—220节;又,印度法汇编,第三卷第531页。

61.“如同亲族死亡时对撒宾陀亲族所宣布的不净[1],对于寻求完全洁净的人在小儿出生时所遵守的不净亦然。

① 撒宾陀亲族不应梳洗打扮，而应任其污秽，又禁用香水等物。同样，他们也要略去每天的盥洗和敬神事宜（《亚洲研究》第七卷第248页）。

62.“由死亡所造成的不净，对所有撒宾陀亲族是共同的；但小儿出生的不净仅及于父母；尤其是母亲，因为父亲一经沐浴就净化。

63.“泄精的男子经过一次沐浴而净化；如果他和一个有夫之妇[①]交合而生子，经过三日净化可偿赎其罪。

① 英俄译都作：性交后三日净化，全无“有夫之妇”的意思。——汉译者

64.“接触了尸体的撒宾陀亲族，不管他的功德如何，三夜的三倍加上一昼夜就清净；撒摩诺陀迦亲族则需三天。

65.“行完教师葬仪而非其亲属的学生，满十个夜而净化，在这种情况下，抬尸体的亲族亦然。

66.“妇女妊娠后经过多少夜，她流产后的净化也经过多少夜；又行经妇女，经止时，以沐浴而净化。

67.“未受剃发式而死去的男儿，根据律法，净化一昼夜；但如举行剃发式后死去，净化需三夜。

68.“不满两岁未举行剃发式而死去的小儿，应由亲族抬出城外，饰以花冠，放置在清净的地方，以后不要收集其骨骸。

69.“不应该对他举行火祭[①]和奠水，把他像木片一样丢在森林后，亲族净化三日。

① 即不应焚烧其尸体。维持圣火的婆罗门的柴火堆应放火点燃（《亚洲研究》第七卷第241—243页）。

70.“亲族对不满三岁的小儿不应举行奠水式；但如已生满牙齿，或已经命名时就可以举行。

71. “一个再生族，他的梵志期同学死去，不净期是一昼夜：小儿出生时，对撒摩诺陀迦亲族的净化规定为三夜。

72. “姑娘订婚而尚未结婚就死去，姻亲族净化三日；如果死亡发生在婚后，父方亲族同样净化。

73. “他们要吃未用人工盐调味的米饭，沐浴三日，戒食肉，孤宿在地面上。

74. “这是由于亲族死亡时，恰好在场，所造成的不净的规定；但在远离的情况下，撒宾陀和撒摩诺陀迦亲族应该遵守如下的规定：

75. “在十日不净期满以前，听到一个亲族死在远方，他在这十天的下余时间是不净的。

76. “但如已过第十天，则他不净的时间是三夜；又，如已过去一年，一经沐浴，就净化了。

77. “如果十日期满后，听到一个亲族死去，或一个男儿出生和衣跳入水中，他就洁净。

78. “牙齿未生齐的小儿，或撒摩诺陀迦亲族死在远方，其亲族和衣入浴，就立时洁净。

79. “如果十日中，又发生新的死亡和出生，则婆罗门仅只在这十天未满期间是不净的。

80. “教师死去时，学生的不净，被宣布为延续三夜；教师的儿子或妻子死去，则为一昼夜：这是规定。

81. “读完全部圣典的婆罗门死去时，同屋住的人，三夜不净；而对于舅父，学生，祭司和远方亲族，两天一夜不净。

82. “一个人和死去的王族的国王住在同一地方，视事件发生在日间或夜间而定，在日光或星光延续时为不净；一个住同屋而没有读过一切圣典的婆罗门死去，或仅知道吠陀的一部分和吠陀分的教师死去时，他在一整天内不净。

83. “一个为人和学识都无可取的婆罗门，在行过入门式的撒宾陀亲族死去时，以及一个到分娩期的小儿出生时，十日而净；一个刹帝利十二日，吠舍十五日，首陀罗[①]一月。

① 对首陀罗来说，婚礼代替入门式。

84. “任何人也不应该延长不净的日期，或中止圣火祭；举行圣火祭时，虽系撒宾陀亲族，也不能不净。

85. “接触过旃陀罗，行经妇女，因大罪而堕姓的人，刚生产的妇女，死尸或接触过其中之一的人，以沐浴净化。

86. “盥洗已毕，变得十分清净的婆罗门，见到不净的人，应经常向太阳神祇诵咒文和消除不净的祷词。

87. “婆罗门接触过尚带油脂的人骨时，以沐浴净化；如果骨头不带油脂，可汲水于口，接触牝牛，或注视太阳而净化。

88. “学神学的学生，学习期满前，不得在葬仪中举行奠水式；但当期满时，如举行奠水式，应净化三夜。

89. “对于忽视义务的人，生于不净的种姓杂婚的人，异教徒乞食者，故意轻生者，不应举行奠水式；

90. “对于崇奉异教风习，或生活放荡，或实行流产，或杀害亲夫，或饮烧酒的妇女亦然。

91. “一个学生在穿圣纽前抬教他学习咒文集[①]、或吠陀分的教师的尸体，抬教他念吠陀分或吠檀伽的副教师的尸体，抬对他解释圣典意义的尊者的尸体，不犯他的住期的誓戒。

① 咒文集(Sâkha)是由若干本集(Sanhitâs),即每一吠陀中的咒文集组成的吠陀分支或再分支。

92. "应将死去的首陀罗尸体,从南门抬出城外;而再生族的尸体,则按照种姓高下,从西门、北门和东门抬出。

93. "种姓高贵又接受过国王涂油式的国王,学生,从事苦行的人,献祭的人,都不能感染不净;他们有些人占有天王座位,另外一些人经常清净如梵。

94. "对于登上君主宝座的国王,净化被宣布为立时发生;应该将这一特权归于委托给他只是为了使他不断照顾人民的利益这一崇高的地位。

95. "对于奉国王号令退却后阵亡,或由雷电击毙,或被王命所杀,或因保护牝牛或婆罗门而丧失生命的人,以及国王为不延误事机而欲其清净的人,如宗教顾问官,净化同样立时发生。

96. "国王的身体是由世界八位主要守护神苏摩[①],阿格尼[②],苏利耶[③],阿尼罗[④],因陀罗[⑤],鸠吠罗[⑥],跋鲁那[⑦]和阎摩[⑧]流出的微粒组成的。

① 苏摩或旃达罗,月神,亦为祭祀之君,婆罗门之王,司药用植物。
② 阿格尼,火神,司东南。
③ 苏利耶或阿尔迦(Arka),太阳神。
④ 阿尼罗,又称伐优和钵跋那,风神,司西北。
⑤ 因陀罗或撒克罗,天王,司东方。
⑥ 鸠吠罗,水神,司北方。
⑦ 跋鲁那,水神,司西方。
⑧ 阎摩,地狱之神。

97. "既然国王身上寓有世界的诸守护神,所以律法认为他不能不净;因为这些守护神产生或摒弃人类的净或不净。

98. "履行刹帝利的义务,在战斗中被刀剑击毙[①]的人,当即完成最有功德的牺牲,而净化立即形成:这是律法。

① 原文是:人家挥动武器的一击。

99. "不净的日期终了时,行斯罗陀祭的婆罗门,以触水而净化;刹帝利以触其马、象或武器而净化;吠舍以触其牡牛的刺棒或韁绳而净化,首陀罗以触其手杖而净化。

100. "再生族的领袖们,关于撒宾陀亲族的净化方式已经宣示给你们,现在你们可以学习较远亲族死亡时的净化方法。

101. "一个婆罗门,以其对亲族的爱,抬运一个非其撒宾陀亲族的婆罗门尸体,或其母亲近亲族中某一个人的尸体后,净化三夜;

102. "但如接受了死者的撒宾陀亲族献给的食物,净化必需十日;如果什么都没吃,只要没和死者同处一室,净化一日;因为在那种情况下,净化要求三日。

103. "在自愿对父系亲族或不论其他任何人送殡后,如随即和衣入浴,就以接触圣火,或吃酥油而净化。

104. "如有婆罗门种姓的人在,则婆罗门的尸体,不应该使首陀罗抬往墓地;因为丧供由于和首陀罗接触而被污染,不利于死者升入天界。

105. "圣学,苦行,圣火,清净的食物,土,神灵,水,涂布牛粪,风,祭仪,太阳和时间:这些都是对生物实行净化的媒介。

106. "一切使人清净的事物中,在取得财富上的清净是最好的;致富而保持清净的人是真正清净的,只以土和水净化的人则不然。

107. "有学识的人,以恕过而净化;忽视义务的人,以布施;有过而人不知的人，以低声诵咒文；洞悉吠陀的人，以苦行。

108. “土和水净化不净的东西；溪河被其流水所净化；心污的妇女被其经水所净化；婆罗门以脱离凡世之爱而净化。

109. “人身肢体的污浊，用水去掉；心灵的污浊，用真理去掉；圣学和苦行清除真我的脏污；智力以知识而净化。

110. “关于身体清净的准确规定，已经宣示给你们。现在可学习如何对人们使用的各种物品妥善净化。

111. “金属，宝石和一切石制品，贤者规定用灰、土和水净化。

112. “没有盛过油质的金器，只用水清净；类如珊瑚、贝壳，珍珠等一切生在水中的东西，出自天然的东西，如石头和未经镂刻的银器亦然。

113. “水火交而生金银；因而这两种东西最好的净化方法，是使用产生它们的原素。

114. “铜、铁、黄铜、锡、铁叶和铅制的壶，以灰、酸和水擦洗为宜。

115. “一切液体，规定用鸠娑草叶来清除其不净的表面；缝在一起的布制品，净化时用很清洁的水来浇洗；木制家具用刨子刨。

116. “祭祀用器皿，如饮苏摩汁液的杯子，和放置酥油的杯子，祭祀时应用手擦和水洗。

117. “烹制供物用的锅，向火内投掷酥油用的各种匙，铁制器皿，簸箕，车辆，杵臼[①]，应该用热水清洗。

① 木制臼，用以脱谷壳。

118. “食粮和衣服，超过一个人的负荷量时，用水浇洗；但数量少时，法律规定用水洗。

119. “皮革，芦苇茎编的篮子，和衣服同样清洗；菜蔬、根、果、和食粮同样净化。

120. “丝织品或毛织品，用盐碱土清洗；尼泊尔羊毛地毯，用捣碎的栎树实；内衣和外衣，用毗跋[①] 果实；麻织品用捣碎的白芥子清洗。

① 毗跋(vilva)，学名 Ægle marmelos。

121. “应由有学识的人将贝壳，角，骨或象牙制品，像毛织品一样加以清洗，同时掺上牝牛尿或水。

122. “净化草、木柴、麦秸，用水浇；净化房屋用扫除，拂拭，和涂布牝牛粪；净化瓦罐，使它再煮烧一次；

123. “但当陶器和酒、尿、粪、痰、脓、血发生接触时，虽煮烧也不能净化。

124. “净化土地用五种方式：扫除，涂布牝牛粪，浇洗牛尿，刮地皮，使牝牛住留一昼夜。

125. “鸟儿啄过的，牝牛嗅过的，脚动过的，上面打过喷嚏的，接触虱子污染的东西，以上面撒土来净化。

126. “不净的物质造成的气味和潮湿留在脏东西上未去时，在这一整个阶段内，对无生物的一切净化应该用土和水。

127. “诸神曾对婆罗门指定他们特有的三件清净的东西，即，他们不知道被污染的东西，他们怀疑时用水浇过的东西，和他们发出命令‘愿此物品于我为净’的东西。

128. “足以使牝牛止渴的水，流在净地上，未被任何污物弄脏，色香味宜人时，是净的。

129. “技工的手工作时常是净的，为出卖而陈列的商品亦然；

给予乞食学生的食物绝不受污染：这是规定。

130.“妇女的嘴常是净的；鸟儿在使果实坠落时；小动物在吃奶时；狗在捕捉野兽时，是净的。

131.“狗弄死的野兽的肉，被摩奴宣布是净的；其他肉食动物或畋猎为生的人，如旃陀罗弄死的野兽的肉亦然。

132.“脐以上的一切孔窍是净的，脐以下的是不净的，从体内出来的一切排出物亦然。

133.“接触不净物品的苍蝇、唾出的液滴，不净的人影本身，牝牛，马，太阳光线，尘埃，土，风，火，在接触它们时，应始终视为是净的。

134.“净化排泄大小便器官，应该使用必要量的土和水；清除体内十二不净物亦然。

135.“油质渗出物，精液，血液，头垢，尿，屎，鼻涕，耳垢，痰，泪，眼眵，汗，是人体十二不净物。

136.“希望清净的人，对尿道应该和水一起使用一个土块，对肛门使用三块；对应该用来进行这种净化的左手，十块，对两手，七块，或必要时更多的块数。

137.“这种净化，是家长的净化；学生的净化应加倍；林栖者的净化，三倍；苦行乞食者的净化，四倍。

138.“大小便已毕，做完上述净化后，应该漱口，以后再灌洗身体诸窍；行将诵读吠陀时也要这样；吃饭时要经常这样。

139.“再生族如要身体清净，应先漱水三次，以后拭口两次：妇女和首陀罗只做一次。

140.“遵从律法规定的首陀罗，应每月剃发一次；他们的净化

方式和吠舍一样，又，婆罗门的残饭应该是他们的食物。

141.“唾液滴从口内落到肢体上，不使人不净，须毛进入口内，或东西进入牙缝亦然。

142.“端水于人，使其盥漱，水点流到他脚上，应被认为和流在净地上的水一样；它不会被脚所脏。

143.“负重的人，不论怎样被不净的人或物接触，可以不放下负担，而漱水净化。

144.“呕吐或泻后，应该沐浴，而食酥油：食后呕吐时只应漱口；沐浴是对和妇女性交的人规定的。

145.“睡眠后，打喷嚏后，食后，咳后，说谎言后，饮酒后，诵读圣典时，虽净，亦应漱口。

146.“关于一切种姓净化的规定，和使用物品的去污方法，我已全部宣示给你们，现在你们可以学习关于妇女的法律。

147.“小姑娘，青年妇女，老年妇女，虽在自己家内，绝不应随己意处理事情。

148.“妇女少年时应该从父；青年时从夫；夫死从子；无子从丈夫的近亲族，没有这些近亲族，从国王，妇女始终不应该随意自主。

149.“妇女绝不要寻求脱离父亲、丈夫和儿子；因为脱离他们，她要使两家都被人轻视。

150.“妇女应该经常快活，巧妙地处理家务，特别注意家具，节约支出。

151.“妇女由父亲，或经父亲同意由弟兄赐给某人，应该在他生时敬谨侍候他，在他死后，不应该行为不贞或疏于对他应有的祭供而有愧于他。

152. “婚礼中的祝词,和对造物主的祭祀,要保证新婚夫妇的幸福;但丈夫对妻子的支配权建筑在订婚时父亲以自己女儿赐予他这一点上。

153. “由通用咒文祝福的婚姻,丈夫今世在适当时机或其他时机,不断给妻子带来快乐,并在来世使她取得幸福。

154. “丈夫操行虽有可指摘,虽另有所欢和品质不好,但有德的妻子,应经常敬之如神。

155. “没有特别关于妇女的祭祀、修行和斋戒;妻子恩爱和尊敬丈夫,将在天界得到尊敬。

156. “期望得到和丈夫一样幸福居处的有德妇女,无论丈夫生前和死后,都不应该做任何足以使他不愉快的事情。

157. “妇女可随意以清净的花、根、果为生而消瘦其身体;但在丧偶后,其他男子[①]的名字提都不要提。

① 摩奴法论中找不到任何允许强使妇女在丈夫死后走上焚尸台的残酷习惯法;但有一些其他立法家责成她们自焚,许给牺牲者可得升天的果报。见科尔布鲁克著关于贞节妇女义务的论文(《亚洲研究》第四卷),印度法律汇编,第二卷第 451 以下诸页。又雷穆萨著《亚洲杂录》第一卷第 386 页。

158. “她要终生耐心,忍让,热心善业,贞操,淡泊如学生,遵守关于妇女从一而终的卓越规定。

159. “有几千名婆罗门,从最小的时候起就屏绝性欲而无后,但他们业已上升天界。

160. “丈夫死后完全坚守贞节的有德妇女,虽无子,却和这些戒色的男子一样,径往天界。

161. “但欲得子而不忠于丈夫的寡妻,今世遭人轻视,将来被排斥在丈夫所在的天界之外。

162.“凡妇女与非丈夫的人野合所生的儿子都不是她的嫡子；同样，男子和人家妻子野合所生的儿子也不属于他；对一个有德的妇女，本法典中，任何地方都没有规定嫁二夫的权利。

163.“抛弃低种姓的丈夫，而亲昵一个高种姓的男子，在今生被人轻视，称为养汉婆。

164.“不忠于丈夫的妇女生前遭诟辱；死后投生在豺狼腹内，或为象皮病和肺痨所苦；

165.“反之，不背叛丈夫，思想、言论和身体纯洁的妇女，和丈夫同升天界，被善人称为节妇。

166.“在思想、言论和人格上如此持守高尚的妇女，今世取得崇高的声誉，死后得与丈夫同处。

167.“知法的再生族，看到遵守这些规定的和自己同种姓的妻子先死时，应该用祭火和祭具焚烧她。

168.“如此用祭火完成先妻葬仪后，他可再结婚，重燃婚礼之火。

169.“始终不要停止按照规定举行五大祭供；择偶后其生活的第二阶段期间，要住在自己家里。”

第六卷　林栖和苦行的义务

1.“先已学习期满的再生族，在按规定如此住满家住期后，应即下定决心，断然抑制其感官，生活在山林中。

2.“家长看到自己皮皱发苍，子孙绕膝时，要退隐山林间。①

① 这时他就成为跛那普罗斯多，译言林栖者。

3.“要放弃他在家乡所吃的食物，放弃一切所有，把妻托给儿子们，单身引去，或携妻同行。

4.“携带祭火和一切祭供用家具，离开乡井，退隐山林，同时抑制着自己的欲念感官。

5.“要按照规定，以牟尼食用的各种清净食粮，如野生稻米，用蔬菜、根、果来举行五大祭供。

6.“要穿羚羊皮或树皮衣；早晚沐浴；常蓄长发①，留胡须、体毛和指爪。

① 原文是：要拖一个发辫。见第二卷第219节。

7.“要尽力对生物行祭供，并用供自己吃的食物的一部分行布施。来草庵的人，要敬以清水和根果。

8.“应该不断专志于诵读吠陀，忍受一切，亲切，凝神，常予而不取，对一切物类表示同情。

9.“要定期举行按照毗那多①方式规定的祭火，及时举行新月、满月祭而不懈。

① 毗那多(Vitâna)方式是,从为称为迦罗钵底耶火挖的坑内取火,移到称为阿诃底耶、达撥那火挖的两坑内。

10. “也要祭供月宿,举行新穗祭,间四个月举行一次的祭祀,冬至祭和夏至祭。

11. “要用自己采集的,春季或秋季[①]生长和供牟尼吃的清净食粮,按照规定,分别制成用于祭供的糕点或其他食品;

① 春季包括三、四月和四、五月;秋季包括九、十月和十、十一月。

12. “将这山林所产最清净的供物祭过诸神后,要和以自己拾取的盐,食其残余。

13. “要吃地上或水内生长的蔬菜,清净树木生的花、根和果实,以及果实内长出的油。

14. “要戒食蜜、肉、地面生长的香蕈,钵斯陀利那[①],悉格卢

伽[②]和斯离俱摩多伽[③]的果实。

① 学名 Andropogon schaenanthus。

② 一种不知名的草。

③ 学名 Cordya myxa。

15. “九、十月中,应该将以前拾取的野生食粮、旧衣服和自己采集的草、根、果抛弃。

16. “耕地虽被业主所抛弃,而其上面生长的东西绝不要吃[①],或虽苦于饥饿,村庄出产的根、果绝不要吃。

① 英译本和俄译本作:不应吃土地上的产物,即使是被抛弃的。——汉译者

17. “可以吃火烧的食物,或时日使之成熟的果实;可使用石块击碎果实,或以牙代杵。

18. “要采取仅够一日用的食粮,或蓄积一个月、六个月,甚或

一年用的食粮。

19. “在尽力准备好食物后，可在晚上或早晨用食，或仅在第四餐或第八餐[①]时间到来的时候用食；

① 即，断食到第二天或第四天的晚上。一般每天用两餐，一在早晨，一在晚间。（注疏）

20. “或在晴明与晦冥的两半月中，遵守太阴月苦行的规定[①]，或在此两个半月之末，各吃熟粥一次；

① 见第十一卷第216节。

21. “或严格遵守林栖者的义务，完全地仅以花、根和经时成熟自然坠落的果实为生。

22. “要蜷缩地上，或整日两足站立；要有起有坐，并每天沐浴三次。[①]

① 三次指早午晚；梵语叫做三次撒跋那(Savanas)。

23. “热季[①]要忍受五火[②]的炎热；雨季要赤条条地置身于云雨的倾注；冷季要穿湿衣，渐次增加苦行。

① 见第三卷第273节。

② 五火中，四火放在四方，太阳为第五火。（注疏）

24. “每日三次沐浴时，要对诸神和祖灵奠水；要从事愈来愈严峻的苦行，以枯槁其凡躯。

25. “这时要按照规定将圣火蓄在自己体内，吞食其灰，不再要家庭用火和住所，绝对严守沉默，以根、果为生。

26. “摆脱一切肉感快乐的偏好，纯洁如学生，不计居处的乐趣，栖息树下，席地而卧。

27. “要从婆罗门隐者，和其他林栖的再生族家长处接受必要的布施，维持生活。

28. “或者,可用树叶做的盘子,或赤手,或用破碗片接受食物后,从村中带回,吃它八口。

29. “这些,再加上其他,就是婆罗门退隐山林后,应该遵守的戒行;又,为成就梵我一如,应该学习启示圣典的各神学分支(Oupanichads)。[①]

① 见第二卷第140节注。

30. “这些分支,是被苦行家,退隐山林的婆罗门家长,为增加学识与苦行,并为净化肉体所曾敬谨学习过的。

31. “或者,如得某不治之症,欲与梵结合,要向东北方不可被征服的地方走去,以空气与水为生,稳步前进,直至身体寂灭。

32. “由于这些为诸大仙所曾实践的苦行之一而脱离肉体的婆罗门,可无忧无惧,体面地进入梵界。

33. “林栖者这样在山林间度过其第三阶段生活后,其第四阶段,可完全戒绝各种欲累,从事苦修的生活。

34. “经过一个住期又一个住期[①],对圣火举行所要求的祭献,经常控制感官,疲于布施与祭供的人,献身苦行,死后得到最后解脱。

① 即依次做过梵志、家长、林栖者的人。

35. “清偿了对圣仙、祖灵和诸神[①]的三债后,要专心致志于最后解脱(Mokcha)[②];但在偿债以前希望解脱的人,沉沦到地狱中。

① 见第四卷第257节。

② 最后解脱(Mokcha),即梵我一如。见第一卷第98节。

36. “依律法规定的方式学完吠陀,按照合法的方式生子,并尽力祭供,偿还三债时,可专意于最后解脱。

37. “但不曾学习吠陀,不曾生子和举行祭供而希望解脱的婆罗门,堕入地狱。

38.“婆罗门按照吠陀的指令，完成对造物主的祭祀，以其一切献作供品，并将圣火蓄入自身后，可弃家过苦行生活[①]。

① 即不经林牺期，而进入第四住期，即苦行期。（注疏）

39.“一个人精研圣典的神学分支，使一切生物免于恐惧，脱离家住期而走向苦行生活时，天界辉映着他的光荣。

40.“未使具有感觉的物类受到任何恐怖的再生族，脱离死灭的躯体后，对无论何物都无所恐惧。

41.“可持净具，如手杖、水瓶等，离家，守沉默，不为物诱，过苦行生活。

42.“为得到最后解脱，要孤身无伴，视孤独为取得此幸福的唯一途径；因为不抛弃也不被抛弃，绝不感到由此而来的忧伤。

43.“不要有火，也不要有家，当饥饿苦人时，可到村落中乞食；要恬淡，有决心，默观，全神贯注于梵。

44.“土钵，以大树根为家，敝衣，绝对孤独，一视同仁，是区别婆罗门最后解脱的标志。

45.“不要求死，不要贪生；要等待给他规定的时刻，有如仆人等待报酬。

46.“要注视放脚的地方，使步履清净，怕踏在毛发、骨头和其他一切不净之物上；要将应喝的水，用布滤过，使它净化，怕伤亡里面可能存在的小生物；要用真理净化语言；要经常保持心神清净。

47.“应该忍受侮辱性语言，不轻视任何人，不要为这衰弱有病的身躯对某人衔恨。

48.“不要以愤怒对愤怒的人；被人辱骂，可和言以对，不要说牵涉到属于七根[①]（五觉根，意识和慧根）对象的空话；要只说梵。

① 原文作:不要说包括在七门中间的空话。

49.“要乐于思考最高我,坐禅,不需要任何物品,屏弃一切肉欲,惟与灵我为伍,在期待永远解脱中活于下界。

50.“绝不可利用解释变异和预兆[①],或借占星术,手相术,或利用解决道德律疑难,解经,来求取生计。

① 印度人迷信很深,非常相信预兆,在剧本中随时可以见到这种偏见的痕迹。如右眼跳动,认为对妇女是凶兆,对男子是吉兆(见《沙恭达罗》剧本,第五幕;又《印度戏剧》第一卷,第104、124页,法译本);左眼跳动对男子是凶兆(同书,第117,149,350页),左臂振动亦然(《印度戏剧》第一卷第149页)。右臂振动对男子是吉兆(同书第112页)。见到一条蛇和一只不祥的鸟,即为凶祸的预兆(同书,第149页)。

51.“切勿走进林栖者、婆罗门、鸟、犬,或其他乞食者频繁出入的家庭。

52.“要剪去头发、爪、须,携带钵、杖和水瓶,专心致志地不断游行,避免伤害任何生物。

53.“使用的钵不要金属制的,不要破损的,和祭祀用杯一样,宜用水来净化它。

54.“瓢,木钵,陶壶,竹篮;按照出自自存神摩奴的规定,这就是苦行家[①]的用具。

① 苦行家梵语作Yati,Sannyâsi和Parivrâdjaka,指第四住期的修行家。Yati意为“控制自身者”;Sannyâsi意为“抛弃一切者”;Parivrâdjaka,意为“过云游生活者”。

55.“要每日乞食一次,不要贪多;因为苦行家而贪得施物,终不免陷身于肉欲的快乐。

56.“晚上,不见炊烟,杵停,炭火灭,人已饱食,收拾完杯盘,正是此时苦行家应经常去乞讨。

57.“如果毫无所得,不要苦恼;如果得到些许东西,不要欢喜;只求维持生活,不要凭空遐想而斤斤于选择用具。

58. “要不屑于卑躬屈节地接受施物，因为如此接受施物，使即将得到解脱的苦行者，陷入托生的羁绊。

59. “要少食，退居静处，控制其不免受到肉欲诱惑的感官。

60. “要控制自己的欲念，断绝爱憎，避免伤生，为自己准备永生。

61. “要注意思考人们由于罪孽而招致的轮回，堕落地狱，在阎魔殿遭受的拷打。

62. “与所爱离别，与所憎会合；使人感到体衰多病的老年，和恼人的疾病。

63. “灵魂出离此肉体，往生人胎，和此灵魂在亿万[①]母胎的轮回。

① 原文作千亿。

64. “生物由于罪孽所遭受的灾祸，以及由于美德所感到的、由于对梵默观所产生的无穷幸福。

65. “要屏除一切、专心致志地反复思考最高我微妙而不可见的本质，思考它在最高的和最低的躯体内的存在。

66. “凡人无论处何住期，虽被人诬告，并被非法剥夺其住期的标志，仍要继续不断地履行义务，对一切物类一视同仁；而且有住期标志并不等于完成其义务。

67. “譬如，虽伽多伽之实[①]有使水澄清的功效，但只呼其名，不能使水澄清。

① 伽多伽(Kataka)，学名 Strychnos potarum。用此植物的一粒种子摩擦盛水瓮的内部，可使散布在水内的尘埃沉淀下去。

68. “苦行家为不致伤害一个生物，虽可使身体不适，也要不分昼夜，常注视地面行走。

69. “因为无论日夜，总不免要无意识地伤害一些小生物，所以，应该沐浴并屏息六次来净化自己。

70. “按照规定只作三次屏息，同时念圣言：佛尔，佛波，斯跋尔[①]，单圣音‘唵’，娑毗陀利和息罗[②]赞词，应该被认为是婆罗门最大的苦行。

① 见第二卷第76节。

② 息罗(siras)一字一般指“头部”。这里恐应理解为“太阳颂”的头一节，但不敢确定。见第二卷第77节注。

71. “有如金属的杂质，经火烧毁，同样，感官所能犯的一切过失也被屏息除去。

72. “要屏息除去罪过；绝对凝神偿赎过失；抑制感官，祛除情欲；应以深入内观去毁灭与神性相反的特质[①]。

① 如愤怒，贪婪，诽谤。(注疏)

73. “从事最抽象的内观时，要观察灵魂经过各种身体，从最高级到最低级的进程，其精神未因诵读圣典而达圆满的人难以识别的进程。

74. “具有这种真知灼见[①]的人，不再做业的俘虏，而没有这种完备见解的人注定要重返世界。

① 真知灼见，即对他来说，到处皆梵的人。(注疏)

75. “不伤生，控制欲念器官，完成吠陀规定的宗教义务，从事最严峻的苦行，在今世就达到梵我一如的最高目的。

76. “此寓所以骨为架，以腱相连，涂以血肉，覆以皮毛，恶臭，充斥粪尿。

77. “困于衰老与悲伤，苦于疾病，遭受各种痛苦，缠于情欲，注定灭亡的这个人体住所，要由住持者愉快地加以抛弃。

78. “有如树木被急流引拔离开河岸，又如飞鸟任意离开树木，同样，由于不得已，或出于自愿抛弃此肉体的人，脱离一个可怕的怪物。

79. “苦行家将善业让给朋友，恶业让给敌人，自己则从事深入的内观，超生到永远存在的梵。

80. “当他由于对罪孽有深刻认识，不为欲乐所动时，就在今生取得幸福，在他生取得永久解脱。

81. “如此渐次解脱一切俗世欲累，对所有相反事态，如荣与辱等，无动于衷，他就常常凝神于梵。

82. “上述一切[①]都是从对于梵性的内观取得的；因为不提高到认识最高我，任何人都不能采集努力的果实。

① 即解脱一切俗欲，对所有相反事态无动于衷。（注疏）

83. “要经常低诵关于祭祀、诸神和以最高我为对象的吠陀分，以及在吠檀多[①]内所宣示的一切。

① 见第二卷第160节。

84. “圣典，对于即使不了解它的人，对于了解而又诵读它的人，对于希求天界的人，以及对于谋求永久幸福的人，都是安全的归宿。

85. “婆罗门按照上面依次叙述的规定从事苦行生活，今生脱免一切罪恶，而结合于梵。

86. “关于克制自己的四种苦行者[①]共通的义务，已如上述；现在你们可以认识，何者为吠陀规定的关于第一种即放弃祭祀的人必须遵守的特别义务。

① 四种苦行者，根据注疏是 Koutîtcharas，Bahoûdakas，Hansas 和 Paramahansas。

87. “梵志生，已结婚者，林栖者，苦行者，构成来源于家长的四个截然不同的住期。

88. “按照律法，依次进入所有这些住期，并按照规定行事的婆罗门，达到最高，即梵我一如的境界。

89. “但四个住期的人员中，遵守启示与传承规定的家长，被认为是主要者，因为是由他来维持其他三者的。

90. “有如百川归海，同样，其他住期的一切人员都在家长处寻求保护。

91. “属于这四住期的再生族，应常兢兢业业实践构成义务的十德。

92. “忍让，以德报怨，节制，正直，清净，抑制诸根，认识法论，认识最高我，求实，戒怒：这些是义务由之构成的十德。

93. “学习过关于义务的十德，学习后履行它的婆罗门，达到最高境界。

94. “再生族十分注意实践这十德，按照律法规定听讲吠檀多，又三债已完时[①]，可以完全遁世。

① 见第四卷第257节。

95. “消除一切罪过，抑制诸根，彻底了解吠陀真义后，停止家长的一切宗教义务，可在儿子的守护下和平幸福地生活。[①]

① 这里特指 Koutîtcharas 苦行者。

96. “放弃各种宗教活动后，全神贯注于思想的唯一目标，即对梵的内观，排除其他一切愿望，通过苦行偿赎罪过后，达到最高目的。

97. “关于婆罗门的四种为人处世的规定，产生他生不灭果报的神圣规定，已对你们宣示，现在可以学习国王的义务。

第七卷　国王和武士种姓的行为

1. “我要宣示国王的义务，国君应该采取的行为；我要说明他的由来如何，以及如何可以取得最高果报。

2. “刹帝利按照规定接受入门式后，应致力于以正义来保护属于他能力范围内的一切。

3. “因为，这个世界曾因为没有国王，到处为恐怖所搅乱，所以，为了保存万有，梵天

4. “才从天王、风神，阎摩、太阳神，火神，水神，月神和财神[①]等的本体中，取永久的粒子，创造出国王。

① 见第五卷第96节。

5. “正因为国王是抽取主要诸神本体的粒子造成的，所以光辉超越众生。

6. “他有如太阳，灼人心、目，世界上没有人能够正视他。

7. “以威力而论，他就是火神、风神、太阳神、月神、司法神、财神、水神和天王。

8. “君主虽在冲龄，也不应该意存轻视，说：‘他不过是个凡人’；因为他是一个寓于人形的伟大神明。

9. “火只烧妄自接近它的人；而国王的怒火，将整个家族，连

同牲畜和其他财产一并烧掉。

10. “国王为使正义获胜,对事情的时机,自身的力量,时间和地点,深思熟虑后,陆续采取种种形式;根据情况决定自己为敌为友或中立。

11. “恻隐时,博施济众,以勇武取胜,愤怒时,置人于死的人,无疑集中了世界众守护神的一切威严。

12. “人因迷误对他表示仇恨,当必灭亡;因为国王会立即设法毁灭他。

13. “国王对待许可事项与禁止事项,绝不可违离据以决定何者合法何者非法的规定。

14. “为帮助国王执行职务,梵天从太初时就创造了作为万物的保护者、执法者,亲儿子,纯粹神质的刑罚之神。

15. “畏惧刑罚,才使动与不动的物类得以享受其所有,而制止他们逃避义务。

16. “国王在对时间、地点、处罚方法与法律规定深思熟虑后,方可对罪犯用刑。

17. “刑罚就是充满力量的国王,就是精干的行政官,就是英明的执法官;它被认为是完成四住期义务的保障。

18. “刑罚支配人类,刑罚保护他们,万物皆睡时,刑罚独醒。贤者说,刑罚就是正义。

19. “审慎恰切地用刑,给人民带来幸福;滥施刑罚,就彻底毁灭他们。

20. “如果国王不坚持不懈地惩罚应受惩罚的人,最强者就会像用烤叉烤鱼一样来烤最弱者[①];

① 或根据另一解释：最强者将使最弱者成为他们的掠夺物，就像在他们手下的鱼类一样。

21. “小鸟就会来啄食米供，狗就会来舔食酥油，所有权就不复存在；地位最低的人就会代替地位最高的人。

22. “刑罚支配整个人类，因为生来有德的人难得；只是由于恐惧刑罚，人类才可以取得给予他的享受。

23. “诸神，恶魔，天界乐师，罗刹，蛇神，都被恐惧刑罚所节制而恪尽其特殊的职务。

24. “如果刑罚不复发挥其作用[①]，各种姓就败坏，一切防范就被推翻，世界就一片混乱。

① 即停止用刑，或用刑不当。（注疏）

25. “如果用刑者判断健全，则黑皮肤红眼睛的刑罚到处消灭罪过，而民不惊惧。

26. “贤者认为爱说真理、遇事审慎、掌握圣典、在道德、快乐和财产上见长的国王适于用刑。

27. “国王用刑得当者，扩大幸福的三源；但多欲、易怒、诡谲的国王，则以刑罚取灭亡。

28. “因为刑罚就是最强大的威力；对于心灵未因学习法律而坚强起来的人，是难于经受得住的；它会将背离义务的国王，连同亲族，一并毁灭；

29. “它要将城堡，领土，居住地区，连同动与不动的物类在内，一并破坏；即使天界[①]诸神诸圣，也因缺乏其应享受的供品，而为其所苦。

① 原文是：在大气中，在中间地带。

30. “刑罚不能为缺乏谋臣的，愚蠢的，贪婪的，其智慧未因学习法律而臻于圆满和耽于欲乐的国王妥善执行。

31. “只有由完全纯洁、重盟约、守法、有贤能辅佐、判断英明的国王，刑罚才能得到公正施用。

32. “他应在自己国家内根据法律行事，严惩敌人，以真诚对待亲友，以满腔和善对待婆罗门。

33. “这样行事的国王，虽以落穗[1]为生，但他的声誉会远及全球，如同芝麻油滴在水内。

① 谓财富不多。

34. “和前者恰恰相反，没有克服情欲的国王，他的名誉会在世界上趋于缩小[1]，如同水内冲淡了的酥油。

① 原文作：凝结。

35. “国王被创造为致力于依次完成特殊义务的各种姓、各住期[1]的保护者。

① 各住期是：梵志、家住、林栖、苦行期四者。

36. “因此，我要将国王及其大臣们为保护人民应做的事情，适当和顺序地昭示你们。

37. “国王于黎明即起后，应向通晓三圣典和伦理知识的婆罗门致敬，根据他们的教益立身行事。

38. “要经常尊敬年高有德、掌握吠陀、身心纯洁、令人尊敬的婆罗门，因为敬老人者人恒敬之，甚至罗刹也尊敬他。

39. “虽其行动贤明有节，但仍应不断地向他们学习谦让；因为作风谦让有节的国君，绝不会灭亡。

40. “很多国君由于操行不正，和他的财产一起灭亡；而山林隐士则以贤明、谦逊得国。

41. “吠那以缺乏贤知而灭亡，国王那睺阇[①]、修陀娑[②]、耶婆那、修牟诃和儞弥亦然。

① 那睺阇，太阴朝君主，普罗底什阏那的国王。哈密尔顿(Francis Hamilton)将此王朝列在公元前第十九世纪中。根据神话，因陀罗天王失掉天朝后，那睺阇以进行百次马祭，代天王为君。他贪享一切权利，欲求欢于失位的天王之妻娑退喜。如果他在卤簿车马随从上的豪华上胜过前任天王，娑退喜就同意接受他的爱。那睺阇认为让婆罗门用肩膀抬着自己最为豪华不过。因为他们走得太慢使他急躁，他忘乎所以，竟打击阿伽斯底耶的圣头，说：娑尔钵，娑尔钵，即前进！前进！圣者怒，重复了同样的话，但意义不同；圣者口中的话，系指，滚吧，蛇虫！结果，那睺阇变为蛇。(朗格鲁瓦(Langlois)：《印度剧本》第二卷第436页。)

② 修陀娑(Soudasa)，阿钵底耶(Avodhyâ)的国王，哈尔米顿把他列在公元前十七世纪。又哈氏认为密底罗(Mithila)的国王儞弥(Nimi)应在公元前十九世纪为王。

42. “反之，普利都[①]和摩奴以作风贤明而得王权；鸠吠罗则得财富权，迦底[②]之子得婆罗门的地位。

① 普利都(Prithou)，印度古王，据说他比印度人认为起源于苏摩和太阳神的那两个古代著名王朝还早。苏摩之子佛陀，水星摄政王，被认为是太阴家族的第一位国王。伊柯伐鸠(Ikchwâkou)是摩奴吠伐斯伐多之子，亦即太阳神之孙，人们推定他大约生在公元前两千年顷，是太阳家族第一任国王。这一王朝诸王，统治乔娑罗地区，以阿育底耶(Ayodhyâ)为首都，城系伊柯伐鸠所建。太阴朝诸王首都，最初是俺陀吠底的城市普罗底什阏那(Pratichthana)，位于恒河与遮那(Djemna)河(即Yamouna)合流处附近，今天在恒河左岸，面对阿拉哈巴德(Allahâbâd)处尚可见其遗址。随后太阴家族诸王扩张到鸠卢提娑地区，并陆续建造了因陀罗普罗斯阏(Indraprastha)，诃斯底那普罗(Hastinâpoura)和柯桑比普罗(Kosâmbipoura)诸城市。

② 迦底(Gadhi)之子毗斯跋密陀罗，太阴家族的一位国王，以与牟尼跋息什多的争端著称于古代印度神话史中。有一只凭己意产生一切的牝牛，毗斯跋密陀罗欲从牟尼手中攫为己有，因而发生战斗。战斗中，牟尼得力于其牝牛所产生的蛮子军，消灭对方军队而获胜。毗斯跋密陀罗认识到婆罗门力量的优越，于是从事严峻的苦行，以使自己从刹帝利的地位上升到婆罗门之列，而梵天终不得不赐给他这一优遇，一些学者认为应该将牝牛理解为印度或其富饶的一部分，它的统治权是两个国王或两个敌对种姓，即婆罗门与刹帝利战争的起因。婆罗门求救于外族，卒以外族之助而获胜。毗斯跋密陀罗反跋息什多的战争，和他用以取得婆罗门地位的苦行，记述在《罗摩衍那》诗篇中，并构成这动人诗篇中最饶有兴趣的插曲之一。

43. “国王要向掌握三吠陀的人学习三吠陀所蕴藏的三重学

识，要学习关于远古时代用刑的法律。要取得论理的知识，对最高我的认识，并咨询经营各行各业的人，学习各行各业，如农业、商业、畜牧等的工作。

44. “要日夜尽心竭力克服诸根，因为只有已克服诸根的人，才能臣服人民。

45. “要十分注意避免引起不幸结果的恶德，恶德中有十项出于逸乐，八项出于愤怒。

46. “因为，国王陷于由逸乐而产生的恶德，丧失财富和美德，陷于由愤怒所招致的恶德，因臣民报复，甚至丧失其生命。

47. “狩猎、赌博[①]、昼寝、闲话是非、好色、酗酒、唱歌、跳舞、奏乐及无益的出游，是逸乐产生的十恶德。

① 原文做骰子戏。

48. “好扬人之恶、强暴、中伤、妒忌、诬陷、霸占他人财产、骂人或打人，构成愤怒产生的八种恶德。

49. “要特别努力克服贪求无度，所有圣贤都认为，贪求无度是两种恶德的根源，因为两种恶德都由它所出。

50. “上面依次列举的酗酒、赌博、好色和狩猎，应该被国王认为是逸乐所产生的恶德系列中最不祥者。

51. “要始终将打人、骂人和侵犯他人财产的行为视为愤怒所产生的恶德系列中最有危害的三事。

52. “在上述人们到处易犯的七恶德系列中，每一心胸豁达的国王应视列在前面的较列在后面的更为严重。

53. “将恶德和死亡比较，恶德被认为是更可怕的东西；因为，多行恶德的人堕入地狱最深处；无恶德的人，死后升入天界。

54. “国王应该选择其先世效忠国王、本人精通法律、勇敢、巧使兵器、家世贵显，以在神像前宣誓而精忠可靠的大臣七八人。

55. “一件本身很容易的事情，一人独干就变为困难；何况无人辅佐去治理一个收入巨大的国家！

56. “应该经常和这些大臣们考究需要共同讨论的问题、和平与战争、国势[①]、岁入、人身与国家安全，以及确保既得利益的方法。

① 国势在于军队、财宝、城市和领土。（注疏）

57. “先分别、后集中地听取他们的不同意见后，在处理事务时，可采取认为最有利的措施。

58. “关于六项大事[①]的重要决策，要和学识卓越和所有谋臣中最为精干的一位婆罗门商讨。

① 见本卷第160节。

59. “要抱着信任态度，将一切事务叫他知道，并和他一起做出最后决定后付诸实施。

60. “也应该甄选一些清廉、宏博、勤勉、熟谙财政和经过考验的其他谋臣。

61. “适当执行各种职务需要多少人，国王就应该任用多少勤勉、有为和老练的人。

62. “要任用其中勇敢、聪明、出身好和清廉的人，从事开采金银或宝石矿，征收耕地产品，并将宫内守卫委托给胆小的男子，因为有勇气的人，受敌人唆使，见到国王往往孤身或他的众妻环绕时会杀害国王。

63. “要选取一位精通各种法律知识、善于察言观色，作风方正廉洁，精干，出身显赫的人为使节。

64. “国王的使节，和蔼，廉洁，机敏，强记，熟知天时地利，威仪堂堂，大胆且雄辩时，为大家所推重。

65. “军队系于将领，秩然有序系于正确用刑；国库和领土系于国王，战争与和平系于使节。

66. “因为和睦敌人的是使节，离间盟国的也是使节；决定破裂或和好的大计由使节来处理。

67. “使节和外国国王发生交涉时，要根据其某些表现，根据其态度和行动，并借助其个人密使的表现和态度来猜测他的意图，又通过和贪婪或不满的谋臣们的接触了解他的计划。

68. “国王通过自己的使节，充分获悉外国君主的一切计划企图后，要采取最大的防御措施，使其绝不能为害自己。

69. “国王要定居在有田园，谷物丰饶，有良民居住，卫生，宜人，与爱好和平者为邻，居民易于谋生的地区。

70. “要定居在边界四周有干燥的荒漠延伸，或砖石堡垒，或盈水的水沟，或不能深入的树林，或武装人员，或山脉围护和山有要塞的地方。

71. “要尽可能僻处一山岳阻隔、人不能到的地方；因为如此要塞，由于它所具有的优点，极为人所推重。

72. “难于接近的前三处地方：荒漠、城墙和沟堑，用以保护野兽、鼠类及水栖动物；后三种防御措施：树林、士兵和山岳，依次用以保护猿猴、人类及诸神。

73. “有如此等物类躲处它们不同的巢穴，敌人对之不能加以危害，同样，国王僻处不能接近的地方，对敌人毫无所恐惧。

74.“部署在堡垒上的射手对敌时可一以当百，百以当万，这就是所以重视堡垒的理由。

75.“堡垒要具备武器、钱、粮、驮兽、婆罗门、工兵、机械、水草。

76.“国王要使人在中央为自己建筑一所包括一切必要建筑物，布置匀称，有沟、墙防护，宜人，漆饰辉煌，绕以水流和树木的宫殿。

77.“在这里定居后，可娶同种姓、有吉相、出身名门、妩媚可爱、美艳、品质高贵的女子为配偶。

78.“可甄选一位宗教顾问（Pourohita）和一位祭司（Ritwidj）代他主持家庭祭事和用三火举行的祭事。

79.“国王要举行备有很多布施的各种祭祀；为充分完成义务，要对婆罗门提供各种享受和财物。

80.“要派遣忠实员吏在全国征收年赋；处世要守法，像父亲般地对待臣民。

81.“应该在各部门设置有才干的监察人员，担任考核臣事国王的官员的行动。

82.“要尊敬学习神学已毕离开师家的婆罗门，给以馈赠，因为国王放在婆罗门手内的财宝，被宣示为不可磨灭的。

83.“它不会被盗贼或敌人夺取，不会丢失；因而国王应将这不灭的财宝托给婆罗门[①]。

① 即，应馈赠他们。

84.“倾在婆罗门口内或手中的供物远胜于祭火；它绝不会堕地、枯干和被焚毁。

85. “施给非婆罗门的布施，功德寻常；施给自称婆罗门的人，有两倍功德；献给深通吠陀的婆罗门，有十万多倍功德；献给精湛的神学士，有无限功德。

86. “以纯洁信心献给当之无愧的人的施物，在施者死后提供大小不等的果报。

87. “保护人民的国王，被势均力敌的，优势的或劣势的敌人挑衅时，不可回避战斗；要记取武士种姓的义务。

88. “绝不能临阵脱逃，要保护人民，尊敬婆罗门：这些是履行了它们就可以带给国王幸福的卓绝的义务。

89. “在战斗中，互欲取胜，奋战而不退却的诸国王，死后径赴天界。

90. “战士在战斗中绝不应该对敌使用奸诈兵器，如内藏尖锥的棍棒，或有钩刺的、涂毒的箭，或燃火的标枪[①]。

① 人们认为这里所说的是含有类似希腊火硝或炮药等起火装置的火箭；但这不大可靠，摩奴法论原文所谓燃火标枪，恐系仅仅具有适于燃火的材料。古人曾经使用过类似的东西。

91. “自己乘车时，不要打击徒步敌人，也不要打击弱如女性或合掌求饶，或头发苍苍，或坐地，或说‘我是你的俘虏’的敌人；

92. “或在睡眠，或无甲胄，或裸体，或解除武装，或旁观而未参加战斗，或与他人厮斗的人；

93. “或武器已坏，或苦于忧伤，或负重伤，或怯懦，或逃走的敌人：要记取勇兵的义务。

94. “临阵脱逃，为敌所杀的懦夫，承担其将领所作的任何罪业。

95. “又，如果此被杀之逃卒，曾为来生积过若干善业，其一切利益全部为其将领取得。

96. “战车，马匹，象，伞，衣服，食粮，牲畜，妇女，各种物品，金属，除金银外，理应属于战争中夺取它们的人所有。

97. “应该在战利品中先挑取最宝贵的部分献呈国王，这是吠陀的规定；其共同取得的东西，应由国王在所有士兵间进行分配。

98. “这就是关于武士种姓无可非议的和首要的律法；刹帝利在战斗中杀敌时，绝不可违犯它。

99. “他可以期望取得不曾取得的东西，精心保持既得的东西；保持它时，要利用它使它增大，增大的东西，要给予值得给予的人。

100. “须知遵守这四项规定，可使人取得人生希求的对象——幸福；因而应该经常不倦地严格遵守它。

101. “国王可以利用军队，试图取得他所渴望的东西；以警惕保持他既得的东陌；保持它时，以合法的方式增大它，增大它时，慷慨布施。

102. “军队要经常操练，经常发挥其勇武，应保密者要严格保密，要经常窥伺敌人的弱点。

103. “其军队训练有素的国王为全世界所畏惧；因而应该经常以武力使人民敬服。

104. “要经常以诚相见，从不求助于欺骗；要经常保持警惕，发现敌人的欺骗伎俩。

105. “不可使敌人知道自己的弱点；而要设法察知敌人的致命点；像乌龟一样，将王室一切成员吸引到自己身边，弥补国家的一切缺陷。

106.“要深思熟虑所能取得的利益如苍鹭，发挥其勇武如狮；突击如狼；善退如兔。

107.“如此做好征讨准备时，可以通过谈判和其他三种方法，即收买、离间、使用武力[①]，使敌臣服。

① 见本卷第198节。

108.“如通过最初三种方法不足以使其臣服，可用武力公开打击，渐次迫使他们就范。

109.“四种有效措施，以条约为首，识者为国家利益着想，始终更加重视和平谈判与战争。

110.“有如农民为保护谷物而除恶草，同样，国王应消灭敌人，保护国家。

111.“倒行逆施压迫臣民的昏君，不久就丧失其国家、生命和一切亲族。

112.“有如身体的疲惫可以毁灭生物的生命，同样，国王的生命也由于国力疲惫而致毁灭。

113.“为维持国内良好秩序，国王要始终遵从以下规定；因为，国家郅治的国王，可看到自己的幸运逐趋增长。

114.“要根据村庄的重要性，每两个、三个、五个，甚或百个村庄设置一个由亲信军官统率的警备队，负责警卫地方安全。

115.“每一公社(grâma)[①]，要设社长一人；要设十社长一人，二十社长一人，百社长一人，千社长一人。

① 梵语grâma一词，我认为应译为公社。此处应该理解为包括其周围领地在内的村或镇。

116.“社长应该将辖区内发生而他不能镇压的如偷窃、抢夺等不靖事件，立即亲身报告十社长；十社长应该报告二十社长；

117. “二十社长应该报告百社长，百社长应该转报千社长。

118. “公社居民每天应交给国王的东西，如米粮、饮料、薪木等，应由社长收下，作为薪俸。

119. “十社长享受一鸠罗[①]的产品；二十社长享受五鸠罗的产品；百社长享受一公社的产品；千社长享受一城镇的产品。

① 鸠罗（Koula）是可以被两张犁耕作的土地面积，每张犁使用六头牡牛。

120. “这些公社的公私事务要由另一名勤恳正直的国王使臣进行监督。

121. “要在每个大城市中，任命地位高、有威仪的总监，就像众星中的行星一样。

122. “总监应经常亲身监视其他官员；国王应该令密使如实探报其派往各省的一切使臣的行动。

123. “因为，国王委任警卫地方安全的人，多系性喜巧取豪夺之辈；国王要采取保护人民抵制此辈的措施。

124. “当权者相当邪恶，榨取有事相托者的金钱，应由国王剥夺其全部财产，流放国外。

125. “国王要发给使女和全部奴仆适合其地位与职务的日薪。

126. “对最低级奴仆每天应给一个铜钵那[①]，每年两次各给一套衣服[②]，每月给一陀罗那[③]食粮；而对最高级奴仆则给六钵那，每年两次各给六套衣服，每月六陀罗那食粮。

① 一钵那（Pana）等于 80 个叫做 Cauris 的小贝壳货币。见第 8 卷第 136 节。

② 一件上衣和一件下衣。

③ 一干俱（Kountchi）等于八牟什底（Mouchtis），或八把食粮；一菩什伽罗

(Pouchkala)等于八干俱;一阿陀伽(Âdhaka),四菩什伽罗;一陀罗那(Drona),四阿陀伽(Adhakas)。(注疏)根据威尔逊《梵语字典》,阿陀伽等于英国度量衡制七磅十一唡重(3公斤486克);因而,根据同一计算,一陀罗那等于30磅12唡重(13公斤943克)。豪同先生(M. Haughton)在其对琼斯译本所做的一个附注中指出,这种薪给似很微薄,而陀罗那的重量在往昔应为更大。根据凯莱先生(M. Carey)在其《孟加拉辞典》中所作的另一估计(豪同先生曾加以引用),阿陀伽在加尔各答附近等于160磅(72公斤,546克);因而,陀罗那就等于640磅(290公斤185克)。又,按陀罗那是坎巴(Cumbha)的二十分之一,根据威尔逊《梵语字典》是三个蒲式耳多一些:三蒲式耳等于一公石。根据这一估计,陀罗那只不过是坎巴的二十分之一,才等于五公升,显然太微薄。

127. "国王在对商品的买卖价格,运输远近,食物与佐料的开支,安全运输的必要预防措施加以考虑后,使商人纳税。

128. "国王经过考虑后,可在国内不断征税,使自己与商人都从他们的劳务中取得适当的报酬。

129. "有如水蛭、牛犊、蜜蜂点滴摄取食物,同样,国王应该在国内小量征收年赋。

130. "国王可予先征收家畜和每年利息金或银的五十分之一;根据土壤性质和所需照管,征收食粮的八分之一、六分之一,或十二分之一。

131. "要征收树木、肉、蜜、酥油、香料、药草、植物汁、花、根、果实。

132. "叶子、蔬菜、草、竹制用具、皮革、陶器,以及一切石制品的年收益的六分之一。

133. "国王即使穷得要死,也不要向精通圣典的婆罗门征税;绝不许一如此婆罗门为饥饿所苦。

134. "国王领土内有一个精通圣典的婆罗门苦于饥饿时;此国王的国家不久要遭受饥饿。

135. "国王在确悉其神学知识和清廉作风后,可保证给他一个高尚的地位，并防范一切人加害于他，有如父亲对其嫡出子之所为。

136. “此婆罗门在国王保护下每天完成的宗教义务，使国王延年益寿，并增加其财富，扩充其国土。

137. “国王要使国内属于最低种姓、以利薄入微的商业为生的人纳很少的年赋。

138. “至于工人、匠人和靠自己劳苦为生的首陀罗等，可使他们每月劳动一日。

139. “不要过度慈善，拒绝收税，斩断自己根柢，或贪得无厌，征收过苛，斩断人家根柢。因为斩断自己和人家的根柢，自己和人家都要陷于最悲惨的境地。

140. “国王要根据情况，表现宽大或严厉，宽严得体的国王，大抵受人尊敬。

141. “国王疲于考察人事，可将此职委于精通法律、非常有识、克制情欲并出身名门的首相。

142. “国王应如此按规定形式履行对自己规定的义务，热诚谨慎地保护人民。

143. “国王坐视其臣民在自己和大臣眼前呼号求救而被强盗掳往国外时，是死尸而非生物。

144. “刹帝利的主要义务是保护人民，而享受上述利益的国王必须完成这一义务。

145. “他在每夜末更时分起身，净化后，要祭火，向婆罗门致敬，并走上装饰得体的朝堂。

146. “抵达该处后，要以亲切宜人的语言和目光，使臣民欢

悦，随后就辞退他们，他们去后，可和大臣们共商国是。

147. “上一山顶，或秘密登上高地，或走向森林的僻静去处，和他们共商国是而不为人发觉。

148. “其秘密决议不为其他彼此勾结的人所获悉的国王，虽无财宝，而扩充其势力于全世界。

149. “商议时，应使白痴，哑子，盲人或聋子，饶舌鸟类如鹦鹉和萨利伽鸟，老年人，妇女，蛮夷，病人，残废人等远离左右。

150. “由于前世罪孽而今生遭到不幸的人会泄露秘密决议，饶舌鸟类，尤其是妇女亦然；因此，应该注意排斥他们。

151. “日中或夜半，心身安逸时，可和大臣一起或孤身一人就道德、快乐和财富问题；

152. “就同时取得这些大抵互相抵触的事物的方法，就女儿的婚姻，儿子的教育；

153. “就派遣使节的时机，事业成功的机遇加以深思熟虑。要注意后宫妇女的行动，和密使的动态。

154. “要就国王的八事，包括收入，支出，派遣使节，国防，决疑，诉讼案件，用刑，膺惩；就应该秘密使用五种间谍，即胆大敏锐的青年，堕姓的隐修者，不幸的农民，破产的商人，伪装的苦行者；就邻国的善意与敌意和周围国家的行动；

155. “就兵力中常的外国国王的行为（此国王与敌国和野心国家为邻，这些国家合则难御，分则易敌）；就意图征略的国王的备战活动；就守中立（但可抗御敌人，抗御侵略者，抗御没有联合起来兵力就中常的）国王的情况；并特别就本国敌人的情况，加以深思熟虑。

156.“这四种力量通称为邻国的根基，其他八种力量称为‘枝叶’，合称十二主力，它们可成为不同的盟友或敌人。

157.“其他五种次要力量，即，大臣、领土、要塞、财宝和军队，各加上述十二种主力，共构成应该考察的七十二种力量。[1]

① 此节文字数字似不符。据英译本鸠鲁伽跋多注：5事各12，则5×12＝60，外加国王之12，共得72。——汉译者

158.“国王应将每一紧邻国王看做敌人，此国王的朋友亦然；将敌人的邻王看做朋友，将不属于此两种情况之一的每一国王看做中立者。

159.“要借助谈判，以及其他三种方法[1]的分用或合并使用，尤其是勇武和方略，对所有这些国王取得优势。

① 见上面第107节。

160.“要不断考虑六方略，六方略为：缔结和约或盟约，作战，进军，驻屯，分兵，依靠强大国王的保护。

161.“在对事态加以考虑后，要分别情况决定等待敌人，进军、缔和或作战，分兵或求援。

162.“国王应该知道，结盟和战争有两种，驻屯、进军和求援于其他国王也各有两种方式。

163.“应该认别两种其目的在于当时或随后取得利益的结盟：两国国王约定共同行动、共同进军的结盟，和应分别行动的结盟。

164.“战争被宣布有两种：即为本身利益而战，或为报复朋友所受侵害而战。目的在于战败敌人，时机可在当时或其他时节。

165.“有时为了随意歼灭敌人，国王单独行动，有时则与盟国

联合，所以，进军被认为有两种。

166. “驻屯被宣称出现于两种情况：当被宿命打击[①]或遭遇多乖[②]以致渐次衰弱时，或欲使朋友有利时。

① 即，为惩罚前生所犯罪孽。（注疏）

② 或更恰当地译作：为惩罚今生所犯罪孽。

167. “为保证事业成功，军队和国王应该分作两军。鉴赏六方略利益的人称此为双重分兵制。

168. “在下列两种情况中，国王置自己于其他强大国王保护下：受敌压迫，欲避免其攻击时；预防敌人侵袭，使有强大保护的风声传播开来，令敌人望而生畏时。

169. “当国王知道将来确有优势，目前不免小受损害时，可求助于和平谈判；

170. “但当看到群情振奋，自己力量盛极一时时，可以一战。

171. “当确悉军心欢悦，给养充足，而敌人情况恰恰相反时，可进军击敌；

172. “但如装备不足，兵力微弱，可注意选择有利阵地，渐次诱敌谈和。

173. “当国王认为敌人各方面都比自己强大时，可分兵为二，自引一军，退处要塞，以达阻敌前进的目的；

174. “但当本国四面八方都会遭敌进攻时，要立即请求公正、强大的国王的保护。

175. “能使臣民敬畏，同时又能控制敌军的人，应该像教师一样，经常受到他极大的尊敬。

176. “然而，如在此情况下，发现这种保护诸多不便，则虽如何困难也应该作战而毫不动摇。

177. “深谋远虑的国王，应该运用上述一切方法，使友邦、中立国和敌国都不能对自己取得优势。

178. “要考虑一切事情的假定结局，事物的现状，以及一切过去事件的利害得失。

179. “可预见一项措施在将来的得失、并当机立断，在事变发生后可判断其究竟的国王，从不会被敌人推翻。

180. “要使友邦、中立国王和敌人都不能取得对自己的优势，要之，这就是全盘策略。

181. “国王为侵入敌人国境而进军时，应指向敌人首都，以下述方式渐次前进。

182. “车、象杂遝，阻碍行军时，可在有利的十一、十二月份出征，或者，如果马兵多，可根据从征部队的情况，在二、三月和三、四月份出征，以便在被侵入的国境内得到秋季或春季收获的食粮。

183. “当看到必操胜券和敌人遭遇灾难时，虽在其他季节，亦可进击。

184. “已采取确保本国安全的必要预防措施，做好进取的一切准备工作；供应好驻军敌国的一切必需品，及时派出间谍；

185. “已开辟通过平原、森林和河水泛滥地带的三种道路，组织好象队、马队、战车、步队、将校和辎重等六军后，可根据战略原则，向敌人首都挺进。

186. “要警惕暗通敌人的假朋友，警惕曾经离去又回来为他服务的人；因为他们是最危险的敌人。

187. “进军时要将军队布置成杖形[①]、车形[②]、母猪形[③]、海怪形[④]、针形[⑤]，或伽虏罗形[⑥]序列。

① 即，成纵队形，布置如下：将领先驱，国王居中，司令殿后；象在两翼，马靠近象，再次是步兵：这是四面受敌时应该运用的行军法。（注疏）

② 怕被敌人从后面袭击时，使前队延长，后队放宽。（注疏）

③ 前锋和殿后薄弱，中军雄厚，是敌人可能从两翼侧击时必不可少的部署。（注疏）

④ 预防敌人前后夹击，将主力集中在前方和后方，使中军薄弱。（注疏）

⑤ 预防敌人从前面进击，将最好的军队放在纵队的前部。

⑥ 类似第三种行军法的部署，两翼较雄厚。（注疏）——迦虏罗或迦虏多是迦息耶婆和毗那多的儿子日神驭者阿虏那的弟弟，生有羽翼和鸟头，被认为是鸟类之王。

188. “哪一方面怕有危险，就在哪一方面增加兵力，自己要像莲花一样常在军队的中央。

189. “各方面都要安排一个司令和一个将官；一旦某一方面怕受攻击，就向这方面转移。

190. “要在各方面建立熟悉各种信号、善于攻守、勇敢、不会投敌的忠诚士兵组成的岗哨。

191. “可使人数不多的士兵，集中成为一支队伍来战斗，可随意分散兵力，并将军队排成针形或雷电形[①]来从事战斗。

① 即，排成长线形或分做三军。

192. “平原地带，要用战车和马队作战；有水地区用象队和战船；树木丛杂地带用弓；开阔地区用刀剑、盾牌和其他武器。

193. “应将鸠罗劫陀罗、摩佉、潘查拉、修罗锡那[①]等省生的人，以及魁伟敏捷的其他地区生的人布置在第一线。

① 见第二卷第 19 节。

194. “摆好阵势后，要鼓舞士气，细心调查士兵；了解他们和敌人交手时的态度。

195. “封锁敌人时，要部署野营，不断破坏敌人的牧草、兵粮、用水和燃料。

196.“要破坏水塘、堡垒、沟堑；白天困敌，夜间突袭。

197.“要争取对自己计划有帮助的人，如敌国中觊觎王位的王亲国戚，或心怀不满的大臣等，引为己用；了解他们的一切行动；一旦天赐其便，可毫无恐惧地从事征讨。

198.“要努力通过谈判、收买、离间来瓦解敌人；可并用或分用这些方法；不必诉诸战斗。

199.“因为绝不能预先断定战斗中两军孰胜孰败，国王应尽可能避免终于打起仗来。

200.“但，当他不能使用上述三策略中任一策略时，他应奋勇战斗，击败敌人。

201.“征服一个国家后，国王要敬礼当地所敬诸神，和婆罗门的有德之士；施惠人民，发表安民文告。

202.“当充分获悉被征服人民的心意时，可在这一国家内任命一个王族的国王，强使他接受若干条件。

203.“要使他遵守战胜国原先公布过的法律；并献珠宝礼物于国王及其侍臣。

204.“没收财产，此举产生仇恨，或以之赠人，此举取得好感，两者可褒可贬，视情况而定。

205.“世间一切事情的成功，取决于受人们前生行为所支配的宿命律和人的行为；宿命律玄妙莫测，所以，应该依靠取决于人的方法。

206.“考虑到远征的三种果实是朋友、金钱，和开疆拓土，战胜者也可以和敌人缔约，或亲切相待，使之成为盟邦。

207. “首先，要考察会乘自己出国之机而入侵的国王的意图，和敬畏此国王的其他国王的意图，其次，不管和被征服的敌人缔结盟约与否，要从中取得征讨的果实。

208. “国王取得财富，扩张领土，不如结交一个今虽弱小，而有一天会强大起来的忠实朋友，更能增加富源。

209. “不大可怕，但有德、知恩、施惠人民、为朋友献身、在事业上坚忍不拔的盟邦，值得高度尊重。

210. “贤者将有识、出身贵显、勇敢、能干、慷慨、对为其效过劳的人知恩不尽，执行计划坚定不摇的人，看做不可战胜的敌人。

211. “仁善、知人、刚勇、同情、好施不倦，此乃装饰中立国王的美德。

212. “国王为挽救自身，土地虽宜人、肥沃、非常适于增殖家畜，也应该无犹豫地放弃。

213. “国王为医治不幸，可细心保持财富；为挽救妻子，可牺牲财富；为挽救自己，可牺牲妻子与财富。

214. “英明之主，见到各种灾祸同时纷纷袭来时，应该同时或分别采取一切适当对策。

215. “要专心致志思考三个事项，即：领导事业的人，亦即自己，给自己提出的目标，和成功的方法，要求达到其所希求的目的。

216. “国王在按规定形式就有关国家的一切事宜和大臣们商议后，在从事适于武士的锻炼和午浴后，可入内廷用膳。

217. “可在该处吃由忠于他、知道时宜、忠实不渝的臣仆烹调好的食物；这种食物应该极其细心地加以试验[①]，并通过念中和毒剂的咒文加以祝圣。

① 这种试验可利用竹鸡来进行；竹鸡见到含毒食品，眼即变红。（注疏）

218. “要将解毒剂混合在一切食物内，身边常注意携带有破坏毒物效果的宝石。

219. “要使受到细心监视、其首饰、衣服事先都经过检查以免藏有武器和毒品的妇女，以极大的用心为国王煽风，往身上洒水和香料。

220. “乘车、入寝、就座、用食、入浴、装束打扮时，都应该采取同样的预防措施。

221. “食后，可在后宫和妇女们一起从事消遣，并在娱乐适当时间后，重新处理公务。

222. “要在整装后，检阅军队、马队、象队、战车、武器和服装。

223. “晚上，宗教义务完成后，要全副武装到宫内密室听取间谍的秘密报告。

224. “随即辞退他们到宫内他处，然后由侍女左右围绕转入宫内用晚膳。

225. “在那儿再次用一些食物，听乐器声以自娱，然后及时就寝，去除疲劳后即起身。

226. “此乃国王康健时所应遵守的规定；但在身体违和时，可将国事委托大臣们照管。

第八卷　法官的任务
民法与刑法

1. “国王欲调查诉讼案件，应该以谦虚的态度，由婆罗门和有经验的顾问伴同，到法庭去。

2. “可在那儿或坐或站立，举右手，服饰朴素地，调查诉讼两造的事件。

3. “要每天根据从地方、种姓、家族特有的习惯法和法典引出的原理，对以下列十八个主要项目的案件逐一审理。

4. “这些项目中的第一项包括债务；其次是寄托；第三是无所有权物品的出卖；第四是合伙经营商业；第五是赠与物品的收回；

5. “第六是不付薪资；第七是拒不履行契约；第八是解除买卖；第九是主仆间的争执；

6. “第十是关于边界的争执；第十一和第十二是虐待和侮辱；第十三是偷窃；第十四是抢夺与暴行；第十五是奸淫；

7. “第十六，夫妇的义务；第十七，遗产分配；第十八，赌博与斗兽：此十八事项乃世间诉讼案件的基础。

8. “人们的争讼一般涉及这些事项以及上面未述及的若干其他事项；国王要根据永久法律审理他们的案件。

9. “国王不亲身审案，可委任一个有学识的婆罗门代行职务。

10. “此婆罗门可审理属于国王裁决的案件；他要伴同三个陪审官到最高法庭去，在该处可或坐或立。

11. “三个精通吠陀的婆罗门由国王遴选其中一位非常渊博的婆罗门任首席，不管在何处开庭，他们这一团体被贤者称为‘四面梵天法庭’。

12. “法庭上遇到正义为不义所伤，法官不能拔掉其芒刺时，法官本身亦为所伤。

13. “应该或不入法庭，或照实说话；一言不发或仅说谎言的人同属有罪。

14. “凡在法官眼前正义被不义所毁灭，真实被虚伪所毁灭之处，法官亦同归于尽。

15. “损害法，法即予以打击，保护法，法即予以保护；因此，‘我们切戒侵害法，以免侵害法时，法予我们以惩罚’。这是法官们看到主审官有意破坏法律时应该对他说的话。

16. “可敬的法神表现为牡牛形相；侵犯它的人，诸神称之为‘牡牛的敌人’；所以不应该侵犯法。

17. “法是人死后与人为伍的唯一朋友；因为其他一切友谊都和肉体一起同归于尽。

18. “判决的不公，四分之一归咎于造成不法争讼的两造；四分之一归咎于伪证人；四分之一归咎于一切法官；四分之一归咎于国王；

19. “但当罪犯受到惩处时，国王无罪，法官免咎，罪过归犯者本人。

20. “国王如果愿意，可选择一个未完成义务，除出身外别无

可称述的僧侣种姓的人，或者被认为是婆罗门的人来解释法律，或者，如无此婆罗门时，可以选择一个刹帝利或一个吠舍来解释法律，但绝不要奴隶种姓的人。

21. “当国王容忍首陀罗在他眼前宣读判案时，他的国家陷入困境，有如牝牛陷入泥淖。

22. “首陀罗大量聚居，无神派频繁来往，而且没有婆罗门[①]的国家，很快被饥馑、疾病全部毁灭。

① 英译本作没有再生族的国家。——汉译者

23. “国王或国王任命的法官，向世界守护神致敬后，要装束严整地坐在审判席上，聚精会神，着手审理案件。

24. “可依种姓顺序审查当事人的一切案件，考虑利害得失并主要应设法辨明合法与非法。

25. “要利用外部表现，利用声音、面色、态度、姿势、眼神和动作来发现人内心的思想。

26. “根据姿势、态度、举止、动作、言语、眼睛和面部的变化来猜测人内心的思想活动。

27. “如果儿童没有保护人，其继承财产应该置于国王保护之下，直到他完成学业，或达到成人期，即达到十六岁时为止。

28. “对不妊、无子、无亲族的妇女，忠于离家的丈夫的妇女，寡妇，及疾病缠身的妇女，应给予同样保护。

29. “主持正义的国王，对于在这些妇女健在期间谋占其财产的亲属，处以盗匪之罪。

30. “物主不明的任何财产，应该击鼓宣布，然后由国王保管三年；三年期满前，物主可以收回，逾限，国王得判归己有。

31. “有人声称：‘此物属于我’，应详加究问，只有使他说明形状、数目及其他情况后，才可物归原主。

32. “不能完全指出物品遗失的时间、地点，以及物品的颜色、形状、体积者，应被处同等价值的罚金。

33. “国王想到善人的义务，可根据物品已保管三年、两年或仅一年，提取其所保管某人丢失物品的六分之一、十分之一，或仅十二分之一。

34. “某人遗失的物品被国王侍从发现，应托付给特选的保管人员；国王捕到盗窃该物品的人时，可使象践踏他们。

35. “有人来实说：‘此财宝属于我’，又，财宝被本人或他人发现后，他能证明其所提出的事实时，国王应该根据该人的身份，取得其六分之一，或十二分之一。

36. “但冒认者，应处以其所有财产的八分之一的罚金，或者，最低限度，处以相当于该财宝估价的一小部分的罚金。

37. “一有学识的婆罗门发现昔日埋藏地下的财宝，可全部据为己有，因为他是一切存在物的主人；

38. “但当国王发现古代埋藏地下的无主财宝时，可以其一半给与婆罗门，以另一半入己库。

39. “国王以保护人资格，又由于是大地的主人，有权利取得地下埋藏古物及贵金属的一半。

40. “国王应将盗贼窃取的财物，归还各该种姓本人；因为国王据为己有时，使自己成为盗窃犯。

41. “有德的国王，在研究各种姓、各地方的特别法律、各商会的章程和各家族的习惯法之后，如果这些法律、章程和习惯法无悖于启示的圣典的规定时，可赋予法律效力。

42. “遵守有关规定，悉心完成义务的人，虽居处遥远，但见爱于人。

43. “国王和大臣要避免兴讼，对提到面前的诉讼，绝不可由于贪婪而加以忽视。

44. “有如猎人追踪血滴，可达受伤的森林野兽的巢穴，同样，国王利用英明的推理，可以达到法律的真正目的。

45. “要根据诉讼手续的规定，对事实、物品、本人、证人、地点、方式和时间，详加考虑。

46. “再生族学者和有德之士所遵循的实践活动，如无悖于地方、种姓和家族的习惯法，可付诸实施。

47. “债权人为索取债务人所欠金额，向其申诉时，可使债权人提供债务证明，令债务人清还。

48. “债权人为强制债务人还债，可使用各种收回债务的例行手段。

49. “债权人可利用符合伦理义务的手段①，利用诉讼、诈术②、危难③，以及最后第五，利用强暴措施④，使人归还欠债。

①②④　下述各节，系引自立法家波利诃斯波底，它们曾在《梵文注疏》和《印度法汇编》中被人引用过，它们已完全阐明本节的意义。

通过朋友、亲族的斡旋，通过善言谴责，到处追随不离或待在他家里不走，可以迫使债务人还债。这种收回债务的方式叫做符合伦理义务的方式。

债权人利用诈术向债务人借来一件东西，或扣留其寄存的物品，以此迫使他还债。这种方式叫做合法的欺诈。

拘留其儿子、妻子或牲畜，或经常夜间不离其门口，以强制其还债，叫做合法的强制。

捆绑债务人，将他带到自己家里，打击他，并以其他类似方法，迫使他还债，叫做强暴的方式。

③ 从注文看来,条文中的"危难"(détresse)即注文中合法的强制(Contrainte légale)。——汉译者

50. 债权人强制债务人归还借给他的东西,是为了收回自己的财产,不应被国王责难。

51. "一个人否认债务时,由债权人提具证明,国王可使债务人清偿欠款,并科以适应其财力的小额罚金。

52. "在法庭要求债务人还债,债务人否认时,原告可召请借款时在场的人出庭作证,或提出借券等其他证明。

53. "召请未在场的人出庭作证的人;声明一件事情又加以否认的人;未觉察到所陈述的理由前后矛盾的人;

54. "提出一些细节后修正原话的人;问到确凿事实未给予满意答复的人;

55. "在不应该交谈的地方和证人交谈的人;对于几次提出的问题拒不答辩的人;离开法庭的人;

56. "令其发言,保持缄默,或不证明其所提出的事项,以及最后不知道何者可能,何者不可能的人:这一切人的要求都要被批驳。

57. "一个人来说'我有证人',但要他提供证人而不提供时,法官应该为这一理由而宣判其败诉。

58. "原告不陈述起诉的理由,应该按照法律分别情况,处以体刑或罚金;被告不在三个十五天的期限内答辩时,依法制裁。

59. "妄自否认债务的人,妄索人家不欠的债务的人,作为有意违法的人,应由国王科以两倍于该项款额的罚金。

60. "一个人被债权人带到法庭,经过法官讯问,否认其债务

时，应该至少有三人在国王任命的婆罗门面前作证，澄清问题。

61. “我要告诉你们债权人和其他起诉人，在诉讼中应该提供何种的证人，以及证人应该如何说明真相。

62. “家长，有儿子的人，同乡，不论属于武士种姓或商人种姓，或奴隶种姓，被原告请其出庭时，均得为证人，除必要场合外，并非任何人均得为证人。

63. “应在各种姓中选择值得信任，知道一切义务，廉而不贪的人作为讼诉的证人；其性格相反者应予摒弃。

64. “不应该要唯利是图的人以及仆人、敌人、心怀恶意为众所周知的人、病人和罪犯。

65. “不能以国王、下级工匠（如厨师）、演员、精干的神学家、学生、脱离一切尘缘的行者；

66. “完全不能独立的人、声名狼藉的人、从事残暴职业的人、从事犯禁职业的人、老人、儿童、孑然一身的人、种姓混杂的人、官能衰退的人；

67. “遭受忧苦的不幸者、醉汉、狂人、苦于饥渴的人、过度疲劳的人、陷身情欲的人、愤怒的人为证人。

68. “妇女应该为妇女作证；同种姓再生族为同种姓再生族作证；正直的首陀罗为奴隶种姓的人作证；属于种姓混杂的人为生于种姓混杂的人作证。

69. “但如果有发生在内室或森林间的事件或杀人事件时，目击事实的人无论是谁，应在当事人间提供证据。

70. “遇此情况，没有适当证人时，可听取妇女、儿童、老人、学生、亲族、奴隶或仆人的供述；

71. “但因为儿童、老人和病人所述情况可能不实，法官应该将他们的证据看做是无力的，精神失常者的证据亦然。

72. “凡涉及暴行、盗窃、奸污、侮辱和虐待时，不应该过分苛求证人的资格。

73. “证人有分歧时，国王应该采用最大多数人的供述；如果两者数目相等时，应该倾向功德素著的人；如果他们人品都好，应该倾向最高尚的再生族。

74. “证据视情况而定，应为耳闻或目睹的，才能成立；在这种情况下说明真相的证人，道德、财富都不丧失。

75. “在聚集的高贵人面前，其证词与其所见所闻的事实不符的证人，死后失去天界，头向下堕入地狱中。

76. “一个人看到或听到一件事情，虽未被召请作证，但在以后被人问到有关这一问题时，应该按照所闻据实供述。

77. “没有贪心的男子的孤证，有时也可以采用；但很多妇女的作证，即使她们是正直的也不行（因为妇女心性无恒），犯有罪恶的男子也不行。

78. “证人出于自动的供述，在诉讼中应该被采纳；但因受某种动机影响，一切可能与此相反的供述，不能为法官所采纳。

79. “证人都出庭时，法官要当原告、被告之面，以下列方式，一面温言劝说，一面讯问证人：

80. “‘在此案件中，两造相互间所发生的一切，要就你所知，诚实地供述，因为这里需要你作证。’

81. “供述中说实话的人抵达最高处所，在今生取得最高的荣誉；他的证言为梵天所尊重。

82.“作伪证的人，历百度轮回堕入水神[①]的缧绁中而无法抵抗；因为只应该说实话。

① 见第三卷第87节，第九卷第245和第308节。

83.“证人由于说实话而净化，实话使正义昌盛：因此，一切种姓的证人都应该说实话。

84.“真我是自己的证人，真我是自己的归宿；绝不要轻视你的真我这一人们最卓越的证人。

85.“坏人自谓：‘没有任何人看见我们’，但诸神则在注视他们，寓在他们身上的神我亦然。

86.“保卫天、地、海洋、人心、月球、太阳、地狱之火、风、夜、黎明和薄暮以及司法的守护神都知道众生的行动。

87.“早晨，法官净身后，要当诸神像和婆罗门之面，面向北方或东方，请已净身的再生族，供述实情。

88.“讯问时应该对婆罗门说：‘讲吧’；对刹帝利说：‘说明真情吧’；对于吠舍则提示他，作伪证类似偷人牲畜、谷物和金钱，同样是犯罪行为；对于首陀罗，则在以下断言中给他们指出伪证的一切罪恶：

89.‘原供收容杀害婆罗门的人，杀害妇女和小儿的人，损害朋友的人，恩将仇报的人的痛苦的所在，也是对作伪证的人设置的’。

90.‘诚实的人哪，如果不说实话，你自有生以来所能做的一切好事要全部丧失，而归于犬。

91.‘高尚的人哪，当你说只有我独自一人时，无言地、专心致志地观察一切善恶的最高我就无时不住在你心中。

92. ‘这位寓居你心灵中的神，是一位严厉的法官，不屈不挠的惩罚者，是一位大神[①]；如果你从来不和他抵触，可不必到恒[②]河或鸩鲁平原去巡礼。

① 原文作：“这是阎摩，这是吠伐斯伐多。”阎摩是死人的法官；毗伐斯伐多是阎摩的别名，是就其惩罚的特性说的。阎摩是太阳神神吠伐斯伐陀之子，故称吠伐斯伐多。

② 恒伽(Gangâ)，喜马拉雅山神和山村女神美娜(Ména)的女儿，在印度神话中，是管理恒河的女神。她原居天界，应圣王跋吉罗阏的请求下凡。下凡的经过具见《罗摩衍那》逸事。逸事曾由什雷该尔(M. de Schleger)在《印度丛书》中译为德文诗，译笔甚佳。

93. ‘做伪证言者，要落到裸体、秃头、忍受饥渴、奄奄一息地、手持破钵，乞食于敌人之家的地步。

94. ‘讯问时，被讯问而作伪供的罪人头部向下堕入地狱最黑暗的深渊中。

95. ‘在法庭上提供不确实的情况，说没有见到的事实，可比作连同鱼骨一起吃鱼的盲人，不是感到所期待的快乐而是感到痛苦。

96. ‘其灵心知道一切、在作证时不感到任何不安的人，诸神认为世界上没有比他再好的。

97. ‘高尚的人哪，现在你可以通过准确的计数，顺序地学习；一个伪证人杀害多少亲族，视其供述的事项而定。

98. ‘关于牲畜的伪证，杀害五名亲族[①]，关于牝牛的伪证杀害十名，关于马的伪证，杀害百名，关于人的伪证，杀害千名；

① 即，他成了杀害五名亲族的罪犯，或者说，他使五名亲族堕入地狱。(注疏)

99. ‘关于金钱的伪证，杀害已生和未生的人，关于土地的伪证，杀害一切物类；所以，切戒在关于土地的案件中作伪证。

100. ‘贤者宣称，关于井水或池塘水的伪证，和关于同妇女交合的伪证，相当于关于土地的伪证；关于珍珠及其他水产贵重物品以及一切石质物品的伪证亦然。

101. ‘你已经知道作虚伪证词使人成为罪犯的一切罪恶，可就你所知、所见、所闻据实陈述’。

102. “对看管牲畜、经商、从事低贱工作、演杂技、执行仆从职务，或放高利贷的婆罗门谈话，要和对首陀罗谈话一样。

103. “在某些情况下，由于虔诚的动机，所说和所知不符，不被排除天界；其供述叫做诸神的证言。

104. “当过犯由于一时昏迷而非预谋如盗窃、破坏等，凡据实陈述会置首陀罗、吠舍、刹帝利或婆罗门于死地时，应该说假话；在这种情况下，假话胜于真话。

105. “如此为可称许的动机而说谎言的证人，要把献给雄辩女神的奶制米糕祭献于娑罗斯跋底神[1]，以完全偿赎这一伪证罪。

① 娑罗斯跋底(Saraswati)，司雄辩、技艺和音乐的女神；她是梵天的配偶。

106. “或者按规定，把献给咒文女神的酥油供品投在火内，同时念诵耶柔吠陀或敬礼水神而以伏陀(Oud)开始的赞歌，或敬礼水神的三咏。

107. “一个人没有疾病而不在被传唤后三个十五天内，为关于债务的诉讼事件出庭作证，要负责偿还全部债务，并另处罚金十分之一。

108. “证人作证七日后，患病，被火灾，或亲族逝世者，应该清偿债务，缴付罚金[1]。

① 法译本108节阙漏，今据伯内尔(A. C. Burnell)英译本补入。——汉译者

109. “在没有证人的案件中，法官不能彻底了解真理在诉讼两造中哪一造时，可利用宣誓取得认识。

110. “七大仙①和诸神曾为澄清怀疑事件而宣誓；跋息什多被毗斯跋密陀罗控告吃掉一百个小儿时②，亦曾亲自在比耶跋那(Piyavana)之子苏陀摩(Soudâmâ)国王前宣誓。

①　七大仙是司北斗七星的圣者。它们的名称是：摩利俱，阿多利(Atri)，俺吉罗，弗罗斯底耶(Poulastya)，弗罗诃(Poulaha)，柯罗都(Kratou)和跋息什多。这些名称具见十大仙名单中(第一卷第 34 节)，由此可知七大仙列在十大仙的数目内。

②　见第七卷第 42 节。注疏家提到的关于毗斯跋密陀罗的历史事实，笔者不清楚。

111. “明理的人即使对无关紧要的事情，也绝不要做伪誓；因为伪誓者不论今世后世都遭到毁灭。

112. “然而，涉及情妇，涉及对之求婚的少女，或涉及牝牛的食物，祭祀所必需的燃料，或涉及对婆罗门的救济时，作此种宣誓是无罪的。

113. “法官可使婆罗门以其真诚宣誓；刹帝利以其马、象与武器；吠舍以其牝牛、谷物与金钱；首陀罗以各种罪恶宣誓。

114. “或者，根据情况的严重性，可使他要考验的人以手持火，或叫他潜入水中，或使他分别接触其每一个儿子和妻子的头部。

115. “火不烧其人的人，水不使其漂在水面的人，灾祸不迅即突然袭击的人，应该被认为是宣誓真诚的人。

116. “过去跋多娑(Vatsa)仙曾被其异母弟妄控，他指控仙者是首陀罗妇女的儿子，仙者宣誓说这是假的，于是他穿过火内，以证所誓不虚，火作为一切人有罪与无辜的考验者，由于他宣誓真诚，对他毫发未伤。

117. “凡提供伪证的诉讼，应被法官重新审理，而其判决的案件应视为无效。

118. “由于贪欲、迷妄、恐惧、友谊、色欲、愤怒、无知和轻忽所作的证词，被宣告无效。

119. “由于这些动机之一而作伪证，我要依次列举他们将受的各种惩罚：

120. “由于贪欲而作伪供者，处千钵那罚金；由于心神错乱者，处一等罚金，即250钵那[①]；由于恐惧者，处中等罚金五百钵那的两倍；由于友谊者，处一等罚金的四倍；

① 见第138节。

121. “由于色欲者，处一等罚金的十倍；由于愤怒者，处另一罚金，即中等罚金的三倍；由于无知者，处整二百钵那的罚金；由于轻忽者，仅处百钵那罚金。

122. “这些是古贤所宣示，而由立法家所规定的对于伪证的处罚，使人不致背离正义，而压抑不义。

123. “后三个种姓的人做伪证时，正义的国王应该以上述方式使其缴付罚金后，处以流放；但如果是婆罗门，则只处流放。

124. “出自自存神的摩奴指定对后三个种姓的人用刑的十个地点；但婆罗门可以安然无恙地出国。

125. “这十个地点是：生殖器官、腹部、舌头、两手和位居第五的两足、眼睛、鼻子、两耳、财产及全身（罪当处死刑时）。

126. “国王在充分查明如累犯等加重情况，以及时间地点后，在考查罪犯的财力和罪恶后，使刑罚施加于罪有应得的人。

127. “用刑不公，生前破坏名誉，死后毁灭光荣，杜绝来生上天的门路；因而，国王应该注意加以避免。

128. “处罚无辜，对应该用刑者不用刑的国王，蒙受耻辱，死后堕入地狱。

129. “他开始可仅处以谴责；然后严斥；再则处以罚金；最后施加体刑；

130. “但当体刑也不足以压制罪犯时，可四刑并施。

131. “对于世人商业往来一般通用的金银铜重量的各种名称，我要毫无遗漏地讲给你们。

132. “阳光通过窗户时所见到的微细尘埃是最起码的可见量；叫做尘埃粒(trasarénou)。

133. “八个尘埃粒在重量上应该被认为等于一个罂粟粒；三个罂粟粒被认为等于一个黑芥子粒，三个黑芥子粒等于一个白芥子粒。

134. “六个白芥子粒等于一个中等大小的大麦粒；三个大麦粒等于一个柯利什那罗[①]；五个柯利什那罗等于一个摩刹[②]；十六个摩刹等于一个修波尔那[③]。

① 克利什那罗(Krichnala)，亦称 ractika，或讹作 ritti，是一种叫做 gourdja(学名 Abrus precatorius)的小灌木结的黑红色珠果。这种珠果构成首饰商和金银工计重的最小单位；它约重一古克又十六分之十五；但人们规定的重量叫做克利什那罗，重约两古克又十六分之三，或两古克又四分之一(见威尔逊《梵语辞典》)，此两古克三又四分之一等于 146 毫克。

② 摩刹的重量，根据这种计算，是十一古克三又四分之一(729 毫克)；但根据威尔逊，摩刹有十八个克利什那罗的重量，而通行的摩刹则等于 17.3 古克(1 克 101 毫克)。

③ 金子的重量，按五克利什那罗等于一摩刹计，相当于 180.3 古克左右(11 克 659 毫克)，但有变化。见《威尔逊辞典》修波尔那(Souvarna)和柯刹(Karcha)两词条。

又威尔逊《Mrichchhakati》译本50页。

135. “四金修波尔那为一钵罗；十钵罗为一陀罗那；一银摩刹伽应该被认为有两个柯利什那罗合起来的价值。

136. “十六银摩刹伽为一银陀罗那或一银菩罗那；但铜伽尔什伽[①]应该叫做钵那或迦尔刹钵那。

137. “十银陀罗那等于一娑多摩那，四修波尔那的重量叫做尼什伽。

138. “二百五十钵那被宣布为一等罚金，五百钵那应该被认为中等罚金，一千钵那被认为是最高罚金。

139. “债务人被债权人带到法庭，承认了自己的债务，应缴百分之五的罚金与国王；如果他否认而被人证实了，加倍：这是摩奴的命令。

140. “放银人如有抵押品，应在本金外收跋息什多规定的利息，即每月收百分之八十分之一的利息，或一又四分之一的利息。

141. “或者，没有抵押品，想到善人的义务，逐月收百分之二；因为，收百分之二者，不犯取得非法利润罪。

142. “可按照种姓的正顺序，每月收婆罗门百分之二（绝不可再多），刹帝利百分之三，吠舍之四，而首陀罗之五。

143. “但如果抵押品，如土地或牝牛，交付他准予利用时，不应该对款额再收其他利金，经过一个长时间或利润上升到和债务等值时，则此抵押品不能赠与或卖掉。

144. “不应违反物主的意愿去使用仅仅是存放的、由衣服、装饰品及其他类似物品构成的抵押品；使用者应该放弃利金：如果物品用旧或弄坏，应按物品完好状态时的价格，赔偿物主，否则，就会成为抵押品的盗窃犯。

145. “物主不能因时间漫长就失掉抵押品或寄存物品；物品虽在被寄存人处长久存放，但仍应物归原主。

146. “出奶的牝牛，骆驼，乘马，送来供训练做活用的牲畜（如牡牛），以及由于友谊关系物主准予使用的其他物品，物主绝不应该失掉它们。

147. “除上述情况外，当物主亲眼看着人家在十年内使用属于自己的任何动产而不要求归还时，就不应该收回该动产的所有权。

148. “如果不是白痴，不在十六岁以下，或不是未满十六岁者，在他眼前发生别人使用其动产的情况时，根据法律，这一动产对他就丧失了，使用之者可以保有它。

149. “抵押品、地界、儿童的财产、打开的或封闭的寄存物品、妇女、国王的财产和神学家的财产，不因人家享用了它而丧失掉。

150. “未经物主同意，擅用寄存抵押品的不慎者，应放弃半数利息，来抵偿擅用。

151. “一次收取而非逐月逐日收取的债息不得超出债务的两倍，即不应高于人家同时归还的本金；对于食粮、果实、羊毛或鬣毛、负荷牲畜等要以等值物品偿还的借出物，利息最高可达债务的五倍。

152. “超过法定利率而违反上述规定利息的无效；贤者称之为高利手段；贷款人最多只应取利百分之五。

153. “贷款一月、两月或三月并收取一定利息的人，超过一年时，不要收取同样利息，或不被认可的利息，或经过预约的复利，或最终会超过本金的月息，或向处于困境[1]的债务人勒索的利息，或使用抵押品代替了利润而仍收取的非法利润。

① 或根据琼斯的意见，作："或没有众所周知的危险或急难时向债务人作为危难费索取的利息。"见"汇编"第一卷第50页。

154. "不能在规定日期清还债务，欲重新订立契约者，可征得贷款人同意，缴付所欠一切利息后，再订契约。

155. "但，遭受某种命运打击，无力缴付债息时，可将应缴利息，作为本金，写在新订契约内。

156. "凭事先规定的利润，承担在某一规定时间将某种货物运往某地，未履行关于时间、地点的条件者，不得收受协议的报酬，但可收受鉴定人规定的报酬。

157. "精于海陆运输业务并善于按照时间、地点之长短相应确定利润的人，对某些货物的运输确定任何利润时，这一关于确定利润的决定有法律效力。

158. "在今世担保使债务人出庭而不能使其出庭的人，应该以自己财产偿付债务；

159. "但儿子没有义务清偿父亲作保所欠的款项，或父亲没有理由许给娼妓或乐师的款项，或赌输的金钱，或饮酒的欠款，或罚金、税金欠交的余额。

160. "这是关于担保出庭事件的规定；但担保还债人故去时，法官应使其继承人清偿债务。

161. "然而，作担保，但并非担保还债，其事为众所周知者，此人死后，债权人在何种情况下可要求继承人还债呢？

162. "如果担保人接受了债务人金钱，并拥有相当财产可以还债，接受这种金钱者的儿子，要破费其继承财产，清偿债务，这是法律。

163. “凡醉人、狂人、病人、完全不能独立的人、小儿、老人，或无权订立契约的人所订立的任何契约，完全无效。

164. “一个人为做某事而订立的契约，如果有悖于规定的法律和古来的习惯，虽证据确凿，仍属无效。

165. “法官在抵押、出卖、赠与、接受中发现欺诈情况以及无论在何处发现欺骗情况，应该宣布该事务无效。

166. “如果债务人死去，金钱已为其家族消费时，其欠款应由无论已否分居的亲族以自己财产偿付。

167. “即使是奴隶为主人家族办一项交易，如借债事项，无论主人在场与否，不应该拒不承认。

168. “强制给予人家不能接受的东西，强制占有的东西，强制立字的东西，像一切强制实行的事情一样，都被摩奴宣布为无效。

169. “三种人为他人受苦：证人、保证人、监察官；而四种其他人由于对人有用而致富：婆罗门、债主、商人和国王。

170. “国王无论如何贫困，也不要取所不宜取；无论如何富裕，也不要弃所宜取，虽最小的物品亦然。

171. “国王取不宜取，或弃所宜取，则示人以柔弱，今世后世遭灭亡。

172. “国王取所宜取，预防种姓混淆并保护弱小，则取得势力，今世后世都昌盛。

173. “因此，国王应该像阎王一样，屏除好恶，克服愤怒，抑制诸根，遵循这个人类最高法官的行为准则。

174.“但心术不正、昏聩而未能秉公断案的国王，迅即为敌人所征服。

175.“反之，国王克服情欲和愤怒，公平审案，则民众归心，有如百川之汇海。

176.“债务人自信对国王有很大影响，向国王诉说债权人要设法通过许可的方法收回欠债时，国王应迫使他交欠款的四分之一作为罚金，并将欠款归还债权人。

177.“债务人和债权人如属同一种姓，或债务人种姓较低时，可利用劳动抵债；但如种姓较高，可按照财力渐次还债。

178.“这些就是国王在证人及其他证据澄清疑难后，据以公正判决两造诉讼事件的规定。

179.“有识者应该将寄托物品寄存于家门高尚、品行端正、知法、诚实、亲族众多、殷实、正直的人家。

180.“无论以任何方式将任何物品寄存人家手内，亦应以同样方式收回此物品；怎样寄托就怎样收回[①]。

① 原文作：怎样完成寄托，就怎样完成收回的行动。

181.“人家要求归还寄托物品而不将该物品归还寄托人者，虽原告缺席，也应由法官加以审讯。

182.“没有证人时，法官可遣已达成人年龄、风采可人的密使，巧使借口，将黄金或其他一切贵重物品寄托在被告人手内。

183.“此时，如果被寄托人将寄托物品原样归还，就没有受理对他提出诉讼的理由；

184.“但是，如果他不按照协议将寄托黄金归还这些代理人，就要将他拘捕并强制他归还两种寄托物品；法律是这样命令的。

185.“寄托物品无论已封未封，绝不得在寄托人生存期间，归还其推定继承人；因为如果受托人归还物品于继承人，而继承人在未将该项物品转交物主之前死去，这两种寄托物品就丢失了，受托人必须对此加以考虑；但是，如果他不死去，就不丢失；因此在事情拿不准的情况下，只应该将寄托物品归还寄托人。

186.“但是，如果受托人在寄托人死后主动将物品归还死者的继承人时，国王或死者的亲族就不得对他提出要求。

187.“索取寄托物品时，应该率直而友好，在确悉受托人的个性后，应该以两相情愿的方式了结其事。

188.“这是索还一切寄托物品应该遵守的规定；寄托物品贴有封条时，受托人只要不曾伪造封印，从中抽取任何东西，就绝不应使之遭受烦恼。

189.“寄托物品被盗贼窃取，被水冲走或被火烧毁时，只要受托人没有从中取用任何东西，就不必折价偿还。

190.“对霸占寄托物品和索取并未寄托的物品的人，国王要通过种种方法，以及通过吠陀规定的诸试罪法加以考验。

191.“不归还寄托物品和要求并未寄托的物品者，如涉及重要物品如黄金、珍珠等，两者都应以盗窃论罪；或者，如果价值不大，处以与该项物品价值相等的罚金。

192.“不归还寄托物品，以及抽取贴封寄托物品者，一律由国王处以缴付与该物品等价的罚金。

193.“以假效劳取得人家金钱者，应根据情况，当众遭受各种刑罚，乃至处死，对其从犯亦然。

194.“由某人当某些人之面交付的由某些物品构成的寄托物

品，应以同一方式原样交还本人；从中欺骗者应受惩处。

195.“私下接受的寄托物品，应私下交还；怎样交付，怎样收回。

196.“国王要这样判决有关寄托物品和友好借贷物品的案件，而无伤于受托人。

197.“未经物主同意出卖人家财产的人，如同自以为没有行窃的盗贼，法官不应容许他为人作证。

198.“如为物主的近亲族，应被判处六百钵那的罚金；如非物主亲族，又无任何理由可提者，就是犯盗窃罪。

199.“真正物主以外的其他人的赠予或出卖，应认为无效；这是诉讼手续的规定。

200.“对于凡属已经享用而不能提供任何证件的任何物品，只有证件，而不是享用行为，构成所有权；法律是这样规定的。

201.“在市场上当大多数人之面买到任何财产，即使卖者并非物主，但买者因已付该财产的代价，理应取得其所有权；

202.“但是，如果买者虽提不出非物主的卖者的名字，但能证明其买卖契约系当众订立者，国王可将其放回，不处罚金，丧失财产的原物主可付半价于买主来收回它。

203.“不可将掺有其他物品的任何商品，充作纯粹商品，将质量坏的商品充作质量好的商品出卖，或者，出卖小于议定分量的商品，不在手头的商品或隐瞒其缺点的商品。

204.“如果将一个姑娘引见给求婚者，女子的手已通过馈赠授给他，又将另一姑娘作为配偶给予他，他就以同一代价变做两者的丈夫；这是摩奴决定的。

205. “嫁女者先将她的缺点告诉人家，声明她精神异常，或染有象皮病，或曾和男人发生过关系时，不受任何处罚。

206. “被选任举行祭祀的祭司，抛弃其任务时，其助祭可参照其作为的多寡只给予他部分谢礼。

207. “谢礼分配后，如果因病而非假借借口，必须离开祭礼时，可取走全份谢礼，使其他祭司完成其业已开始的祭礼。

208. “在宗教典礼中，其仪式各部分的特别谢礼都已规定好，完成某部分仪式的人只取该部分的谢礼呢，还是由祭官们大家分领呢？

209. “在某些典礼中，诵耶柔吠陀者取车，婆罗门（祭司）取马，诵梨俱吠陀者取另外一匹马，唱娑摩吠陀者取装运祭祀用品的车。

210. “十六个祭司中间分配一百只牝牛时，四个主要祭司可得半数左右，或四十八只；其次四人可得此数之半；第三组，三分之一；第四组，四分之一。

211. “当多数人各以自己劳动合作经营同一企业时，其各份额的分配方式应该如此。

212. “当为举行宗教仪式而向人家要求的金钱被给予或承诺时，如果仪式没有举行，赠予无效。

213. “但如由于傲慢或贪婪，拒绝在这种情况下归还已受金钱，或强取人家承诺的金钱时，可由国王判处一修波尔那[①]的罚金，以惩罚他这种盗窃。

① 见本卷第134节。

214. “以上所说是取回赠品的合法方式；以下我再对你们说

明可以不发给工资的情况。

215. “雇用人员无病而因傲慢拒不执行协议的工作时，处以八金柯利什那罗[①]的罚金，其工资亦不得发付。

① 见本卷第134节。

216. “但如生病后恢复健康时又按照前约执行工作，虽经过很长时间，也应该取得工资。

217. “然而，无论其有病或健康，如果没有由他本人或另外一个人完成协议工作时，即使任务接近完成，也不应该发给他工资。

218. “这是关于从事薪给工作的规定；以下我要对你们说明关于破坏契约者的法律。

219. “和商人或村镇、地方的其他居民缔结了宣誓遵守的契约，而因贪婪爽约者，国王可将其逐出国外；

220. “又，国王将这个失信的人逮捕后，根据情况，处罚金四修波尔那或六尼什伽，或一银婆多摩那[①]，乃至三罚并施。

① 见本章第133节及以下各节。

221. “以上就是一公正国王在一切公民和各种姓之间，处罚不履行义务者时所应遵循的准则。

222. “买卖一件有固定价格且经久不坏的东西，如土地或金属等，后又反悔者，可在十天以内归还或者取回该物品；

223. “但超过十天后，就不能归还或强人归还：强制取回，或强使人取回者，应由国王处六百钵那罚金。

224. “嫁一有缺陷的姑娘而未事先说明者[①]，国王可亲自处以九十六钵那的罚金。

① 见本卷第205节。

225. “但出于恶意声称‘这姑娘不是处女’而不能证实姑娘已被污辱者，应处百钵那罚金。

226. “婚礼咒文专用于处女，而绝不适用于此世丧失贞操者；因为这样的妇女，被排除在法定仪式之外。

227. “婚礼咒文是对婚姻的必要的认可，有教养者应该知道，由咒文祝圣的婚约，当新娘前去将手授给丈夫，走到第七步[①]时就算完成和不可取消。

① 最初我认为本节中的“步”(pada)字可能有“首”和“诗句”的意义，因而我曾认为是“念到祷祝的第七首时婚约便完成了”。但以后我曾在科尔布鲁克关于印度宗教仪式的论文中发现有利于琼斯译文的一节，于是我保持了他的这一译法。(见《亚洲研究》第七卷第 303 页，又《印度法汇编》第 2 卷第 484，488 页。)

228. “一个人缔结任何一项契约后感到懊悔时，法官可依照上述规定，使其回到正道上去。

229. “现在我要按照法律原则，适当地裁决当发生某种事故时，在牲畜所有主与牧人中间所起的争端。

230. “日间，关于牲畜安全的责任在于牧人；夜间，如果牲畜在主人家，安全责任在主人；反之，牲畜日夜托给牧人时，由牧人负责。

231. “以定量牛奶为工资的牝牛牧牛人，应经主人同意，挤取十只牝牛中最好的牝牛的奶；这就是无其他薪金的牧人的工资。

232. “当一只牲畜失掉，被爬行动物[①]或狗弄死，或堕入深谷，由于牧人疏忽所致时，牧人必须赔偿另外一只；

① 我从琼斯意见，原文所说爬行动物系指昆虫或寄生虫(crimis)。

233. “但当牲畜被盗贼窃取，而他曾大喊有贼偷窃，并注意及时及地报告主人时，就不必赔偿。

234. “家畜死时，要将耳朵、皮毛、尾巴、腹皮、腱、牛黄[①]带到主人处，并将肢体给他看。

① 梵文作 rotchanâ，牝牛的胆汁，或根据其他说法，是在牛头中找到的一种物质，可作香料、药品和颜料之用。

235. “牝山羊或牝绵羊群被狼袭击，而牧人不跑上前去，如果有狼攫去牝山羊或牝绵羊并将其弄死时，咎在牧人。

236. “但如看守羊群并在森林集中放牧，狼突然来袭，杀其一只时，遇此情况牧人无罪。

237. “村庄周围，可留宽四百肘或棍棒的三次投距的荒地作为牧场，城市周围空地可三倍之。

238. “如果这种牧场上放牧的牲畜损害田间无篱笆围护的作物时，国王不可处牧人以任何刑罚。

239. “田地业主，要将田地围以骆驼不能从上面看到里面的荆棘篱笆，并杜绝猪狗可以探进头去的一切入口。

240. “牲畜有牧人跟随，在大路旁或靠近村庄有篱笆围护的地方造成某种损害时，应被处百钵那罚金；如无牧人跟随，田地业主可逐之远去。

241. “在其他田地，牲畜主人应付一又四分之一钵那罚金；但不管在什么地方，被损害谷物的价格应交给业主，这是规定。

242. “产后十天以内的牝牛，留作育种用的牡牛，和献给诸神的牲畜，不论有无牧人跟随，被摩奴宣布豁免罚金。

243. “田地被农民本人的牲畜所毁，或忽略及时播种时，应被处等于交给国王的收获部分（这部分由于其疏忽而丧失掉）的十倍的罚金，或者，过失来自其雇用工人，而自己并无所知时，只被处此罚金之半。

244. “这些是在所有主方面、牲畜方面、牧人方面犯了过失的一切情况下，公正的国王应该遵照的规定。

245. “两村社间发生关于边界问题的争执时，国王可选择五六月[①]间来划界，因为这时太阳将草完全晒枯，界线易于分辨。

① 梵文作 Djyaichtha。

246. “边界既定，应在该处栽种大树，如尼耶格罗陀树[①]、阿斯跋陀树[②]、金修伽树[③]、娑尔摩利树[④]、娑罗树[⑤]、多罗树[⑥]，和富于奶汁的树木，如优冬跋罗树[⑦]；

① 学名 Ficus Indica.
② 学名 Ficus religiosa.
③ 学名 Butea frondosa.
④ 学名 Bombax heptaphyllum.
⑤ 学名 Shorea robusta.
⑥ 学名 Borassus flabelliformis 或 Corypha taliers.
⑦ 学名 Ficus glomerata.

247. “从生灌木、各种竹子、娑密[①]、蔓草、娑罗[②]、茂密的鸠勃遮伽[③]；此外还要堆一些土丘：这样，边界就不会毁灭了。

① 学名 Mimosa suma 和 Serratula antelmintica.
② 学名 Saccharum sarra.
③ 学名 Achyranthes aspera.

248. “湖泊、井、水塘、小河沟，以及奉献诸神的寺庙，都应该设立在共同的边界上；

249. “鉴于确定边界时不断发生疑难，还应给边界做出其他秘密标识。

250. “大石块、骨头、牝牛尾、稻草屑、灰、破瓦片、干燥牛粪、砖、炭，石子、沙粒。

251. “以及最后，土壤不能在漫长时间中腐蚀的各种物质，都应该放在瓶内并埋藏在交界处的地下。

252. “国王应该利用这些标志并按照占有的久远，按照溪流的河道来决定诉讼两造的地界。

253. “但在检验标志本身中只要有一点疑问，则证人的陈述对于裁判边界之争就是必要的。

254. “就边界标志讯问证人，应该当村民和诉讼两造之面进行。

255. “就边界问题被讯问的人都提了一致而明确的陈述时，要用文件将边界确定下来，文件写上所有证人的名字。

256. “这些人头上应放些土，并戴红花的花冠，身穿红衣服，以其善业的未来果报宣誓后，准确划定边界。

257. “陈述时按法律规定说实话的证人免去一切过失；但作伪供述者应处二百钵那罚金。

258. “没有证人时，应该延请发生争执的村庄的四邻村庄中的四人，当国王之面，决定已作适当调整的边界；

259. “但，如果没有邻居，也没有自村庄建立以来其祖先世居其地的人们可以就边界问题作证时，国王可召请以下在森林间过生活的人：

260. “猎人、捕鸟人、牧牛牧人、渔人、掘根人、捕蛇人、拾遗穗人，及其他生活在森林间的人。

261. “经过讯问后，国王应该根据他们就共同边界标志所做的答复公正地规定两村间的边界。

262. “对于田地、水井、池塘、园地和住宅，邻村的证明是裁决其有关边界问题的最好方法。

263. “当人们对产业的边界发生争执时，如邻人陈述不实，应由国王各处中等罚金。[①]

① 即五百钵那。

264. “威胁所有主而占有其房屋、池塘、园圃、田地时，应处五百钵那罚金；如由于失误所致，仅处二百。

265. “如果没有标志和证人，边界不能以其他方式确定时，公正的国王，为关怀两方利益起见，可亲自确定地界。这是规定。

266. “我已将有关划定边界的法律充分说明。现在我要将关于语言伤人的决定告诉你们。

267. “刹帝利辱骂婆罗门应处一百钵那罚金；吠舍处一百五十或二百，首陀罗处体刑。

268. “婆罗门辱骂武士种姓的人处五十钵那罚金；辱骂商人种姓处二十五；辱骂首陀罗处十二。

269. “再生族侮辱同种姓人处十二钵那罚金；讲人坏话，一般应加倍处罚。

270. “最低种姓的人以骇人听闻的坏话，辱骂再生族，应割断其舌；因为他出自梵天的低下部分。

271. “如果他以污辱方式提到他们的名和种姓，可用十指长的刺刀，烧得通红，穿入他的口内。

272. “如果他厚颜无耻，对婆罗门的义务提出意见时，国王可使人将沸油灌在他的口内和耳朵内。

273. “对于因傲慢而妄自否认圣学，诞生地，种姓，入门式，以及其他适应其种姓的净法的人，应强制缴付二百钵那罚金。

274. “如责斥旁人为目眇、跛子或患类似疾病，虽系实话，亦应处以一迦尔刹钵那的小额罚金。

275. “咒骂父母、妻子、兄弟、儿子或教师者，应处一百钵那罚金，拒绝给师长让路者亦然。

276. “善断的国王对互相辱骂的婆罗门和刹帝利应处以下罚金：婆罗门应处较低罚金[①]，刹帝利处中等罚金。

① 较低罚金250钵那；中等罚金500钵那，见本卷第138节。

277. “同样处罚应该根据种姓[①]准确实施于互相辱骂的吠舍与首陀罗间，而不割断其舌。这是法律规定的。

① 即吠舍处较低罚金，首陀罗处中等罚金。

278. “语言辱骂的处罚方式已备述如上，现在我要向你们宣讲关于虐待的法律。

279. “出生低贱的人无论用哪个肢体打击出身高尚的人，这一肢体应被切断。这是摩奴的命令。

280. “举手或举棍打击出身高尚的人，应割断其手；如动怒而以脚踢者，应割断其脚。

281. “种姓低的人竟敢和种姓最高的人同席者，应在其臀部打烙印，然后加以驱逐，或者，国王使人切伤其臀部。

282. “如果他向婆罗门傲慢吐痰，国王可使人切去他的两唇，如果他向婆罗门放尿，切去其阴茎，如果他在婆罗门面前放屁，切去肛门。

283. “如果他抓人（婆罗门）头发，抓人两脚、胡须、脖颈或阴囊时，国王可无需踌躇使人断其两手。

284. “如果一个人抓伤同种姓人的皮肤，或使其流血者，应处百钵那罚金；伤在肉内时，处六尼什伽[1]；骨折时，处流放。

① 见第137节。

285. “伤害大树，应该缴付与其用处和价值相应的罚金：这是规定。

286. “给人或畜以引起剧烈痛苦的打击时，国王应该按照打击造成痛苦的大小来处罚打击者。

287. “打坏肢体造成创伤或出血时，肇事人应该缴付治愈费用；或者，如果他拒不缴付，应处以缴付费用并罚金。

288. “损坏人家财产者，无论有意无意，应该赔偿，并向国王缴付与损害相等的罚金。

289. “损害皮革或皮袋，木制或土制家具，花，根或果实时，罚金应该五倍其价值。

290. “对于车、车夫、车主，贤者认为有十种情况可免处罚金；此外其他一切情况规定处罚金。

291. “鼻勒[1]偶然破坏，轭折断，车由于地势崎岖倾斜行[2]，或触碰某东西时；车轴断或车轮破碎时；

① 鼻勒，直译鼻绳。在牡牛鼻内施行切除后，使绳穿过鼻孔来牵它。
② 可能是：‘当车子颠覆时’。

292. “肚带、马络或缰绳折断时；车夫喊：‘当心！’时，摩奴宣布遇有此十种情况中的这种或那种情况时，不应该对事故处任何罚金；

293. “但，由于车夫笨拙，车离正道，发生某种不幸事故时，车主应处二百钵那罚金。

294. “如果车夫善于驾驭而疏忽大意，应处罚；但如车夫笨拙，乘客应各缴一百钵那罚金。

295. “如果车夫在路上和牲畜或其他车辆相撞，由于自己的过失而致有伤生物时，毫无疑问，应该按照以下规定判处罚金：

296. “如果死人时，应该立即处以相当于盗窃立即缴付的罚金[①]；如果是大牲畜，如牝牛、象、骆驼、马等，罚金减半；

① 即一千钵那的罚金。

297. “如为价值小的牲畜，罚金二百钵那；野兽如鹿和羚羊，悦目鸟类如天鹅、鹦鹉，罚金五十钵那。

298. “驴、雄山羊、雄绵羊，罚金应为五银摩刹，杀死一条狗或一口猪只处一摩刹。

299. “妻子[①]，儿子，仆人，学生，较小的胞弟犯了某种错误时，可以绳或竹杖责打。

① 另有一位立法家有相反的命令：“一个妇女虽犯百过，即使用一朵花打击她也不可。”（《汇编》第二卷，第209页）

300. “但常要打在身体的后部，绝不可打在重要器官上，不如此打，处与盗窃同样的惩罚。

301. “关于虐待的法律，已全部加以说明；现在我要将处罚盗窃的规定宣示给你们。

302. “国王要以最大努力从事镇压盗匪；由于镇压盗匪，他的声誉和国家得到最大的发展。

303. “使善人免于畏惧的国王，当然应常受尊敬；因为他可以说是完成了一种永久的祭祀，永久祭祀的祭品是防止危险的保证。

304. “一切善行的功德，其六分之一归于保护人民的国王；恶行的六分之一，归于不注意保护臣民安全的国王。

305. “凡人读圣典，祭祀，布施，敬礼诸神所获果报的六分之一，理应归于给予他以保护的国王。

306. “国王公正地保护一切物类和惩罚有罪，就完成了伴有十万种祭品的祭祀。

307. “不保护人民而征收捐纳[①]、赋税、货品税、每天的花、果、蔬菜等贡品和罚金的国王，死后立即堕入地狱。

① 此处捐纳应被理解为田地出产的六分之一。

308. “这一个不保护人民而取得田地六分之一的收益的国王，被贤者认为是将人民一切罪恶取为己有者。

309. “要知道，无视圣典教训，否认来世，积不义财，不保护臣民，而侵吞其财产的国王，注定要堕入地狱。

310. “为镇压坏人，国王可坚持使用三种方法：拘捕、镣铐和各种体刑。

311. “国王由于镇压坏人、爱护善良而经常净化，有如婆罗门由于祭祀而净化。

312. “欲灵魂得享安宁的国王，要不断宽恕那些怒骂自己的诉讼者、儿童、老人和病人。

313. “对于苦恼的人辱骂自己予以宽恕，这种人将为此在天界受到尊敬；但恃强傲物的怀恨者，将为此堕入地狱。

314. “盗取婆罗门金钱者，应该疾趋国王处，蓬松其发，自首偷窃，说：‘我犯了这种罪行，请惩办我’；

315. “他应该在肩上背着铁棍，或迦底罗[①]木杖，或两头尖的枪，或铁棒。

① 学名：Mimosa catechu。

316. “盗贼无论被国王击打而死，或视为已死被弃而尚余残生者，其罪恶都被赦免；但如国王不加以惩处，盗贼的罪过归于国王。

317. “杀胎儿者[①]转嫁其罪于食其调制的食物的人；奸妇转嫁其罪于容忍其不贞的丈夫；忽视宗教义务的学生转嫁其罪于不对其监督的教师；举祭而不遵从仪式者转嫁其罪于疏忽的主祭人；盗贼转嫁其罪于宽恕他的国王；

① 或根据注疏，作“杀害婆罗门者”。

318. “但，因犯罪而受国王惩处的人，免去一切罪污，和善行的人一样清洁，直赴天界。

319. “盗取水井的绳子或水桶者，以及破坏公用水源者，应处一金摩刹[①]罚金，并使物品恢复原状。

① 见第134节。

320. “体刑应该施于偷窃十坎巴[①]以上谷物的人；不足十坎巴时，处偷窃价值十一倍的罚金，并将财物归还原主。

① 一坎巴是二十陀罗那。根据威尔逊《梵文辞典》，它相当于三蒲式耳多一点。兰蒲式耳等于一公石。根据注疏，一坎巴等于二十陀罗那；一陀罗那等于二百钵罗。

321. “对于盗窃一百钵罗[①]以上计重出卖的贵重物品，如金银或华美的衣服等，要同样施加体刑。

① 见第135节。

322. “偷窃五十钵罗以上的上述物品，应断其手；不足五十钵罗，国王应处以该物品价值十一倍的罚金。

323. “抢夺名门世家的人，尤其是妇女，和价值高贵的珠宝，如钻石等，盗匪应处死刑。

324. “偷取大牲畜、武器和药品时，国王可在考虑其时间和动机后，加以处刑。

325. “偷窃属于婆罗门的牝牛而穿其鼻孔[1]，以及掠夺婆罗门的牲畜，歹徒应被立即切断半只脚。

① 穿鼻孔是为了把鼻勒放在里面，牵之使行，用作驮兽。

326. “偷线、棉花、酒类酵母、牝牛粪、粗糖，凝乳、牛奶、奶油、水或草。

327. “汲水竹篮、各种盐类、陶壶、陶土或灰。

328. “鱼、鸟、油、酥油、肉、蜜，或一切来自兽类的东西，如皮、角、象牙等。

329. “或其他不大重要的物品、酒、粥，或各种食品，罚金是偷窃物价值的两倍。

330. “偷花，偷青谷，偷灌木、藤蔓、小树，及其他未脱粒粮食，达到一个人的负荷量者，罚金根据情况为五个金或银柯利什那罗。

331. “对于已脱粒或播扬过的粮食、蔬菜或根、果，如偷者和所有者中间无任何关系，罚金一百钵那，如中间有关系，罚五十。

332. “在物主面前，强取物品是抢夺；物主不在时，是偷窃，接受人家东西后不承认者也是盗窃。

333. “上述物品在准备使用时偷取者，国王可处一等罚金[1]；由祭坛内盗取圣火者亦然。

① 即250钵那罚金。

334. “盗贼无论以何种方式使用任何肢体害人，国王应该使人切断它，以免他重犯该罪。

335. “父亲、教师、朋友、母亲、妻子、儿子和导师不履行义务，国王不应听任其不受处罚。

336. “出身低微的人被处一伽尔刹钵那罚金时，国王应被处一千钵那罚金，应将罚款投在河内[①]或给予婆罗门：这是规定。

① 水神是惩罚之神。

337. “首陀罗不论偷何物，其罚金应比寻常处分重八倍；吠舍重十六倍；刹帝利重三十二倍；

338. “婆罗门重六十四倍或百倍，或者，当他们中的每一人都充分了解自己行为的善恶时，甚至重一百二十八倍。

339. “但取没有加以围护的大树的根、果，或取木片以供圣火，或取草以喂牝牛，被摩奴宣布不是盗窃。

340. “婆罗门了解情况仍接受自取的而非人家给予的物品，作为祭祀或教授圣学的代价，应受惩罚与盗贼同。

341. “但再生族旅行时，行囊极其空乏，如果在人家田间取食甘蔗，或两块小根，不该缴付罚金。

342. “拴缚属于人家的未拴缚家畜，或放开人家拴缚的家畜，以及弄走人家奴隶、车、马者，应受惩罚与盗贼同。

343. “国王执行这些法律镇压盗贼时，今生得光荣，死后得最高幸福。

344. “国王欲取得世界统治权和永久不渝的光荣，不可有一瞬间容忍犯有如纵火、抢劫等暴行的人们。

345. “从事暴行者应该被认为远比诽谤者、盗贼和以杖击人者罪恶更大。

346. “容忍暴行罪犯的国王趋于灭亡，招致公愤。

347. “国王绝不可照顾友谊或贪得巨大利益，而释放在一切物类中间散布恐怖的暴行犯。

348.“再生族在履行义务时被搅乱，和再生族种姓突遭灾祸时，可拿起武器。

349.“在争斗中为了自卫，为了捍卫神圣权利，以及为了保护妇女和婆罗门而正当杀人者，不构成犯罪。

350.“无论何人向自己扑来行刺而无法逃走时，即使来者是教师或儿童、老人，甚或精于圣典的婆罗门，也应该毫不踌躇地杀掉他。

351.“公然或私下杀死企图进行暗杀的人，毫不构成杀人罪：这是以暴对暴。

352.“喜好诱人妻子者，国王可处以羞辱的腐刑，然后加以流放。

353.“因为由于通奸而在世间产生种姓混合，由于种姓混合而产生破坏义务、毁灭人类、惹起万物的灭亡。

354.“和人家妻子私语并曾被控告操行不正者，应处一等罚金；

355.“未曾受人类似指控而以正当理由和人家妇女接谈者，不应该受任何惩罚；因为他没有犯罪。

356.“在巡礼的圣地、森林或树林间，或两河的交流处，即在僻静地方和人家妇女交谈者，应受奸淫的惩罚。

357.“对妇女献殷勤，送花朵和香料给她，同她嬉戏，接触她的装饰品或衣服，和她同坐一床，被贤者看做是淫乐的表现。

358.“接触已婚妇女的乳房，或以猥亵方式接触其身体的其他部分，并许可妇女这样接触自己者，是和奸行为。

359.“首陀罗侵犯婆罗门妇女应处死刑；在各种姓中，主要是妇女应该不断受到保护。

360. “行乞者，歌颂者，业已开始祭祀的人，以及低级工匠如厨师等与已婚妇女谈话时，可不加反对。

361. “任何人在遭到陌生妇女所属的男人的禁止时都不得和这些妇女们交谈，遭到禁止仍与她们交谈时，应缴付一修波尔那罚金。

362. “这些规定不涉及跳舞和歌唱者的妻子，或靠妻子淫荡为生者的妻子；因为这些人招徕人并提供和自己妻子谈话的机会，或自己躲藏，以利他们幽会。

363. “然而，和妇女或和从属于一个主人的使女，或和外道尼姑有特殊交往者，应被处小额罚金。

364. “侵犯青年女子者应该立即处体刑；但如因该女子同意而享受她，又属同一种姓时，不被惩处。

365. “如果青年女子爱上比她种姓高的男子，国王应该使她缴付哪怕是最小的罚金；但如她恋恋于一个种姓较低的男子，应被幽闭家中，严加看管。

366. “出身低贱的男子向种姓高的女子求婚者应处体刑；如向同种姓女子求爱，得其父同意时，可给予例行馈赠，并娶以为妻。

367. “男子由于傲慢不逊，以其手指接触，强污一青年女子时，可立即断其二指，另处六百钵那罚金。

368. “如此青年女子同意，这样亵污她的男子又为同一种姓时，不应断指；然应处二百钵那罚金，以免再犯。

369. “一个少女以手指接触，污辱另一少女时，可处二百钵那罚金，交纳两倍的妆奁费于该女之父，并被鞭打十下。

370. “但妇女以同样方式亵污少女时，应立即根据情况削其发，断其指，并应该使她骑驴游街示众。

371. “妇女以家世和身份自负，不忠于夫，国王可在人众杂遝之区，使狗吞食她。

372. “要判处她的从犯即奸夫在烧红的铁床上烧死之刑，行刑人应不停以木柴添火，直至此坏人被烧死。

373. “已经一度被认为是罪犯，一年后又被人控告犯奸者，应加倍处罚金；又和被开除者的姑娘或旃陀罗妇女同居时亦然。

374. “在家被监护或不被监护的头三个种姓的妇女，首陀罗男子和她发生犯罪关系，如果她是不被监护的，就砍掉这个男子的犯罪肢体，并剥掉其全部财产；如果她是被监护的，这个男子就将失掉一切，即财产和生命。

375. “吠舍和被监护的婆罗门种姓妇女通奸，拘捕一年后剥夺其一切财产；刹帝利处一千钵那罚金，并被剃头，浇以驴尿。

376. “但如吠舍或刹帝利和不被丈夫监管的婆罗门妇女发生犯罪关系时，国王可使吠舍缴五百钵那罚金，刹帝利缴一千钵那罚金。

377. “如果两者和一个被丈夫监护具有高贵身份的婆罗门妇女共犯奸淫时，应该受和首陀罗一样的处罚，或被草火或芦苇火烧死。

378. “婆罗门强奸被监护的婆罗门妇女，处一千钵那罚金；如为和奸，就仅处五百。

379. “在其他种姓犯奸应处死刑时，婆罗门奸夫则被规定以可耻的剃发来代替死刑。

380.“婆罗门虽犯下一切可能犯的罪恶,国王应避免杀害他,可留给他全部财产,毫不加害地将他流放国外。

381.“在世界上没有比杀害婆罗门更大的罪恶,因此国王甚至不应该萌处死婆罗门的念头。

382.“吠舍男子和武士种姓中被监护的妇女有犯罪关系,刹帝利男子和商人种姓中妇女有犯罪关系,两者均应处和不被监护的婆罗门妇女犯奸罪一样的处罚。

383.“婆罗门男子和上述两种姓被监护妇女通奸,应判处一千钵那罚金;刹帝利或吠舍种姓男子和奴隶种姓妇女犯奸,要判处一千钵那罚金。

384.“奸污不被监护的刹帝利妇女,吠舍罚金五百钵那;刹帝利则应该剃头,浇驴尿或付罚金。

385.“婆罗门男子和武士种姓、或商人种姓、或奴隶种姓不被监护的妇女发生性交,应处五百钵那罚金;如为杂种种姓妇女,处千金。

386.“国内没有盗贼、奸夫、诽谤者,没有犯暴行或虐待罪者,其国王可取得娑柯罗神[①]的住所。

① 娑柯罗(Sakra)是天王因陀罗的名称之一。

387.“国王在受其统治的国家内,镇压此辈五人,可使自己高出同一地位的人而扬名于世。

388.“抛弃祭司的祭主和抛弃祭主的祭司,由于他们每人都能完成义务而并无大过,各处一百钵那罚金。

389.“母亲、父亲、妻子、儿子都不应该被遗弃,遗弃其中一人并未犯有大过者,应处六百钵那罚金。

390.“再生族对涉及其住期的事项发生争执时，国王如欲其灵魂获救，切戒自己解释法律。

391.“国王对他们给予应有的礼遇，并先用善言抚慰后，可在多数婆罗门帮助下，使之认识其义务。

392.“婆罗门设筵招待二十个再生族，住在自己毗邻或后面的邻人有资格被邀请而不加以邀请时，应处以一银摩刹罚金。

393.“非常精于圣典的婆罗门在例如婚筵的喜筵中，不邀请其同样渊博有德的婆罗门邻人者，应被判处缴双倍筵费于该婆罗门和一金摩刹于国王。

394.“盲人、白痴、跛子，七十岁老人，为精通圣典的人尽力效劳者，任何国王都不应向他课税。

395.“国王应该始终尊敬知识渊博的神学家、病人，苦于忧患的人，儿童、老人、穷人、出身高贵的人和德高望重的人。

396.“洗衣工应该在娑尔摩利木[①]制的光板上慢慢地洗顾客的衣服，不应该把别人的衣服弄混，或叫别人穿着它们。

① 印度产木棉树，学名 Bombax heptaphyllum。

397.“人家交给织布工十钵罗棉线，因为加入了米浆，他应该交还重十钵罗以上的织品，否则，他应交付十二钵那罚金。

398.“人们要熟知在何种情况下可以征税，应熟悉各种商品，评定他们的价格，国王可预征其利润的二十分之一。

399.“商人由于贪婪，输出曾被宣布属于国王专卖的商品，或禁止输出的商品时，国王可将其财产全部没收。

400.“偷漏税者，买卖不合时宜者，或妄定商品价格以欺人者，都应处八倍于商品价格的罚金。

401.“国王要对各种商品加以考虑,如商品来自外国,则应考虑输入的距离;如商品要输出,则应考虑输出的距离;已保管多少时间,可取得的收益,已消耗的费用也应加以考虑,然后规定买卖的准则。

402.“国王可在每十五天或每半月内,根据商品价格变动的多少,当上述行家之面,规定商品价格。

403.“贵金属价格和度量衡,应由国王准确决定,并每隔六个月重新检查一次。

404.“空车渡河通行税一钵那,负重的男子半钵那,动物如牝牛或妇女四分之一钵那,空行男子八分之一钵那。

405.“载运货物包的货车应该根据价格缴税;车厢空者缴小额税,穿着破烂者亦然。

406.“遇航程遥远时,舟船运输费要和时间与地点相适应;但此处应指内河航行;海上航行无规定舟船税。

407.“两月或两月以上的孕妇,乞食行者,林栖者,带梵志期标志的婆罗门都不应缴纳任何通行税。

408.“由于船夫们的错误在船中丢失任何物品时,船夫们应集资偿还同样物品。

409.“以上是由于船夫的错误而在乘船行程中发生不幸事件时的有关规定;但对于不可避免的事故,则不能使人偿还丝毫。

410.“国王要命令吠舍经商、放贷、耕地或畜牧;命令首陀罗事奉再生族。

411.“刹帝利和吠舍遭遇穷困时,婆罗门出于同情可予以支持,使他们完成适于他们的工作。

412. “婆罗门由于贪婪，滥用权势，违反入门再生族的意愿，使他们从事奴隶工作时，应被国王处六百钵那罚金。

413. “但首陀罗无论是买来的或不是买来的，都应强制他们从事奴隶工作；因为他们是被自存神创造来事奉婆罗门的。

414. “首陀罗虽被主人解放，但不能摆脱奴隶地位，因为这种地位对他是天生的，谁能使他摆脱呢？

415. “奴隶有七种，即：在行伍中或战斗中捕获的俘虏，为了衣食而为人服役的家奴，在主人家生于奴隶妇女的奴隶，被买来或被赠予的奴隶，由父子相传为奴者，不能清偿罚金被罚为奴的奴隶。

416. “妻子、儿子和奴隶被法律宣布为不能自己占有任何财产；其所能取得的一切是其所从属的人的所有物。

417. “婆罗门穷困时，可完全问心无愧地将其奴隶首陀罗的财产据为己有，而国王不应加以处罚；因为奴隶没有任何属于自己所有的东西，他不占有主人不能夺取的任何所有物。

418. “国王可尽一切努力强制吠舍与首陀罗履行其义务；因为如果这些人背离其义务，足以搅乱世界。

419. “国王每天应注意了结已着手做的事务，并了解其车马随从的情况，固定的收支、矿山的出产和国库的收入。

420. “国王按照规定方式裁决一切事务，可避免一切错误而达最高境界。

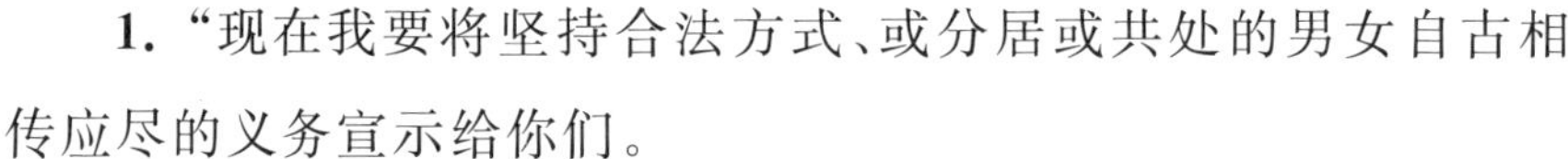

第九卷　民法与刑法
商人种姓和奴隶种姓的义务

1. “现在我要将坚持合法方式、或分居或共处的男女自古相传应尽的义务宣示给你们。

2. “妇女应该日夜被其监护人置于从属地位；虽生性非常喜爱无罪而合法的快乐，但也应当服从其所从属者的权力。

3. “妇女幼时处在父亲监护下，青春期处在丈夫监护下，老年时处在儿子保护下；妇女绝不应任意行动。

4. “父亲不及时嫁女应受谴责；丈夫不及时接近妻子应受谴责；丈夫死后，儿子不保护母亲应受谴责。

5. “妇女的不良倾向，虽极微小，也应加意防范；如妇女不被监护，可能给两家带来不幸。

6. “丈夫无论如何孱弱，但考虑到这是各种姓的最高法律，也应对其妻子的操行特加注意。

7. “因为丈夫维护妻子就维护了他的子孙、他的习惯、他的家庭、他自身和他的义务。

8. “丈夫使妻子怀胎，借胎儿形再生胎内，这时妻子被称为阇耶(Djaya)，因为丈夫再生(djâyaté)在她身上。

9. “妇女始终生育与生之者具有同样身份的儿子；因此丈夫

应该注意监护其妻，以确保子孙的纯洁。

10. “没有人可用强制方法使妇女履行义务；然而，利用以下方法可以完全取得成功：

11. “丈夫可将收入和支出、物品和身体的清洁工作、履行宗教义务、做饭、保养家用器具等工作指定妻子担任。

12. “妇女闭居家中，处在忠实可靠的男人的监护下，并不保险；她们只有出于自愿自己监护自己才是非常保险的。

13. “饮酒、和坏人为伍、与丈夫别居，到处游荡，睡眠不时，住在另外一个男子的家里：这是已婚妇女的一种丑行。

14. “这样的妇女不讲究美貌，不限定年龄；情人美丑无关紧要；只要是男子，就加以享用。

15. “由于她们喜爱男子、脾气无常和天生薄情，对她们徒然加意防范，她们是不忠于丈夫的。

16. “认识到创世时造物主赋给她们的特性，丈夫应对她们严加监护。

17. “摩奴给了妇女们对卧床、座位和穿戴装饰的爱好，以及情欲、愤怒、恶习、做坏事的念头和邪僻等的禀性。

18. “对于妇女举行仪式时不伴诵任何咒文，法律是这样规定的；不懂法律和除罪咒文的犯罪妇女就是虚伪本身：这是规定。

19. “因为，在圣典中可以看到好多指出她们真正本性的章句；现在你们可以学习一下圣典中可以用作除罪的章句：

20. “‘我的母亲不忠于她的丈夫，在另一男子家里玷污的血统，愿我父亲清洁它！’这是儿子知道母亲罪过时应该念诵的咒文格式文句。

21. “如果妇女内心可能怀有任何不利于丈夫的思想时，这一咒文被宣布为可以完全对儿子而不是对母亲除去罪恶。

22. “妇女以合法婚姻与之结合的男子，无论男子的品位如何，妇女本人也取得这些品位，有如河流与海洋结合。

23. “出身低微的妇女阿阇摩罗与跋息什多结合，娑兰吉与曼陀钵罗[①]结合，取得非常贵显的地位。

① 曼陀钵罗(Mandapâla)是一位圣者或仙家。

24. “这些以及其他一些同样出身低贱的妇女，都由于丈夫的善德而在此世达到崇高的地位。

25. “这些是关于男女应遵行的始终纯洁的高尚行为的规定；现在你们可以学习一下涉及子孙以及决定今生和来生幸福的法律。

26. “因欲生子而与丈夫结合、幸福完备、值得尊敬、为家庭带来光荣的妇女，简直是一位幸运的女神；其间没有任何区别。

27. “生子，生子后养育，每天操持家务：这是妇女的义务。

28. “子孙，执行宗教义务，殷勤照料，最甜蜜的快乐，祖灵以及丈夫本人的天界[①]，都仅仅来自妇女。

① 人们只有留下供祖灵、奉香火、保证亡灵来生幸福的子孙，才得进入天界。

29. “不悖于丈夫，思想、语言、身体都纯洁的妇女，死后抵达和丈夫一样的住所，被善人称为贤德的妇女；

30. “但，操行不正获罪于夫的妇女，今生遭受耻辱；死后投生豺狼腹内，苦于肺痨和象皮病等疾患。

31. “现在你们可以学习一下关于子孙，涉及一切男子，被贤者和太初即生的大仙们所宣布的有益的法律。

32. “他们将男孩看做是妇女之夫的儿子；但关于夫，圣典提供了两种意见：一种认为生儿者是夫；另一种则认为母亲所属者是夫。

33. “法律将妇女看做是田地，将男子看做是种子；田地与种子结合而一切生物得以发生。

34. “在某些情况下，男性生殖力特别重要；在另外一些场合则女性的子宫特别重要：当两者相等时，所生子孙特别值得敬重。

35. “如果将男性生殖力和女性生殖力加以比较，则男性生殖力被认为更优越，因为一切生物的子孙，都表示男性能力的特征。

36. “在适当季节准备好的田间无论投下何种种子，此种子必将发育成为具有明显特性的同一种类的植物。

37. “毫无疑问，此土地被称为物类的原始胎胞；但种子在成长过程中，不发育胎胞的任何特性。

38. “在这大地上，在同一耕作的田地上，农民及时播种的各类种子，各以其固有的种子来发育。

39. “各种稻类①，牟陀伽豆②，芝麻，摩遮豆③，大麦，大蒜，甘蔗，各以种子的性质发芽。

① 原文引证了叫做 Vrichi 和 Sâli 的两种稻类。
② 学名 Phaseolus mungo。
③ 学名 Phaseolus radiatus。

40. “种上这种植物而发生他种植物，是不可能的事情；无论种什么种子，只能发生什么植物。

41. “因而，有识见，有教养，精通吠陀及其分支，并欲获得长生的男子，绝不可将种子撒在人家田地上。

42. “熟悉古代的人们，可反复诵读伐优神就此题目所唱的诗歌，伐优神指出不应该将自己种子撒在人家田地上。

43. “有如猎人的箭徒劳无益地射在另外一个猎人对羚羊所射的伤口内，同样，男子的种子撒在人家田地上，对他来说就立即丧失了。

44. “熟悉古代事物的贤者们总是将这大地看做是国王普利都[1]的妻子，他们断言耕好的田地是披荆斩棘首先开辟者的财物，而羚羊属于给它以致命打击的猎人[2]。

① 见第七卷第42节。

② 同样，由于时间有先后，儿童归于妻子的丈夫，而不归于儿童的真正的父亲。

45. “只有由妻子、自身、儿子三结合构成的人才是完人；婆罗门也宣布过这一格言：‘丈夫和妻子只形成一人。’

46. “出卖和遗弃都不能使妇女脱离丈夫的权力；我们是这样认识过去由造物主公布的法律的。

47. “分配继承财产权仅只一次，姑娘字人仅只一次，父亲说：‘我将她许配’，仅只一次：这些是善人们一劳永逸的三事。

48. “牡性动物的所有主对于牡性动物与牝牛、牝马、牝骆驼、女奴隶、牝水牛、牝山羊、牝绵羊所生的下一代没有权利；同样情况也适用于人家的妻子。

49. “没有田地，但有种子，而播在人家田地的人，不能得谷物产生的任何果实。

50. “牡牛与人家牝牛交尾而产生百只小牛，则这百只小牛归牝牛主人所有，而牡牛徒然宣泄其精液。

51. “所以，自己没有田地[1]而播种于他人田地是为地主效劳；这时，播种人不能从种子上取得任何收益。

① 这里应该理解为没有结婚而和人家妻子发生关系者。(注疏)

52. “除非地主和种子所有人曾就产品问题缔结过契约,产品显然归于土地的主人;土地[①]比种子更加重要;

① 原文作胞宫。

53. “但当通过特殊契约将地给人播种时,其产品在这世界上被宣布为种子所有人与田地主人的共同财产。

54. “风、水将种子带到他的田间而发生的作物归于他:播种于人田者毫无收获。

55. “这是关于牝牛、牝马、女奴、牝骆驼、牝山羊、牝绵羊、牝鸡和牝水牛的小仔的法律。

56. “田地与种子的轻重,我已经宣示给你们;现在我要将关于无子妇女的法律加以阐述。

57. “兄的妻应被看做是弟弟的岳母,弟弟的妻应被看作是兄的儿妇。

58. “兄和弟妻性交,弟和兄妻性交,除已婚无子者外,虽然是被丈夫和父母邀请做的,都成为堕姓人。

59. “无子时,其所希求的子孙,可由经过适当许可的妻子与兄弟或其他(撒宾陀)亲族交合来取得。

60. “承担此任的亲族,被浇以酥油后,可保持缄默地在夜间接近寡妇或无子的妇女而生一子,但绝不可生第二子。

61. “一些熟知此问题的人,基于此举的目的可能不因只生一子而完全达到,认为妇女可以合法地以此方式生第二子。

62. “此举的目的一经达到,根据法律,大伯和弟妇可互相对待如翁媳。

63. “然而，承担此任的兄或弟不守规定的义务，但求满足自己的欲乐者，在两种情况下将成为堕姓人：如为兄长，有如奸污其儿妇；如为弟，有如奸污其师母。

64. “寡妇或无子之妇，再生族不宜准予从另一男子妊娠；因为准许她从另一男子妊娠的人，破坏古来的法律。

65. “在关于婚姻的圣典原文中从未谈到这样一种委任，婚姻法中也没有提到过寡妇可以再婚。

66. “因为这种仅仅适用于禽兽的行为，曾为婆罗门学者严加谴责；但据说它曾在吠那（Véna）统治时期在人们中间流行过。

67. “这位国王过去曾将全世界置于其统治之下，并仅仅为了这一点而被认为是罗遮仙[1]中最著名的，他欲令智昏，使种姓之间产生混乱。

① 罗遮仙（Râdjarchis），王族种姓的圣者或仙家。

68. “自此以后，有德之士就对为欲得子而妄自邀请寡妇或无子妇女接受另一男子的抚爱者加以责难。

69. “然而，当少女的丈夫于订婚后死去，丈夫的胞弟，可根据以下规定，娶以为妻：

70. “按照礼制，将此应该着白服、操行纯洁的少女娶过后，可常在适当时期接近她一次，直到她妊娠为止。

71. “贤明的人将姑娘给予某人后，不可考虑给予他人；因为姑娘已经给人而再另外给予时，和在关于人的诉讼中[1]作伪证的人一样，同属有罪。

① 见第八章第98节。

72. “虽按照规定娶过一个少女，但如果她有凶相、有病容，或有被奸污的迹象，或有人骗娶过她，男子仍得遗弃她。

73. “如果一个人将有缺陷的姑娘字人，事先未加以说明，丈夫可取消将姑娘给他的这个坏人的契约。

74. “丈夫有事出国，应在保证其妻的生活后方可离去：因为即使是有德的妇女，为穷苦所迫，也容易失足。

75. “如果丈夫行前给了她生活所需，她要过苦行的生活；如果没有留给他任何东西，可操正当的手工业如纺线等维持生活。

76. “如果丈夫为履行宗教义务而离去，要等待他八年的时间；为学问或荣誉而去，可待六年；为快乐而去，可只待三年；逾期，可去和他再会面。

77. “丈夫可忍受妻子的憎嫌达一年之久，一年后仍然憎嫌，丈夫可取去她私有的东西，仅留给她衣食之需，停止和她同居。

78. “妻子轻视嗜赌、好酒或染病的丈夫，应被遗弃三个月，并被剥夺装饰品和动产。

79. “但憎嫌丈夫疯颇、犯大罪、去势、阳痿或染象皮病、肺痨者，不应被遗弃或剥夺财产。

80. “妇女耽于酗酒，操行不正，经常和丈夫冲突，染有类如癞病的不治之症，性格不好，挥霍财产者，应被另一妇女所代替。[①]

① 原文作‘停止其职务’——其丈夫可另娶。(注疏)

81. “不妊之妻可在第八年被代替；儿子都死者十年；只生姑娘者十一年；说话尖酸者立刻。

82. “但虽病而操行贞洁的好妻子，只有在她同意后才能被代替，又绝不可加以慢待。

83. “被人合法代替的妇女，愤怒离弃夫家者，可立即当全家面加以拘禁或休弃。

84. “妇女受到禁止后，还在节日酗酒，时常看戏、参加集会者，处六柯利什那罗罚金。

85. “再生族在本种姓和其他种姓中娶妻时，其席次、尊敬和住室，应该按照种姓等次按排。

86. “对于一切再生族，应该由同种姓的而不是由不同种姓的妻子来侍奉丈夫，和执行每天的宗教义务。

87. “但身边有同种姓妻子在，而愚昧地以其他种姓的妻子尽其义务，这种人始终被认为是生于婆罗门妇女和首陀罗男子的旃陀罗。

88. “姑娘虽未达到八岁的及笄年龄，父亲应按法律将她字给相貌宜人、同种姓出身的卓越青年。

89. “姑娘虽已及笄，与其被父亲给予没有好品质的丈夫，不如老死父家为好。

90. “姑娘虽已及笄，可等待三年，逾期，可自行在同种姓间择婿。

91. “不被字人的姑娘自动觅婿者，不犯任何罪过，其所觅的夫婿亦然。

92. “自择夫婿者不应带走得自父母或弟兄的装饰品，如果带走，犯盗窃罪。

93. “娶已及笄姑娘者不要给她父亲聘礼；因为父亲延迟她做母亲的时间，已失去对姑娘的支配权。

94. “三十岁的男子应该娶他所喜爱的十二岁的女子；二十四岁的男子娶八岁的；如宁愿结束学生期，以便家长义务不被推迟的人，可迅即结婚。

95. “丈夫虽娶诸神给予而对之并无情意的妻子，但如果她有德，也应常加保护，以悦诸神。

96. “妇女为产子而被创造，男子为生子而被创造；因而在吠陀中规定了应该由夫妇一起履行共同的义务。

97. “如果未婚夫给予姑娘聘礼，准备娶其为妻，如果未完婚死去，则姑娘同意时，可嫁给未婚夫的弟兄。

98. “虽首陀罗也不应该在嫁女时接受聘礼，因为父亲接受聘礼，是暗自鬻卖自己的女儿。

99. “将姑娘许人后又另行字人，在古今善人中绝无先例。

100. “即使在以前的创世中，我们也从未听说善人们接受所谓聘礼，暗自鬻卖自己的女儿。

101. “总之，互相忠实，直至老死，这是夫妇应遵守的首要义务。

102. “因此以婚姻结合的夫妇切忌离异和互失信约。

103. “夫妇恩爱的义务以及结婚无子时得子之道，都已对你们宣示了；现在你们可以学习一下应该如何分配继承的财产。

104. “父母故后，长兄弃权时，弟兄们可聚在一起，彼此平分父母的财产；父母俱在，除父亲自欲析产外，弟兄们没有这种权利。

105. “但长兄道德卓越者，可取得全部遗产，其他弟兄们应该生活在他的监护之下，一如生活在父亲的监护下。

106. “长子出生时，甚至在还没有接受净法之前，男子就已经变为父亲而清偿了对祖先的欠债[①]，所以长子应该取得一切。

① 无子嗣举行祖灵祭者，其祖先被排斥在天界之外。

107. “人由于长子出生，得以清偿其欠债，获得永生，故长子为完成义务而生；贤者认为，其他诸子系生于爱情。

108. “未析产时，长兄对诸弟要有父亲对儿子的情爱；诸弟应按照法律对待他如对待父亲。

109. “长子有德无德，可致家庭盛衰；在这世界上长子是最可尊敬的；长子不为善人所慢待。

110. “长兄有长兄所应有的作为者，应被尊敬如父母；无长兄作为者，应被尊敬如亲族。

111. “弟兄们可生活在一起，如欲分别履行宗教义务，可以分居；分居则祭祀增多，因而分居生活适于修德。

112. “长兄应该先取得遗产的二十分之一，并一切动产中最好的动产；二兄取得其一半或四十分之一，最小的取得其四分之一或八十分之一。

113. “长兄和最小的弟弟可按上述取得自己的一份，位于他们两者之间的，可各取得一中等份或四十分之一。

114. “长兄品质优于诸弟，可在所有财产中，取得最好的，一切在品种上最优越的，以及在十头牛中或其他家畜中最上等的。

115. “但在同样娴于完成义务的弟兄间，则并无先取十牲畜中最佳牲畜的权利；只应该给长兄少量东西，表示尊敬。

116. “如果依照上述方式实行先抽取权，则其余财产应该等分；如丝毫未先行抽取，则财产分配应以下述方式进行：

117. “长子可取得双分，次子如德学都超过别人的，可得一份半，诸幼子各只得一份，这是规定的法律。

118. “弟兄们可各从自己分配额中分出一部分给予同母的未

婚姊妹，使她们能够结婚；可给予他们自己分配额的四分之一，拒不给予者，要使之堕姓。

119. “只有一只雄山羊，一只绵羊或一只单蹄兽，不可被分配，即，在卖后分卖价；分配后余下一只雄山羊或一只绵羊，应归长子。

120. “如果弟弟经过许可与已故长兄之妻同居而生子，则在这个代表父亲的儿子和兼为其叔的生身父之间的分配，应该均等而无先取权，这是规定。

121. “寡妇和弟弟所生的儿子为代位继承人，代位继承人，除单一的一份外，不能代替主要继承人即已故长子，在遗产中先抽取一份的权利，主要继承人由于弟弟为其生子而成为父亲；此子根据法律只能取得与叔父相等的一份，而不是双份。

122. “幼子生于原配妇女，而长子生于后婚妇女，在应如何分配的方式上不无疑问。

123. “生于原配的儿子可在遗产中先取一只最好的牡牛，其它较差的牡牛给予由于母亲结婚较晚而低于原配儿子的人。

124. “原配所生的长子博学有德，可取得十五只牝牛和一只牡牛，其他诸子各依母亲带给他们的权利取得其余；这是规定。

125. “因为生于地位相等、无其他特殊之处的母亲的诸子没有来自母亲的优先权，故优先权取决于出生。

126. “在叫做斯跋波罗门耶（Swabrahmanya）的咒文中，呼求因陀罗天王的权利，被授给首先出生在世者；不同妇女出生两对孪生儿时，优先权归于首先出世者。

127. “无男儿者可以下述方式使自己的姑娘为自己生子，自语道：‘愿她所生的男孩变为我的男孩，并对我执行祖灵祭’。

128. “往昔，造物主达刹(Dakcha)就曾以此种方式指定他的五十个姑娘为他生子，以繁衍其家族。

129. “他将其中的十名给达摩(Dharma)[①]，十三名给迦息耶婆[②]，二十七名给婆罗门和药草之王苏摩[③]，完全满意地赐给她们装饰品。

① 达摩是称为司法神的阎摩的名称之一。

② 迦息耶婆是一位圣者，摩利俱之子，被认为是诸神、阿修罗和一些低级神灵的父亲。迦息耶婆的配偶——阏刹诸女中，主要有：阿底底(阿底底耶或诸神之母)和底底(底底阿斯之母)。

③ 苏摩的诸妻——阏刹的二十七女，是司二十七月宿的女仙。

130. “一个人的儿子好比自己，承担指定任务的姑娘好比儿子：那么，当他没有留下儿子，只有和自己同心同德的一个姑娘时，谁能继承他的遗产呢？

131. “凡母亲结婚时得到的东西，都归未婚的姑娘继承；姑娘为上述目的而生的儿子可继承已故而无子的外祖父的一切财产。

132. “一个姑娘为上述目的而结婚，其儿子可取得已故无子的外祖父的一切财产，并奉献两个祭饼，一献于亲父，一献于外祖父。

133. “儿子之子和这样结婚的姑娘之子，根据法律，在此世并无区别，因为前者的父亲和后者的母亲，两者都出自一人。

134. “姑娘被指定为父亲生子后为他生子时，在财产分配上应该是均等的，因为妇女没有嫡长权。

135. “如果姑娘这样被父亲指定为他生子后未及生子而死去，其丈夫可无迟疑地取得其全部财产。

136.“无论姑娘是否当丈夫面接受上述任务（父亲怀有此计划未予宣布），如果她和同种姓丈夫交合而生子，则外祖父因此儿子之生而成为有子之父，此子应该奉祭饼并继承其财产。

137.“一个人由于有子而上升天界；由于儿子之子而取得长生；由于孙子之子而升至太阳的住所。

138.“因为儿子拯救父亲于普陀（Pout）地狱，所以梵天亲自称他为地狱的救星（Poutra）。

139.“儿子之子和承担上述任务的姑娘之子，在此世没有什么区别；姑娘之子和儿子之子一样超度祖父于他世。

140.“为上述动机而结婚的姑娘之子，可献第一块祭饼于母亲，第二块祭饼于外祖父，第三块祭饼于外曾祖父。

141.“具有各种美德的儿子以下文将叙述的方式被给予人家时，此子虽出自其他家族，应继承全部遗产，但有嫡子时除外，因为这时他只能取得六分之一。

142.“被给予人家的儿子不再是他生身父家庭的成员，不应该继承其财产；祭饼从家族和遗产；将儿子给人的人，不再有此儿所献的祭供。

143.“未被准予从其他男子生子的妇女的儿子，以及丈夫的弟弟和已经有男儿的妇女所生的儿子都不适于继承，因为一则是奸夫之子，一则是淫欲所生的。

144.“妇女虽经准许，但未按照规定[①]生育的儿子，无权继承父亲的遗产；因为他是由堕姓人[②]生的。

① 见本卷第60节。

② 见本卷第63节。

145. “但由经过准许的妇女，按照规定所生的儿子，如果具有良好品质，则无论从那一方面说，都应如同丈夫嫡出子一样继承财产；因为这时种子和产品当然归于田地所有人。

146. “监护死去的弟兄的财产（包括动产和不动产）和他的妻子的人，为弟兄生子后，此子满六岁时，应将属于他的一切财产移交给他。

147. “妇女未经许可[①]，擅自和丈夫的弟弟或任何其他亲族野合而得子时，这个生于情欲的儿子被贤者们宣布为不适于继承遗产，枉自生在世间。

① 或按照琼斯和科尔布鲁克认为较好的另一见解是：“妇女虽被合法准许而和丈夫的弟弟或其他任何亲族生子时，但如果儿子系由怀有淫欲的男子所生，则被贤者们宣布为不适于继承遗产，枉生世间。”（《法律汇编》）

148. “上述规定，只应该理解为事关同种姓妇女所生诸子间的分配问题；现在你们可以学习关于若干不同种姓妇女所生诸子的法律。

149. “如果一个婆罗门娶了依正顺序属于四个种姓的妇女，都各有子时，分配的规定如下：

150. “耕田奴、种牛、车乘、珠宝首饰和上房，应先从遗产中扣除，连同较大部分的遗产，给予婆罗门妇女的儿子，因为他有优越性。

151. “婆罗门取得其余财产的三份；刹帝利妇女之子取得两份；吠舍之子一份半；首陀罗之子只一份。

152. “或者，精通法律的人，应将所有财产分做十份，不先做任何扣除，按照以下方式进行合法分配：

153. “婆罗门妇女之子得四份；刹帝利妇女之子得三份；吠舍

之子两份；首陀罗妇女之子只一份。

154.“婆罗门无论有没有三个再生族的妇女所生的儿子，法律禁止给予首陀罗妇女的儿子超过十分之一的财产。

155.“婆罗门、刹帝利或吠舍由首陀罗妇女所生的儿子，除有德者或其母亲系合法结婚者外，不得继承遗产；但父亲给予他的东西可作为他的财产。

156.“凡再生族的儿子，生于和丈夫同种姓的妇女者，应在诸幼子将优先分配额给予长子后，平均分配遗产。

157.“规定首陀罗要娶本种姓而不是其他种姓的妇女；一切由她所生的儿子应该得到相等的份额，即使有一百个儿子时亦然。

158.“生于自存神摩奴特别提出的十二种儿子中，六种是家庭的亲族兼继承人，六种非继承人，仅系亲族。

159.“合法结婚的丈夫的嫡出子，妻与兄弟依上述方式[①]所生的儿子，给予之子，养子，私生子或不知其父为谁的儿子，以及为生身父母丢弃的儿子，都是家庭的六种亲族兼继承人。

① 见本章第59、60节。

160.“未婚少女的儿子、已妊妇的儿子，买来的儿子，再婚妇的儿子，自荐的儿子和首陀罗妇女的儿子，是六种亲族而非继承人。

161.“渡经地狱黑暗的人，因为只遗下上述后十一种令人轻视的儿子，其命运和乘破舟渡水者无异。

162.“如果一个人有两个儿子作为其财产的继承人，其一是嫡出子，另一个是丈夫染了认为是不治之症时妻与某亲族在有嫡出子以前所生的儿子，这时两个儿子中的每一个人，各占有其生身父的财产，而不得另有对方财产。

163. “唯有男子的嫡出子才是父亲财产的主人；但为预防祸害，要保证其他诸子的生计。

164. “嫡出子在对父亲财产做出估价时，可给予妇女与亲族所生的儿子以财产的六分之一，或者，如其有德，给予五分之一。

165. “嫡出子与妻生子可直接依上述方式继承父亲财产，而上面顺序列举的其他十子（有前者时就不由后者）只继承家族义务和一部分遗产。

166. “丈夫本人和以结婚净法结合的妻子所生的儿子是嫡出子[①]，应视为地位最高。

① 嫡出子（ôrasa），原文意思是“生于其胸怀者”（ouras）。

167. “妇女因丈夫去世、阳痿或患病，按照规定，经许可与某亲族同居所生的儿子，叫做妻生子[①]。

① 原文是：“生于丈夫田地者”（Kchétradja）。

168. “父母互相同意，举行奠水式[①]，将和人家种姓相同又对人表示有情爱的儿子给予无子之人时，此子应视为给予之子。

① 译为“呼求水神”或许更好。这一译法系根据朗格鲁瓦先生出版的伟大历史神话诗《诃梨槃娑》（Harivansa）的一段译文，我认为译文系出朗格鲁瓦先生手笔。

169. “一个男儿和自己同种姓、知道执行祖灵祭的利益和怠忽它的恶果，又具有作为一个儿子令人尊重的一切品质，将他收为己子时，叫做养子。

① 原文是‘人为的儿子’。

170. “如果一个孩子生在某人家里，不知其父为谁，则这个秘密生在家里的孩子，归于生他的妇女的丈夫。

171. “一个小儿被父母遗弃后，或者父母中一人死去，被另一个人遗弃后，人家收为己子者，叫做弃儿。

172. “少女在父家秘密生子，此子变为少女所嫁丈夫的儿子，应该称他为少女的儿子。

173. “孕妇结婚，无论其妊娠是否为人所知，其所怀的男儿属于丈夫，并被称为和新娘一起接受的儿子。

174. “希望有一个儿子对自己举行祖灵祭的人，而从孩子的父亲或母亲那儿买来的孩子叫做买子，不管他出身是不是和自己一样好；因为对所有这些儿子们来说，要求有同样的种姓。

175. “被丈夫遗弃的妇女或寡妇，自愿再婚生子时，此子称为再婚妇之子。

176. “如果当她第二次结婚还是处女时，或者，离开非常年轻的丈夫追随他人后又回到他身边时，应该和她的再婚夫一起，或者，和她返回其身边的丈夫一起，再举行结婚仪式。

177. “儿童父母双亡，或被父母无故遗弃，自愿献身为人子者，称为自荐子。

178. “一个婆罗门由于淫欲和奴隶种姓妇女交合所生的儿子，虽享有生命亦如尸体，因而被称为行尸走肉。

179. “由首陀罗和他的女奴隶，或和他的男奴隶的女奴隶所生的儿子，如诸嫡出子同意[①]，可取得一部分遗产：这是法律规定的。

① 英俄译文都作：得其父之承认。——汉译者

180. “上述由妻生子开始的十一种儿子，被立法家认为可以依次代表嫡出子，以免祖灵祭中断。

181. “这十一种儿子这样称呼，是因为他们可以代替嫡出子，

而且他们是由其他男子所生，实际上是生之者的儿子，而非其他任何人的儿子；所以只有在没有嫡出子或自己女儿的儿子时，才应该取以为子。

182. “如果许多同胞兄弟间有一人得子时，摩奴宣布这些人由于此子而成为一个孩子的父亲；也就是说，这时孩子的叔、伯父不应该过继其他儿子；孩子可继承其遗产并对他们奉献祭饼。

183. “同样，同一丈夫的诸妻间，如有一人产子，其余诸妻由于此子都被摩奴宣布为一个男儿的母亲。

184. “十二种儿子中，凡没有顺序在前的任一种时，其顺序靠后并较低者应该继承遗产；但在若干人均具有同一条件时，他们均得继承遗产。

185. “应该继承父亲的遗产的，不是兄弟或父母，而是嫡出子及其儿辈，一个人没有遗下儿女或寡妇，其财产可归于父亲，父母没有时归于弟兄。

186. “奠水式应该对三代祖先举行，即父亲、祖父和曾祖父；祭饼应该奉献于此三者：卑亲属第四代是奉献此供物者，并在没有较近的继承人时，是继承其财产者；第五代不参加供献。

187. “死者的遗产归男女撒宾陀[1]（最近亲族）继承；无撒宾陀亲族及其子孙时，撒摩诺陀迦或远亲族可做继承人，或者，死者的宗教教师或者死者的学生做继承人。

① 在这种情况下，撒宾陀亲族的资格仅及于第四代，或卑亲属的第三级（《印度法汇编》第三卷第2页）。

188. “这些人都没有时，精通三圣典，身心纯洁、克制情欲的婆罗门可被召来继承财产，并因而应该奉献祭饼；这样，香火祭祀得以不绝。

189. “婆罗门的财产绝不应归于国王：这是规定；但在其他种姓，如所有继承人都缺乏时，国王可占有其财产。

190. “一个人死而无子，其寡妻与某亲族同居而怀男孩，则此男孩成年时，她应将丈夫所有财产给予他。

191. “如果同母异父，两父都相继死亡，两子对在母亲手中的遗产发生争执时，可各自取得其亲父的财产，而不得取得对方的财产。

192. “母亲死亡时，异父兄弟和异父未婚姊妹可平均分配母亲财产，已婚姊妹可接受与财产相适应的一份礼品。

193. “又，如果她们有姑娘，由于亲爱，给予她们外祖母财产中的一些东西也是适宜的。

194. “妇女个人私财产有六种，即：在婚姻圣火前给予她的，于归夫家之际给予她的；为表示亲爱给予她的；从兄弟、母亲或父取得的。

195. “她在婚后从夫家或娘家接受的礼品，或丈夫由于亲爱给予她的礼品，应该在她死后归于她的诸子，即在丈夫生存期间亦然。

196. “规定按照梵天、诸神、诸圣、天界乐师或造物主形式[①]结婚的青年妇女，死而无后时，凡她所有的都归于丈夫。

① 见第三卷第21以下各节。

197. “但规定，按照恶仙形式或其他两种形式结婚时，能够给予她的一切财产，如果她死而无子，都归父母继承。

198. “后三个种姓之一的妇女，其丈夫是婆罗门并有多妻者，如死而无子，凡父亲过去无论何时所能给予她的财产，都归于婆罗门妇女之女或其诸女。

199. “妇女绝不能将属于她和好多亲族的公共财产留为己用，丈夫财产未经其许可者亦然。

200. “妇女在丈夫生时所戴装饰品，不应该由丈夫继承人彼此之间相互分配；如予以分配，有罪。

201. “阉人、堕姓人、天生聋盲人、狂人、白痴、哑人和残废人，不得继承财产。

202. “但，凡有识的继承人，应尽可能给予他们衣食之需，以终其天年，此乃公平合理之事；不这样做，有罪。

203. “如果有时阉人等想要结婚，其妻按照规定与他人性交有孕得子时，此子可继承遗产。

204. “父亲死后，如果长兄和兄弟们同居，自己辛勤劳动有所得时，如兄弟们正在学习圣学，则他们应该各有其份。

205. “如果他们没有学习圣学而以劳动谋利时，则这些利益应该在他们彼此间相互平均分配，因为这些利益并非得自父亲，这是规定。

206. “但由圣学取得的财富，应独归挣取的人所有，就像朋友。给予的或结婚时接受的，或者赠给客人的物品一样。

207. “如果弟兄间有人可以利用自己职业积累财富，不需要父亲遗产时，应该在人家给他小额礼品后，放弃自己那一份，好使自己的孩子们以后不能提出要求。

208. “一个弟兄不损祖产、以自己的气力所得的东西，不要违背他的意愿拿来送人，因为那是他本人取得的。

209. “父亲以自己努力恢复己父不能恢复的财产时，不可违背他的意愿拿来分给他的诸子，因为那是由他自己取得的。

210. “如果弟兄们先分居后又合居，以便共同生活，以后再分家时，各分配额应该平等；在这种情况下没有嫡长权。

211. “分家时，长兄或诸弟中最小的由于过苦行生活而得不到份额，或其中有一人死亡时，其份额不得丧失。

212. “但是，如果他没有留下妻子儿女，又父母双亡时，他那些已将其份额合在一起的异父兄弟们，以及他的异父姊妹们可聚在一起相互间分配自己的份额。

213. “长兄由于贪婪损害诸弟，可取消其与嫡长权相联系的荣誉和他的份额，并应被国王处以罚金。

214. “所有耽于某种恶习的弟兄，都丧失其继承权，长兄不应该将一切财产据为己有，一毫不分与诸弟。

215. “弟兄和父亲一起共同生活，合力经营同一企业时，父亲绝不可分利不均。

216. “在父亲健在期间，并在父亲经手分产之后出生的儿子，可取得父亲的份额，或者，已同父亲分家的弟兄们，重新将自己的份额和父亲的份额合并时，这个儿子可同他们分产。

217. “儿子死而无子又没有遗下妻子时，父亲或母亲应该继承其财产；母亲本身死去没有弟兄和侄辈时，祖母或祖父可取得其财产。

218. “一切债务和一切财产依法适当分配完了时，凡随后所发现的一切东西应以同样方式重行分配。

219. “衣服，车乘，分产前某一继承人用过的不值钱的装饰品，米饭，井水，女奴，宗教顾问或家庭僧，以及家畜牧场等，是被宣布为不得分配的，应该像以前那样被使用。

220. “继承法和涉及诸子（从妻生子起）分产的规定，已经依次对你们阐述了；现在你们可以认识一下关于赌博的法律。

221. “赌博和赌斗应该由国王在国内加以禁止；因为这两种犯罪行为足使君主失国。

222. “赌博和赌斗是公然盗窃，国王应尽一切努力加以制止。

223. “用没有生命的物品如骰子进行的赌博，是一般赌博；用有生命的东西如公鸡、牡羊，并押赌注的赌博叫做赌斗（Samahwaya）[①]。

① Samahwaya 一字，义为“煽动”；即煽动动物互相角斗以为乐。

224. “从事赌博或赌斗以及开赌场提供赌博工具者，应被国王处体刑，首陀罗而带再生族标志者亦然。

225. “赌博者，跳舞者，公开歌唱者，诽谤圣典者，邪教徒，不执行本种姓义务者，酒商，应立刻逐出城外。

226. “这些秘密的窃贼充斥一君主的国内时，则不断以其不正行为苦恼善良。

227. “昔在前世，赌博被认为是产生仇恨的一大本原；因而贤者即使游戏也不从事赌博。

228. “一个人无论公开或秘密耽于赌博，都要受国王随意加给他的惩罚。

229. “凡属武士、商人和奴隶种姓，不能缴付罚金者，应用劳动来偿付，婆罗门可以逐渐交付。

230. “国王对妇女、儿童、疯人、老人、穷人和病人所施的刑罚，可用鞭子或竹棍来打，或者用绳子来捆缚。

231. “大臣担任公职，恃财骄横，破坏请其听讼者的案件时，国王应该没收其一切财产。

232. “国王应将伪造谕令者，惹超大臣不和者，杀害若干妇女、儿童或婆罗门者，通敌者，处死刑。

233. “凡在无论何时已处理完毕并已判决的案件，根据法律，应被国王认为已了案件，勿再重审。

234. “但由大臣或法官违法判决的任何案件，国王要亲自重审，并对他们处以一千钵那的罚金。

235. “凡杀害婆罗门者，酗酒者[①]，偷婆罗门黄金者，玷污教师或父亲的床榻者，均应认为是犯大罪者。

① 刹帝利，吠舍禁饮米酒，婆罗门禁饮米酒、摩都伽酒（madhouka）和糖精。（注疏）

236. “如果这四种人不进行赎罪，国王可依法处以体刑并处罚金。

237. “玷污自己教师的床榻，可在罪犯额部打上象征女阴的烙印；酗酒，打上象征酗酒商招牌的烙印；偷一僧侣的金钱，打上狗足的烙印；杀害一婆罗门，打上无头人形的烙印。

238. “不应该和这种人一起用饭，一起祭祀，一起学习，互相联姻；他们被剥夺一切社会义务后，悲惨地流浪在世界上。

239. “这些被打上耻辱烙印的人，应被父系和母系亲族遗弃，不值得同情和尊重：这是摩奴的命令。

240. “各种姓按照法律规定进行赎罪的犯人，不应该奉王命在额部打烙印，可只处最高罚金。

241. “在此以前以品行良好见称的婆罗门犯有上述罪恶时，应仅处中等罚金；或者，如系预谋行事，可使其携带动产和家人流放国外。

242. “其他种姓的人犯有此类罪行而不出于预谋时，应该丧失其一切财产；如系预谋犯罪，应被流放甚至处死。

243. “有德的国王不可将大罪犯的财产据为己有，如由于贪婪将其占有，犯同样罪行。

244. “可将此罚金投在水中，献于水神，或者，给予一位有德而饱学圣典的婆罗门。

245. “水神是刑罚之主，他的权力且及于国王，学完圣学的婆罗门是全世界之主。

246. “在国王不占有罪犯财产的地方，都会适时产生命定要享长寿的人们；

247. “每一个农人把种子撒在哪儿，哪儿就繁衍；儿童不夭折，不生怪物。

248. “如果一个种姓低贱的人，以折磨婆罗门为乐，国王应处以足以引起其恐怖的各种体刑。

249. “国王释放罪犯和处罚无辜应同样视为不公正：公正在于依法用刑。

250. “应据以宣判两造诉讼事件的规定，已在十八个条款下对你们详加阐释。

251. “如此圆满履行法定义务的国王，应设法取得民心，以据有不臣服自己的地方，又当该地已处在自己势力之下时，应设法适当地统治它们。

252. “驻在繁盛的地方，依建筑法建筑堡垒，使能御敌，之后，可大力根除[1]穷凶极恶者。

① 原文：拔其刺。

253. “国王保护善良，惩罚邪恶，专心致志于人民幸福者，抵达天界：

254. “但国王取得国王的收入，而不注意镇压盗匪时，则国家纷乱，而本人被排除在天界之外。

255. “恰恰相反，当一个国王的国家，处在他强大手腕的保护下，享受着高度的承平，则此国家日趋繁荣，有如被人细心浇灌的树木。

256. “国王应亲眼刺探，善于鉴别两种盗贼：他们有公开的，有隐蔽的，两者均掠夺他人财物；

257. “公开的盗贼指以某种欺诈方式出卖各种物品为生者；隐蔽盗贼指穴墙潜入室内者，出没森林的盗匪及其他。

258. “贪污受贿者，以恫吓勒索金钱者，欺骗者，赌徒，算命者，伪君子，手相者，

259. “驯象者，言行不符的江湖医生，妄操自由艺术为生者，狡猾的娼妓：

260. “上述人，还有其他人，都是公开露面的盗贼；国王要在这世界上善于辨识他们以及其他隐蔽活动的人，带着善人标志的令人鄙视之徒。

261. “利用表面上和他们同操一职业和伪装起来的可靠人，与散布在各个角落的刺探发现他们，然后加以吸引和控制。

262. “国王充分宣布这些歹徒的劣行后，应处以与其罪恶与

财力相当的惩罚。

263. “因为没有刑罚，不能镇压潜伏世界各处心怀恶意的盗贼的犯罪。

264. “热闹场所，公用水源，面包店，妓馆，酒店，饭馆，十字路口，圣林，会场，剧场，

265. “旧王家花园，森林，作坊，别墅，树林，公园；

266. “这些以及其他诸如此类的地方，是国王应派巡逻、刺探和细作加以监视，以便排除盗贼的地方。

267. “可利用曾为盗贼的伶俐细作，打入其间，与之为伍，获悉其种种活动以发现他们并引其离开巢穴。

268. “细作可利用美味席筵，同保证其事业成功的婆罗门会见，或看比武剧等各种借口，将他们集中在一起。

269. “国王应将恐遭逮捕不赴约会者，以及和旧盗匪约定为国王效力而不和他们联合者，强行逮捕；应将他们处死，他们的朋友、父母两方的亲族和他们有联系的亦然。

270. “公正的国王，除盗贼连同赃品、盗具一起被捕外，不处他们以死刑；如果他们连同掠夺品与使用的工具一起被捕时，可无迟疑地处以死刑。

271. “凡在乡村和城市中给予他们食物，资助他们工具，对他们提供窝藏地点者，可同样处死。

272. “如果负责警卫某些地方的人，或被指定与其为邻的人，在盗贼进犯时坐守中立，国王应该立即处死他们像处死盗匪一样。

273. “以代人履行宗教活动为生者，违反其特殊义务时，国王可从重处以罚金，有如处罚违反自己义务的无耻之徒一样。

274. “遇村庄被洗劫，堤防溃决，或强盗拦路抢劫时，不疾趋救助者，应该带同所有财产被流放。

275. “国王对盗窃其珍宝者，抗命者，以及鼓励敌人者，可以各种刑罚处死。

276. “盗贼乘夜穴墙[1]作案时，国王可在使人断其两手后，处以尖棒串杀之刑。

[1] 盗匪使用的穴墙方法，详见摩利刹迦底剧本（mrittchhacati）第三幕。

277. “初犯掏摸者[1]可断其两指；再犯时，断一足一手，第三次，处死。

[1] 原文为“切结者”或更确切地译为“解结者”。印度人带钱在衣角上所做的结内。

278. “给予盗匪干粮和食物者，资助武器或住处者，窝藏赃物者，应被国王惩处如盗匪。

279. “破坏护池塘的堤坝，引起蓄水流失者，国王可使溺死水中，或断其头。或者，罪犯赔偿损失时，处以最高罚金[1]。

[1] 见第八卷第138节。

280. “对国库、武库或神殿打开缺口，以及偷窃属于国王的象、马、车乘者，可无迟疑地处死刑。

281. “为自己利益使旧池塘的一部分水流改变方向者，或中断溪河水流者，应处一等罚金。

282. “非紧急情况而在大路上排泄粪便者，应该缴付两迦尔刹钵那罚金，并立即打扫其所脏污的地方。

283. “但病人，老人，孕妇和小儿，只应遭受叱责而清洁其地方：这是法令。

284. “内外科医师行医有误者处罚金；涉及兽类的事故处一

等罚金，涉及人的处二等罚金。

285.“破坏桥梁、旗帜、栅栏或陶制偶像者，应该修复所有破损并缴付五百钵那罚金。

286.“混淆劣质商品与优质商品，凿坏宝石、珍珠钻孔拙劣，应处以一等罚金并赔偿损失。

287.“顾客出同样价格，却给以不同质量的物品，有的好，有的坏，以及出卖同样货品，价格却不相同，应根据情况缴一等或中等罚金。

288.“国王要把所有监狱都设在公共道路旁边，以便痛苦和丑恶的罪犯为大家所共睹。

289.“推倒墙壁者，填埋壕堑者，破坏门户者，如属公家或国王所有，应该立时流放。

290.“对目的在于毁灭无辜者的一切祭祀，应处二百钵那罚金，对魔咒和各种咒术，如其邪行未奏效时亦然。

291.“以坏粮充好粮出卖者，或将好粮放在上面掩蔽坏粮者，以及毁灭界标者，应被处毁损形体的惩罚；

292.“但在所有诈骗犯中最坏的是犯欺骗罪的金银细工，国王可使人以剃刀寸断他。

293.“盗窃农具、武器和药品，国王可考虑到时间及该物品的用途处以刑罚。

294.“国王及其大臣、首都、领土、国库、军队和盟国，是国家的七个组成部分，国家因此被称为具有七肢者(Saptânga)。

295.“上面依次列举的国家七肢中，破坏在前列的，应被认为比破坏在顺序上靠后的罪恶更大。

296.“七种力量结合起来在人间组成一个国家，它们相辅相成，有如苦行家那捆起来互无短长的三个手杖，七者中没有任何性质优劣上的高下之分。

297.“然而，某些力量对某些行为来说更受重视，那种事务赖以实行的力量，在这一特定事务中更为可取。

298.“国王在经常利用密探，扩充势力，处理公务时，应设法了解自己和敌人的力量。

299.“国王对蹂躏本国和异邦的灾难和动乱及其轻重详加考虑后，可将决断付诸实施。

300.“无论如何疲乏，可再三再四开始自己的行动，因为幸运常和坚持到底的进取家在一起。

301.“一切称为柯利多、多利多、陀跋钵罗和伽里[1]的时代，系于国王的行动；因为国王被认为象征其中的一个时代。

① 见第一卷第70、81及以下各节。

302.“当其睡眠时，是伽里时代；觉醒时，是陀跋钵罗时代；积极行动时，是多利多时代；行善时，是柯利多时代。

303.“国王应该以其能力与行动表现为天王、太阳神[1]、阎摩、水神、月神、火神和地神的竞争者。

① 原文作 Arka，太阳神（Sôurya）的名称之一。

304.“有如雨季的四个月间，天王沛然降雨，同样，国王可模仿云神的行动，对人民普降甘霖。

305.“有如太阳神在八个月内以其光线吸水，同样，国王可以类似太阳神的行动，从国内取得合法税收。

306.“有如风神进入并流通在一切创造物类中，同样，国王应效法风神，利用间谍，深入各处。

307. “有如阎王在时辰到来时奖惩朋友和敌人，或尊敬他和轻视他的人，同样，国王可仿效地狱法官，惩罚有罪的臣民。

308. “有如水神从来不忘捆缚罪犯，同样，国王要像水神那样，拘捕坏人。

309. “臣民见到国王如同见到满月时的月神风采，感到同样快乐，此国王即象征‘月神之治’。

310. “他对罪犯要经常充满愤怒与威力，对奸臣要无情，要这样履行火神的职务。

311. “地神同载万物，支持一切物类的国王也应同样履行类似地神职务的职务。

312. “国王在不怠地从事于这些以及其他一些义务时，应镇压住在国内的盗贼，以及住在其他国王的国土上前来侵扰自己国土的盗匪。

313. “处境无论如何穷困，他应切戒占取婆罗门的财产以招其忿。因为他们一愤怒，就立即以咒术和魔祭来毁灭他和他的军队与辎重。

314. “谁激怒了以其咒术的法力创造出吞噬[①]一切的火、海洋及其苦水[②]，以及其光辉交替盈亏[③]的月球[④]，而能够不被毁灭呢？

① 婆罗门族跋梨求维持着一团长明火，有一天他诅咒了火神，因为火神对其妊娠的妻子在受到巨人攻击时没有加以保护，罚火神吞噬一切（朗格鲁瓦，《印度戏剧》）第二卷第393页。

② 关于印度海洋的传说不详。

③ 本节以下列形式译出可能更好：“激怒了由于其诅咒：致令火（火神）被罚吞噬一切，海洋翻动苦水，月球依次呈现光辉明灭的人们，谁能不被毁灭呢？”

④ 根据威尔逊所引述的钵陀摩普罗那（Padma Pourâna）逸事（见 Vikrama and

Urvasi)，记阏刹的二十七个女儿的丈夫月神旃达罗，由于宠幸虏喜尼(Rohini)而疏远其诸妾。虏喜尼的姊妹们，妒忌她的这种得幸，诉诸她们的父亲，父亲为此频频呵斥其门婿。但因看到斥责无效，便诅咒他终生无子，衰弱和肺痨，来以此惩罚他。诸妾为他求情于阏刹，阏刹轻减其诅咒，但不能全部取消，宣布他的衰弱由经常变为仅仅是周期性的，这就是月球交替盈亏的缘起。在天文学上，虏喜尼是由五星构成的太阴第四宫。五星中的主星辰是牧牛座眼星(Aldebaran)。

315. “在愤怒时，可以创造出其他世界及世界的其他支配者[①]，并使神变成凡人的人，迫害这种人，哪一个国王可以昌盛呢？

① 此事大概指毗斯跋弥陀罗的故事。当这位圣者从事极严峻的苦行以求上升到婆罗门的地位时(见第七卷第 42 节)，一个名叫多利桑求的国王向他陈情，要求能够连同躯体一起被送入天界。毗斯跋弥陀罗允诺，开始为此目的而行祭，并以精诚所取得的法力，使多利桑求升入天界。但因陀罗天王不欲接纳，使其头部向下堕到世界上来。于是毗斯跋弥陀罗大怒，他作为另一个造物主，以其苦行之力，在南方地区创造了新的七圣仙及其他星座，并以创造另一个天王和其他神明相威胁，于是诸神恐惧，同意多利桑求留在新星座围绕的天界中(《罗摩衍那史诗》第一卷第 60 章)。

316. “世界及诸神借助他们，借他们的祭祀而得以永存，圣学乃是他们的财富。什么人想生活下去而可以危害他们呢？

317. “婆罗门不论有知无知都是强有力的神，就像火不论祝圣不祝圣都是强有力的神一样。

318. “火具有纯洁的光辉，即使在焚尸的地方也不被污染，祭祀中投入酥油时，它就烧得更欢。

319. “所以，即使婆罗门从事各种微贱职业，也应该经常受人尊敬；因为在他们身上有特别神圣之处。

320. “无论任何情况，刹帝利对婆罗门极度傲慢时，婆罗门可对其诅咒或念魔咒来惩罚他，因为刹帝利出于婆罗门。

321. “火出于水；武士种姓出于僧侣种姓；铁出于石；它们无不穿透的威力在其所从出者面前柔弱无力。

322. “刹帝利无婆罗门不能繁荣，婆罗门无刹帝利不能昌盛；

婆罗门和刹帝利结合在一起而在今生和来世得以繁盛。

323.“国王末日迫近时，可将从罚金得来的财富给予婆罗门之后，将国家委托儿子治理，并去参加战斗寻求死亡；或者，如无战争，使自己死于饥饿。

324.“国王举止应按规定并经常专心履行国王的义务，命令臣下为人民谋幸福。

325.“这些是古来有关国王行动的法令，已备述无遗；现在可以依次学习关于商人种姓和奴隶种姓的法令。

326.“吠舍在接受束圣纽仪式并娶和自己同种姓的妻子后，应始终该勤勉从事自己的业务，并饲养家畜。

327.“因为造物主创造了有用的动物之后委托吠舍来照管，而将整个人类置于婆罗门和刹帝利的保护之下。

328.“吠舍绝不可抱幻想，说：‘我再不愿管理家畜了’，当吠舍想照顾家畜时，其他任何人不得照管它们。

329.“要熟悉宝石、珍珠、珊瑚、铁、布、香料和调味料价格的高低。

330.“要熟悉播种应该使用的方式和地质的优劣，要了解整套的度量衡制。

331.“商品的优劣，地性的好坏，出卖货品的大概损益，和增殖家畜数目的方法。

332.“应该知道要交付仆人的工资，人们的种种语言，保护商品应该采取的最好措施，和一切关于买卖的事宜。

333.“应该以合法方式大力增殖财富，并注意给予一切生物以食品。

334. “盲目服从精于圣学、德名卓著的婆罗门家长的命令，是首陀罗首要的义务，并给他带来死后的幸福。

335. “首陀罗身心纯洁、服从高等种姓的意图，出言温和，不骄不矜，主要依附婆罗门者，取得较高的转生。

336. “这些是关于四个种姓在未遇穷困时的合适的行动准则；现在可依次学习他们在危急时的义务。

第十卷　杂种种姓　处困境时

1. “三个再生种姓要坚持履行义务，并学习吠陀；但只有婆罗门，而非其他两种姓成员，可以给他们讲授：这是规定。

2. “婆罗门应该了解法律对一切种姓规定的谋生方式；要将它宣示给其他的人，并自己遵守无违。

3. “婆罗门以其嫡长，以其出身的优越，以其圣典知识的完全和结带式的不凡，而为一切种姓的主人。

4. “僧侣，武士与商人种姓，是三个再生族种姓；第四种姓——奴隶种姓仅有一次出生：没有第五个原始种姓。

5. “各种姓中，只有依正顺序，由在种姓上和丈夫相等、并在结婚时为处女的妇女所生的，才能被认为和两亲同属一个种姓。

6. “再生族和低自己一种姓的妇女结婚所生的儿子，虽被立法家宣称类如父亲，但非同一种姓，并由于他们的母亲出生低微[①]，因而是可轻视的。

① 这些儿子们被称为牟多毗质柯多，摩拶耶，迦罗奈，前者（婆罗门男子和刹帝利妇女的儿子）的职务是教人使象、御马、驾车和使用兵器；次者（刹帝利男子和吠舍妇女的儿子）的任务是教人歌舞和天文；后者的职责是事奉王侯。（注疏）

7. “这是古来对于比丈夫种姓只低一级的妇女所生儿子的规定；对于和丈夫种姓中间相隔一或两级的妇女所生的儿子规定如下：

8. “婆罗门和吠舍女子结婚所生的儿子叫做俺跋什闼(Ambachtha);和首陀罗女子所生的叫做尼遮陀(Nichâde),又叫婆罗萨跋 (Pârasava)。

9. “刹帝利男子和首陀罗妇女结合所生的人,叫做优俱罗,他们行动粗野,性好残暴,兼有武士种姓和奴隶种姓的性质。

10. “婆罗门男子和属于其他三个低种姓妇女结婚所生的儿子[①];刹帝利男子和他下面的两个种姓妇女结婚所生的儿子[②];吠舍和唯一低于自己种姓的妇女结婚所生的儿子[③],六者对于其他诸子而言,均被认为是低贱的。

① 牟多毗质柯多,俺跋什闼,尼遮陀。

② 摩掇耶(Marchya),优俱罗(Ougra)。

③ 迦罗奈 (Karana)。

11. “刹帝利男子和婆罗门妇女结婚所生的儿子,叫做苏多;吠舍男子和属于武士与僧侣种姓妇女所生的两种儿子叫做摩偈闼和吠提诃。

12. “首陀罗男子和属于商人、武士和僧侣种姓的妇女结合,乃产生由于不洁的种姓混杂而产生的儿子,叫做阿瑜迦跋,刹多梨,以及人类最低下的旃陀罗。

13. “生于正顺序[①]的隔姓父母的俺跋什闼和优俱罗[②],被法律认为可以被接触而不污染;同样,生于逆顺序的隔姓父母的刹多梨和吠提诃[③]也可以接触而不被污染。

① 见本卷第八、九两节。

② 种姓的正顺序是从婆罗门到首陀罗;其逆顺序是从首陀罗到婆罗门。

③ 刹多梨是首陀罗男子和刹帝利女子所生的儿子;吠提诃是吠舍男子和婆罗门妇女所生的儿子(见 11、12 两节)。

14. “上述再生族之子,依正顺序生于种姓与丈夫种姓相衔接或与丈夫种姓相隔一个或两个种姓的妇女者，视母亲出生低微的程度而定，叫做阿难陀罗，哀蹇陀罗和都衍陀罗。[1]

① 阿难陀罗，意为“无间隔”；哀蹇陀罗，意为“有一个间隔”；都衍陀罗意为“有两个间隔”。

15. “由婆罗门男子与优俱罗[1]女子结合而生阿苾利多：与俺跋什闼[2]女子结合而生阿毗罗；与阿瑜伽跋[3]女子结合而生底格波那。

① 见第 9 节。
② 见第 8 节。
③ 见第 12 节。

16. “阿瑜迦跋，刹多梨，和人类中最低贱的旃陀罗[1]，生于逆种姓顺序的首陀罗男子；三者都应该被排除于履行敬礼祖灵祭之外。

① 见本章第八和第九节。

17. “同样以逆顺序生于吠舍男子的摩揭闼与吠提诃，以及生于刹帝利男子的苏多，是被排除同样义务的其他三种儿子。

18. “尼遮陀[1]男子和首陀罗妇女所生的儿子属于弗迦娑族；但首陀罗和尼遮陀妇女所生的儿子则称为鸠鸠多迦。

① 尼遮陀生于婆罗门男子与首陀罗妇女(见第 8 节)。

19. “生于刹多梨男子和优俱罗妇女者称为斯婆钵迦；生于吠提诃男子和俺跋什闼妇女者称为吠那。

20. “再生族男子和本种姓妇女所生的儿子，不随即履行类如结带式的义务者，被剥夺娑毗陀利赞歌所授予的净法，称为被除名者。

21. “从这一被除名的婆罗门男子所生的儿子，生性邪恶，根据地方不同，叫做布尔遮蹇多迦，阿槃提耶，波多阏那，弗什钵阏和悉迦。

22. “被除名的刹帝利男子产生叫做遮罗、摩罗、尼撴毗、那多，迦罗奈，迦娑和陀罗毗罗的儿子。

23. “被除名的吠舍男子产生叫做苏耽婆、刹利耶、迦鲁刹、毗旃摩、密陀罗和娑多娑多的儿子。

24. “种姓的非法杂婚，违反规定的结婚和忽视规定的仪式，是种姓不纯的起源。

25. “杂种间互相依正顺序和逆顺序联姻所生的儿子都是哪些人，我要充分加以说明。

26. “苏多、吠提诃、人类中最低贱的旃陀罗，摩揭阏，刹多梨和阿瑜迦跋[1]。

① 见第 11、12 两节。

27. “凡此六者与本种姓的妇女，与种姓和母亲相同的妇女，与高种姓的妇女，与奴隶种姓妇女，生育同样的儿子[1]。

① 彼此相类，同样低贱，但比他们的父母为尤贱。（注疏）

28. “正如婆罗门男子，可以依正顺序和属于头三个种姓中第二种姓或第三种姓的妇女，以及本种姓的妇女生出可以接受再生仪式的儿子一样；同样，在低贱的人们中间也是如此，即在吠舍男子与刹帝利妇女的儿子、吠舍男子与婆罗门妇女的儿子、和刹帝利男子与婆罗门妇女的儿子间，并无任何高下优劣。

29. “这六种人[1]和这些种姓的妇女互相结合而产生大批低贱可耻的种族，其可耻比其所从出者尤甚。

① 见第 26 节。

30. “首陀罗男子和僧侣种姓妇女产生比他尤为低贱的儿子；同样，这些低贱人之一和四个纯种姓的妇女之一产生比他尤为低贱的儿子。

31. “六种低贱种姓，互相依逆顺序[①]联姻，产生十五种尤为低贱卑鄙的种姓。

① 六种低贱种姓的正顺序如下：苏多，摩揭闼，吠提诃，阿瑜迦跋，刹多梨，和旃陀罗；因而逆顺序以旃陀罗开始。旃陀罗依逆顺序（即从刹多梨种姓依次上推到苏多种姓）和他上面五种姓中之一的妇女联姻，可以产生五种不同的儿子；同样，刹多梨和其他四种姓之一的妇女联姻，可以产生四种儿子；阿瑜迦跋同样可以依逆顺序产生三种；吠提诃产生两种；摩揭闼产生一种：共十五种。依正顺序结婚，如苏多和他下面的五种姓之一的妇女结婚，可产生另外十五种儿子。（注疏）

32. “达修[①]男子和阿瑜迦跋[②]妇女结婚而生锡林陀罗，锡林陀罗善于侍候主人装束，虽非奴隶而尽奴隶职务，并以张网捕野兽为生。

① 达修，见第 45 节。

② 见第 12 节。

33. “吠提诃[①]男子和阿瑜迦跋妇女而生声音美妙的密多离耶迦，密多离耶迦以歌颂强大的人物为业，并于黎明时鸣钟。

① 吠提诃，见第 11 节。

34. “尼遮陀[①]男子和阿瑜迦跋妇女联姻，产生摩尔迦波或达娑，这种人以撑船为业，被阿利耶波多居民称为劫波多。

35. “这三种出身低贱的人，锡林陀罗，密多离耶迦和摩尔加波，各生于著死人衣服，被轻视和吃禁食的阿瑜迦跋的妇女。

36. “从尼遮陀男子和吠提诃妇女产生以硝皮为业的迦罗波罗；从吠提诃和迦罗波罗男子与尼遮陀女子产生应该住在村外的俺陀罗和密陀。

37. “从旃陀罗[①]男子和吠提诃女子产生以竹工为生的般都苏钵迦；从尼遮陀男子和吠提诃女子产生以狱吏为业的阿欣底迦。

① 见第12节。

38. “从旃陀罗男子和弗迦娑[①]女子产生以刽子手为业并常被善人轻视的低贱的苏钵迦。

① 见第18节。

39. “尼遮陀妇女和旃陀罗男子结合，生叫做俺底耶跋娑耶的儿子，在焚尸场工作，甚至被低贱人蔑视。

40. “这些由父母杂婚并由父母得名的族类，无论他们隐瞒与否，可从他们的职业获悉。

41. “与丈夫同种姓的妇女所生的三种儿子，和生于其次的[①]再生族种姓妇女的三种儿子，这六种儿子可以履行再生族义务并接受结带式；但生于逆顺序[②]、且出身低贱的诸子，在义务上仅等于首陀罗，不配接受入门式。

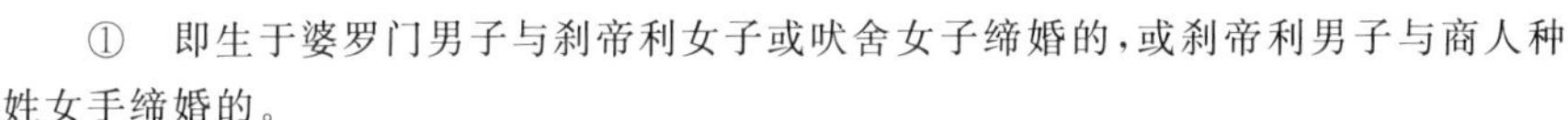

① 即生于婆罗门男子与刹帝利女子或吠舍女子缔婚的，或刹帝利男子与商人种姓女子缔婚的。

② 如苏多等，见第11节。

42. “他们都可以借助其苦行，以及父辈的功德，在每个时代，在世界上，在人们中间，达到较高的出生，就如他们可以堕落到较低的地位一样；

43. “由于忽弃净法，并由于不常和婆罗门往来，以下刹帝利种族，在今生已堕落到首陀罗境地：

44. “他们是彭陀罗迦，峨陀罗，达罗毗荼，剑浮，耶波那，娑迦，钵罗陀，钵诃罗婆，撽那，佉罗陀，陀罗陀和诃娑[①]。

① 根据仍不无疑难，但作了更多轻率的比较的研究，对六种堕姓的刹帝利种族

曾做如下说明。彭陀罗迦似为旃提尔或位于贝哈尔边缘与恒河南部、现摩诃剌陀治下的东方各省的居民。峨陀罗是住在俄利萨北部的优利耶人；达罗毗荼被认为是科罗曼得尔岸边南部的人民；剑浮是阿拉科喜阿人；人们认为耶波那人像是爱奥尼亚人或亚洲的希腊人；娑迦人像是西徐亚人；钵罗陀人像是婆罗婆米西人；钵诃罗婆人像是古波斯人；撥那人像是中国人；佉罗陀一般是山居者，恐尤指喜马拉雅山或伊美阿斯山的人；陀罗陀是陀罗德人，都尔陀人；诃娑是喀什的居民。——关于撥那人近似支那人一说，显然是有困难的。支那是由秦王朝而得名，秦王朝统治中国时仅在公元前246年，如果像人们认为的，摩奴法论早于公元前一千多年，则中国人不会在法论中被称为撥那人；反之，似应认为本节文字有被人窜改处（雷牟萨《亚洲新杂志》，Abel Remusat, Nouveaux mélanges Asiatiques 第二卷第334页）。但对此问题，可参考波提埃（Pauthier）在他的《中国志》（*Description de la China*）一书中所发表的见解（巴黎，提多书店，1836年，八开本）。

45. “凡出自梵天[①]口、臂、腿、足的种族，而以忽视其义务被排除在其种姓之外者，不管他说蛮族语言，或高尚人们的语言，都被认为是达修（盗贼）。

① 即凡出自四个原始种姓的人（见第一卷第31节）。

46. “依正顺序或逆顺序生于种姓杂婚的再生族之子，只应该操被再生族所轻视的职业以为生。

47. “苏多应该饲马御车；俺跋什闼行医；吠提诃伺候妇女；摩揭闼做行商走贩。

48. “尼遮陀以捕鱼为业；阿瑜迦跋以木工为业；密陀、俺陀罗，詹朱和摩陀鸠[①]狩猎林中野兽；

① 詹朱和摩陀鸠生于婆罗门男子与吠提诃妇女和优俱罗妇女。（注疏）

49. “刹多梨、优俱罗和弗迦娑捕、杀穴居动物；底俱波那制革；吠那奏乐器。

50. “这些人要定居在神圣的大树之根、焚尸场及山、林附近，要叫大家都认识他们，叫他们依他们自己的工作为生。

51. “旃陀罗和斯婆跋迦的住所应该在村外，他们不能有完整的器皿，他们的全部财富只应该是犬和驴；

52. “他们要穿死者的衣服；以破盌为盘；以铁为装饰品，常游走无定处。

53. “任何一个忠于义务的人也不要和他们交往；他们只应该在他们之间互通有无，通婚姻。

54. “别人给他们的食物要盛以破盌片，并由仆人从中居间，夜间不准他们在城、乡中往来。

55. “他们有事时可在白天到那些地方去，以国王所规定的标志使人辨别出来，他们要搬运死后未遗有亲族的人的尸体：这是规定。

56. “他们要奉国王命令执行依法处死的罪犯的死刑，并取得其刑杀者的衣服、床榻和装饰品。

57. “一个男人属于奴隶种姓，生于低贱的母亲，但难于辨识，虽非高尚人，而有高尚人的外表者，可以其行为来辨识：

58. “没有高尚的情操，语言粗野，残暴，忘却义务，说明他生于此世值得鄙视的母亲。

59. “出身低贱的人，有父亲或母亲的或兼有两者的劣根性；绝不能掩饰其所从出。

60. “一个人的家族无论如何卓越，如出生于种姓杂婚，则在大小不等的程度上，明显具有两亲的劣根性。

61. “凡这些破坏种姓纯洁的人出生的地方，以及居住这些地方的人，都很快灭亡。

62. “为挽救婆罗门、牝牛、妇女或儿童而牺牲自己的生命，并不希望报酬，可使出生低贱的人升入天界。

63. “戒杀生、常说实话，不偷窃、纯洁，和抑制感官，这些大抵即为摩奴对四个种姓所规定的义务。

64. “首陀罗妇女和婆罗门男子所生的女儿，她又与婆罗门男子结婚，所生的女儿又和婆罗门男子结婚，依此类推下去，至第七代低种姓可上升到最卓越的地位。

65. “首陀罗可以这样升至婆罗门的地位，而婆罗门男子与首陀罗妇女之子，可以由于继续联姻堕落到首陀罗的地位；对于刹帝利和吠舍的子孙可以发生同样情形。

66. “如果在婆罗门男子以纵欲和奴隶种姓未婚妇女所生的儿子，与生于婆罗门妇女和首陀罗男子的儿子间发生关于谁更优越的疑难时：

67. “由高贵男子与低贱妇女所生者，可以通过自己的美德成为高贵的；而由高贵种姓妇女与低贱种姓男子所生者，应该被认为是低贱的：这是规定。

68. “但法律规定这两种人都不应该接受结带式，前者由于母亲出生低贱；后者由于种姓顺序颠倒。

69. “有如生于良田的佳种发育良好，同样，生于高贵父母的人有资格接受一切净法。

70. “有些贤者认为种子优越，另外一些则认为田地优越；其他一些则认为田地与种子同样重要。其规定如下：

71. “种子撒在不毛之地，即毁灭而毫无收获：不莳种的良田，完全变成赤地①。

① 原文作：纯粹是一种 Sthandila，Sthandila 是供祭祀用的田地。

72. “但是，既然由于父德的卓越，即使野兽之子也可以变做受人尊敬称赞[1]的圣者，因此，男性之力占优势。

① 注疏家引证梨什耶林迦（Richyasringa）为例，梨什耶林迦是圣隐士毗槃多迦和一个牝麀鹿的儿子。

73. "梵天将履行高贵种姓义务的首陀罗和持身如首陀罗的高贵种姓的人加以比较后，亲自说道：'他们无所谓相等和不相等'，他们的坏行径使得他们之间有类似处。

74. "专志于寻求达到最后解脱和坚持义务的婆罗门，要圆满遵守下面六种实践：

75. "诵读圣典，教人诵读，祭祀，帮助人祭祀、布施，接受布施：这是对为首种姓规定的六事；

76. "但是，在这婆罗门六事中，三者用来维持自己的生活，即，教授吠陀，主持祭祀，接受清净人的布施。

77. "其中有三事是专对婆罗门而无关于刹帝利的，即教授圣典，主持祭祀，接受布施。

78. "这三事对于吠舍同样被法律所禁止；因为造物主摩奴没有对武士和商人两种姓规定这些实践。

79. "宜于刹帝利的生计是持枪带剑；吠舍是经商、畜牧、耕耘；但两者共同的义务是行布施、诵圣典和祭祀。

80. "教授圣典，保护人民，经商，畜牧，都分别是婆岁门、刹帝利和吠舍最可尊重的职业。

81. "但是，如果婆罗门不能以完成上述义务维持生活时，可以履行刹帝利的义务为生，因为它紧跟在自己义务之后。

82. "但是，如果发生两种职务都不能维持生活的问题时，应该采取以下措施：耕耘，畜牧，过吠舍生活。

83. “然而，婆罗门或刹帝利被迫和吠舍过同样生活时，应尽可能设法避免从事耕耘，此工作伤生并依靠外力如牡牛的帮助。

84. “有些人称许农业，但这种生活为善人所贬低；因为带利铁的木具将土地和它所蕴藏的生物一并破裂。

85. “但如婆罗门或刹帝利无以为生，而不得不放弃完满遵守自己义务以取得生活之资时，要避免应该避免的商品，卖吠舍经商的商品。

86. “要避免卖各种植物汁，烹调好的米饭，芝麻粒，石，盐，家畜，人类；

87. “任何红布，任何即使不是红色的苧麻、亚麻或羊毛织品；果，根，药草；

88. “水，武器，鱼，肉，苏摩[①]，各种香料，牛奶，蜜，酸乳，酥油，芝麻油，蜡，糖和圣草；

① 白前科植物的汁液。

89. “任何森林的兽类，野兽，禽鸟，酒类，蓝靛，漆，以及任何一种非裂蹄兽类。

90. “但务农的婆罗门，如果愿意，只要不囤积居奇，就可出卖自己亲手种植出产的纯粹无杂的芝麻，供祭祀用。

91. “如果将芝麻使用于调食、涂身和祭供以外的用途，要堕落到蛆虫的境地，和祖先共陷于狗的粪便中。

92. “婆罗门卖肉、漆和盐者，立即成为堕姓人；如果出售牛奶，三天之内，堕落到首陀罗地步。

93. “婆罗门自愿出售其他违禁商品，七夜之间堕落到首陀罗境地。

94. “然而，人们可以以液体易液体，但不得以盐与液体交换；人们也可以以熟饭易生米，以芝麻粒易同重量或同容量的其他谷物。

95. “武士种姓的人处困境时，可求助于这些不同的生计；但在任何时候，绝不应希望类如婆罗门的更高的职务。

96. “出身低贱的人，由于贪婪，从事高贵种姓的职业为生，国王应立即剥夺其一切所有，并处以流放。

97. “有缺陷地完成本身的义务比完善地履行人家的义务为更好；因为履行其他种姓的义务以为生者，立即丧失自己的种姓。

98. “商人种姓的人不能履行自己的义务为生时，只须注意忌所宜忌，可屈就首陀罗的职务；但有办法时应立即脱离。

99. “首陀罗不能事奉再生族时，如妻儿陷于困境，可从事匠人工作以为生；

100. “他可优先从事类如木工的职业，和类如绘画等各种技艺，用来为再生族服务。

101. “婆罗门不愿履行刹帝利或吠舍的义务，虽濒于绝境仍宁愿坚持自己的道路时，可以下述方式自持。

102. “婆罗门陷于困境者可接受任何人的东西，因为根据法律，不会发生完美的纯洁被污染的事情。

103. “婆罗门处困境时，教授圣典，主持祭祀，接受布施，虽在违禁的情况下不犯任何罪过；他们和水火一样清净。

104. “有饿死的危险时，虽接受任何人的食物也不会被罪过所污，就像虚空不被泥泞所污一样。

105. “阿揿迦尔多苦于饥饿，曾几乎将自己的儿子修那息颇[①]

杀死；但未犯任何罪恶，因为他设法救饥。

① 注疏家仅称阿撴迦尔多为祭祀而鬻子，将其缚在木柱上，准备献作牺牲。故事的究竟不详。

106. “善于辨别善恶的波摩底波被饥饿所迫时，想吃犬肉来救命，绝未因此成为不净者。

107. “严峻的苦行家跋罗多槃遮苦于饥饿，和其子独处荒林中，曾接受木工苾利都好多只牝牛。

108. “善于辨识善恶的毗斯跋密陀罗①穷困几死时，决定吃从旃陀罗手接受的狗脾肉。

① 修那息颇（Sounahsepha），波摩底波（Vamadeva），跋罗多槃遮（Bharadwâdja）和毗斯跋密陀罗，是得到启示的七圣中的人物。印度人认为梨俱吠陀的咒文部分是启示给他们的（《亚洲研究》第三卷第391，392页）。

109. “有三件事一般受人非难，即接受低贱人给的布施，为其主持祭祀，并为其讲解圣典，就中接受布施是最卑鄙的，而对于婆罗门在来生是最应受到谴责的。

110. “主持祭祀、讲解圣典，是应该经常对心灵为入门式所净化的人实施的两项活动；而布施甚至可从低种姓的奴隶来接受。

111. “在祭祀中帮助低贱人并给他们讲解圣典所犯的罪过，低声诵经和奉献即可拂去，从他们接受某些布施所犯的罪过，抛弃此布施和苦修即可拂去。

112. “无以为生的婆罗门可拾落穗或不论何处的谷物：拾落穗胜于接受可非难的布施；逐粒拾取谷物更可称赞。

113. “作为家长的婆罗门处困境而需要非贵金属品或某种其他物品者，应向国王请求；但不应向以吝啬著称不想施与的国王提出要求。

114. “下面依次列举的事物中，前者依次比后者更可以无罪地接受：未播种的田地，已播种的田地，牝牛，山羊，绵羊，贵金属，新谷物和已做好的饭食。

115. “有七种合法取得财产的方法：即：继承，赠与，交换或买入等方法，各种姓可采用；掳获，只供武士种姓采用；放贷、经商或耕地，专供商人种姓采用，和从善人接受布施，只供婆罗门采用。

116. “类如医疗等学问，类如配制香料等技艺，雇佣劳动，伺候人，管理家畜，经商，种地，满足于少许，乞食与放贷，都是困境中维持生活的方法。

117. “婆罗门与刹帝利虽处困穷，不应放贷；但两者都可随意以低利贷给犯有某种罪过的人，此人应以此款用于宗教事宜。

118. “国王遇非常必要时，即使征收国内收获量的四分之一，而以全力保护人民，不犯任何罪过。

119. “他的特殊义务是取胜，绝不可在战斗中脱逃；手执干戈保卫了商人之后，可征合法税收。

120. “在顺遂时对商人种姓仅课收获量的十二分之一，金钱利润[①]的五十分之一的赋税；在困境时，可征收获量的八分之一乃至四分之一和利金的二十分之一；首陀罗，工人，匠人，应该以其劳动来支援，不交任何赋税。

① 见第七卷第130节。

121. “首陀罗欲谋生计，无缘依附婆罗门者，可侍奉刹帝利，无刹帝利，可侍奉殷实的吠舍，以谋生。

122. “为得升天界，或为求今生生活和来生幸福的双重目的而侍奉婆罗门，其被指定为婆罗门的仆从者，可达到希求的目的。

123. “对于首陀罗，侍奉婆罗门被宣布为最可称赞的行动；凡他所能做的其他事情，对他都没有果报。

124. “婆罗门将他的才能、勤勉，和他必须抚养的人数加以考虑后，应从自己家内给予他足够的生活之资。

125. “残饭、敝衣、碎食粮和旧家具，应该给予他。

126. “对于一个吃蒜及其他违禁食品的首陀罗来说，绝无过犯之可言，他不必接受结带式；类如祭火的宗教义务没有对他规定，但对于祭供熟饭的宗教义务，不禁止他履行。

127. “欲履行全部义务，对义务有认识，并欲在家庭祭供方面效善人行为的首陀罗，除崇拜的文句外，不诵读圣典时，不犯任何罪过，并赢得公正的赞扬。

128. “首陀罗始终不言人恶，完成对他未加禁止的再生族的工作时，不受谴责而在今生和来生都得到提升。

129. “首陀罗即使有能力积蓄多余财富，也不应积蓄；因为当首陀罗取得财产时，以其傲慢扰害婆罗门。

130. “这些以及前已宣示的一些，是四种姓处困境时的义务；严格遵守，可达到最后解脱。

131. “关于四种姓义务的规定已全部宣述如上，以下我要对你们宣布赎罪的净法。

第十一卷　苦行与赎罪

1.“欲结婚生儿子的，应举行祭祀的，云游的，在祭礼中捐纳其全部财产的，欲赡养其父母、师长的，初学圣典需人支援的，为疾病所苦的；

2.“要把这九种婆罗门看做是称为斯那多迦(Snatakas)的有德乞者；当其一无所有时，应当布施给他们相应于其学识的金钱或家畜。

3.“应当在专供祭火的地方，将米饭和布施同时给与这些卓越的婆罗门；但对于所有其他人，米饭要在祭祀地点以外的地方给予；这一规定不适用于其他布施。

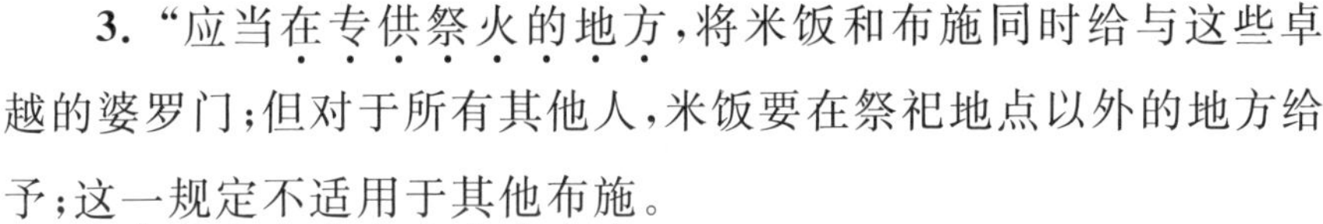

4.“国主要适当地给参加祭祀的精通吠陀的婆罗门以各种珍宝和应有的报酬。

5.“有妻而向人家讨钱另娶者，除肉体的快乐以外得不到其他利益；儿子则归属于给他钱财的人。

6.“凡应量力给予精于吠陀、摆脱俗务的婆罗门以布施者，死后得升天界。

7.“有充分食粮储备足以赡养法律令其赡养的人三年或三年以上者，可在自动举行的不同于规定的祭祀中饮苏摩酒；

8.“但再生族有较少食粮储备而饮苏摩酒者，即使从他饮该酒的第一次祭祀中，也不能取得什么果报，更何况他没有权利自动举行祭祀。

9. “家庭虽能维持而生活困难，其慕虚名布施外人者，尝蜜而实吞毒：不过是修伪德而已。

10. “他为希求来世地位而损害其赡养义务的所为，终至给他在来生和今生造成悲惨的命运。

11. “在通晓法律的国王执政下，如果再生族，特别是婆罗门所献的祭祀由于缺乏某一物品而中止，

12. “祭祀人为完成祭祀，可在拥有许多牲畜、不行祭祀、不饮苏摩酒的吠舍家中，以策略或武力取得该物品。

13. “如果不能在吠舍家中取得所需物品，可随意从首陀罗家中持取两三件必需品；因为首陀罗和所有宗教仪式都无涉。

14. “也可以无踌躇地在无圣火而拥有百头牝牛或有千头牝牛而不以苏摩酒献祭的刹帝利家中取得它们。

15. “同样，如果婆罗门不应他的要求交出该物品，可以强力或策略在这个常受布施而从不施舍的婆罗门家中取得它们；他由于这种行动而声名洋溢，道德增长。

16. “同样，六餐或三天不吃饭的婆罗门，可在第七餐即第四日晨时，从没有慈悲心的人取得当天的食品，而不计及第二天。

17. “可在粮仓、田地、家庭，或其他任何地方取得所需品；但物主质问时，要向他说明理由。

18. “武士种姓的人绝不可获取属于婆罗门的东西；但在穷困时，可取得行为不好的人和不尽宗教义务的人的所有品。

19. “取坏人物以与善人者，本身变做一只过渡他们两者的船

只[①]。

① 即使他们两者都脱离苦难。(注疏)

20. "准确履行祭祀的人的财富，被贤者称为诸神的财产；但不履行祭祀的人的财富，称为恶仙(阿修罗)的财产。

21. "公正的国王对偷走或强取其祭祀必需品的人，不处任何罚金；因为由于国王的昏聩婆罗门才陷于匮乏。

22. "国王可在了解婆罗门必须赡养的人数后；在调查其圣典知识和道德行为后，按照其家庭的支出，给予适当的生活资料；

23. "国王要在保证其生计后，在各方面保护他，因为国王可以获得他所保护的婆罗门的六分之一的功德。

24. "婆罗门绝不应该向首罗陀求布施，以补祭祀费用之不足；因为这样求乞行祭的人，死后投生到旃陀罗的境地。

25. "婆罗门为行祭而化得一些物品，但不将其全部所得作此用途者，变做鸷鸢或乌鸦历百年。

26. "凡以贪心掠取诸神或婆罗门财产的邪恶之辈，将在来生吃秃鹰的残食为生。

27. "叫做吠斯跋那梨(vaiswânarî)的祭供，应常举行于新年更始的时候，以偿赎非故意疏忽用动物和苏摩酒献祭之失。

28. "再生族无紧急需要而以对困境规定的形式完成一项义务者，在来生得不到任何果报：事情就是这样规定的。

29. "诸神毗斯跋(viswas)、娑底亚(Sâdhyas)和僧侣种姓的圣仙等，在危急时刻及有生命之虞时，遵守了次要的规定而没有遵守主要的规定。

30. "可以遵守主要的规定而遵守次要规定的愚人，在来生未

留给他任何果报。

31. “识法的婆罗门不要向国王提出任何诉讼，他可以使用自己的力量惩处侵犯自己的人。

32. “自己的力量只依靠自己，国王的力量依靠他人，两相比较，前者的力量更为强大；因而婆罗门只应借助于本身的力量消灭敌人。

33. “可以无踌躇地使用阿闼婆吠陀[1]和俺吉罗（Angiras）的咒文；语言是婆罗门的武器；应该利用语言来消灭压迫自己的人。

① 第四种吠陀，阿闼婆，在摩奴的原文中只在这里引用过一次。如果不是注疏家将吠陀一字附在阿闼婆后面，也可能要和琼斯一样认为这里是指贤者阿闼婆了。

34. “刹帝利可以使用自己的膂力脱险；吠舍使用自己的财富，首陀罗亦然；婆罗门使用咒文和魔术祭供。

35. “履行义务的人，恰切地纠正他的儿子或学生的人，与人以教益的人，以及善意对待一切物类的人，可无愧于称为婆罗门；完全不应对他说不愉快的或侮辱性的语言。

36. “青年姑娘，已婚未婚的青年妇女，少有学识和愚昧无知的男子都不可祭火；遭受苦难的人和未受入门式的男子亦然。

37. “因为这种人祭火时，同为之举行祭供的人一并堕入地狱中；因而，深通圣法，读完全部吠陀的婆罗门，应该自行圣火祭。

38. “婆罗门拥有财富而不将献给造物主的马匹，作为谢礼赠给为其圣火祝圣的人，与不设圣火者相等。

39. “有信心，控制其欲念者，可做其他善行；但如只能献微小的谢礼于主祭者，绝不可在此世行祭。

40. “分配微小谢礼的祭祀，消灭感官、名誉、未来的天界幸福、生命、死后的光荣、儿童和牲畜；因而，财富少的人，不可举行祭祀。

41. “婆罗门有圣火要维持，而故意晨昏疏忽者，应该行旃陀罗衍那苦行[①]一个月；其罪过等于杀死一个儿子。

① 见第216节。

42. “接受首陀罗布施后祭火者，被认为是首陀罗的祭僧，而为诵读圣典的人所蔑视。

43. “布施他们的人，将脚踏在这些利用首陀罗的赐予以进行祭火的无知者的头上，而永久克服来世的刑罚。

44. “凡未完成规定的业务，或从事违禁的业务，或陷溺于欲乐者，须进行赎罪。

45. “神学学者认为赎罪只适用于无心之失；但其他人则基于圣典的例证，扩而充之，使及于故犯之罪。

46. “无心之失，以诵读圣典的某些分支而消除；但故意和在愤恨、盛怒中犯的罪孽，则仅以各种严峻的苦行来偿赎。

47. “必须对（由某些痼疾所表现出来的）今生或前生所犯罪孽，进行偿赎的再生族，苦行未完成时，不可与善人交往。

48. “一些心术不正的人，以今生所犯的罪或前生所作罪孽而为某些疾患或畸形所苦。

49. “偷婆罗门的金钱者，患指爪病；饮违禁酒者，患黑齿病；杀害婆罗门者患肺痨；污辱尊师的床榻者，无包皮。

50. “好宣扬恶行者患鼻臭；中伤者患息臭；偷食粮者少肢体；搀假者，肢体过剩。

51. “盗熟饭者消化不良，盗圣学者，即未经许可而学习者，成

瘖哑；盗衣服者患白癞；盗马匹者患跛足[①]。

① 琼斯译文中，有以下被注疏家所摈弃的一节：
“偷灯者盲；以恶意灭一灯者眇；好作恶者患痼疾；奸淫者气体内积而肢体浮肿。”

52. “这样，按照行为的不同而产生为善人所轻视的白痴、瘖哑、目盲、耳聋和畸形人。

53. “因而，应该常以苦行来净化自己；因为不偿赎其罪者，将带着此类可耻的标志一并转生。

54. “杀害婆罗门，喝禁酒，偷婆罗门金钱，奸污生父或宗教父之妻，被立法者宣布为最大的罪恶；和犯这些罪恶的人交往亦然。

55. “虚夸其出身高贵，向国王做别有用心的报告，妄控师长，是和杀害婆罗门几乎不相上下的罪恶。

56. “忘掉圣典，蔑视吠陀，做伪证，杀友，吃禁食或吃由于不洁而不该尝的食物，是和喝禁酒几乎不相上下的六种罪恶。

57. “盗取寄托物品、人、马、银钱、田地、钻石或其他宝石，是和盗取婆罗门金钱几乎相等的罪恶。

58. “凡和同母姊妹，少女，杂种种姓内最低级的妇女，或朋友之妻，儿媳等的一切性交，被贤者认为和污辱父亲[①]的床榻几乎相等。

① 英俄译本都作教师(Guru)。——译者

59. “杀一牝牛，在不配祭祀的人举行的祭祀中主祭，奸淫，卖身，抛弃师长，父母，不诵圣典，或不依法律规定，怠于维持圣火，忽视儿子；

60. “身为兄长[①]而使弟弟先行结婚，身为弟弟而先于兄长娶妻，嫁女于此两弟兄之一，并为之举行婚祭；

① 见第3卷第171,172节。

61. “奸污少女，放高利贷，犯学生应守的色戒，出卖圣池，园庭，妇女或小儿；

62. “忽视结带式，抛弃亲族，为薪资而教授圣典，从雇佣的教师学习吠陀，卖不应该卖的商品；

63. “在各种矿山内工作，包揽大建筑工程，多次损坏药用植物，依妻子的可耻职业生活，行致死无辜者的祭咒，借助妖法邪术来制胜某人；

64. “砍伐绿树做柴烧，为个人利益完成宗教活动，仅一次而非有意吃禁食；

65. “怠于维持圣火，盗窃黄金以外的贵重物品，不清偿三债[①]，阅读非宗教书籍，耽嗜跳舞、唱歌和器乐；

① 见第四卷第257节。

66. “偷窃食粮、低价格金属和家畜，和纵酒的妇女开玩笑，由于疏忽而杀害妇女、首陀罗、吠舍或刹帝利，否认来生、果报和死后的惩罚：都是二等罪恶。

67. “伤害婆罗门，嗅因恶臭而不该嗅的物品或酒，欺骗，鸡奸，都被认为导致种姓的丧失。

68. “杀害驴、马、骆驼、鹿、象、牡山羊、牡羊、鱼、蛇、或水牛，被宣布为堕落到杂种种姓的行为。

69. “接受低贱人的馈赠，经营违禁的商业，侍奉首陀罗如主人，说谎言，应被视为被逐出善人之列的因素。

70. “杀死昆虫、虫类或鸟类，吃和酒同盛一篮的食品，偷果类，柴薪或花朵，怯懦，都是造成污垢的过失。

71. “现在你们可以充分学习以何种特殊苦行逐一消除上述一切罪过。

72. “婆罗门违心地杀害一个远不如自己品质好的婆罗门，为净化自己的灵魂，应当在森林中筑小屋一椽，在其中住十二年[①]，只以乞食为生，以死者的头盖骨作为自己犯罪的标志，或者，如无该头盖骨时，用其他人的头盖骨。

① 对于刹帝利，年数应加倍，吠舍加三倍，首陀罗四倍。

73. “或者，如果杀人犯属于武士种姓，如果他故意杀害为人推崇的婆罗门，应当甘心情愿地做知道他要赎这种杀人罪的射手们的靶子，或者头向下跳在烈火内三次，或直至死亡。

74. “或者，如果婆罗门系被误杀，杀人者可举行马祭，斯跋尔揿多祭(Swardjit)，乔娑婆祭(Gosava)，阿毗揿多祭(Abhidjit)，毗斯跋揿多祭(viswadjit)，多利苾利多祭(triwrit)，或阿尼什都多祭(Agnichtout)；

75. “或者，如果杀人出于无心，而被害是不大可称道的婆罗门，则再生族罪犯可唱诵吠陀之一的原文，少食，制驭感官，徒步行一百瑜遮那[①]，以偿赎杀害婆罗门的罪恶；

① 瑜遮那(Yodjanas)，长度名，等于四乔沙(Kôsas)。每乔沙以八千肘或四千码计，恰合九英里。又据另一计算，一瑜遮那只合五英里，至四英里半。

76. “或者，如果被误杀的婆罗门无一长可令人称道，如果杀人犯是富有的婆罗门，可将其所拥有的一切给与精通吠陀的婆罗门，或给予他足以维持其生活的财产，或者一所具有为其一生所必需的设备的房屋。

77. “或者，溯流向婆罗斯跋底河的发源处走去，途中只吃献给诸神的野生谷物；或者，将食物缩减至最小数量，三次诵唱吠陀集[1]。

① 吠陀集(Sanhitâ du Véda)是吠陀的经文、歌咏、祷咒的集录。

78. “应受十二年苦行的罪犯，如不退隐山林，可在剃去须发后，住在村庄或牝牛牧场附近，或茅屋内，或栖息在一圣树脚下，一心对牝牛或婆罗门做好事。

79. “在那里，为拯救牝牛或婆罗门，应立刻牺牲自己的生命；拯救一只牝牛或一位婆罗门的生命的人，可偿赎他杀害一位僧侣种姓人士的罪恶。

80. “当他最少三次试图为婆罗门强行夺回盗匪抢掠的财产，或者他在这些尝试中曾一度完整夺回婆罗门的财产，或者为此举而丧生时，罪恶也被消除。

81. “坚持苦行，纯洁如学生，凝神静思，凡十二年，可以偿赎杀害一个婆罗门的罪恶。

82. “或者，有德的婆罗门非故意地杀害了一个无一长可取的婆罗门，可在婆罗门和刹帝利一起举行马祭的会上认罪，并在祭终时[1]和其他婆罗门共浴，以偿赎他的罪恶。

① 原文作：在阿波毗尔多(Avabbirta)祭时；这个字的意思是补充祭祀，其目的在于偿赎以前在主祭中可能有的缺失。

83. “婆罗门被宣布为法之根，刹帝利为法之峰；因而在他们集会时，当面承认其罪者，得到净化。

84. “婆罗门仅以其出生，甚至对诸神也成为尊敬的对象，其裁决对世界是一种权威：圣典给予了他这种特权。

85. “三个精通吠陀的婆罗门聚在一起，可对罪犯宣布他们的罪恶所需要的偿赎；他们所指出的苦行将足以净化他们；因为贤者的语言消灭罪污。

86. “这样，婆罗门或其他再生族，坚信灵魂有来生，专心致志完成上述赎罪行为者，根据情况，可消除杀一僧侣种姓人士的罪恶。

87. “杀死性别不明、双亲属于僧侣种姓的胎儿，或刹帝利，或忙于祭祀的吠舍，或经期后初出浴的婆罗门妇女，应该进行同样苦行。

88. “在涉及金钱与土地的讼案中作伪证，妄控师长，窃据寄托物品和杀害维持圣火的一个婆罗门之妻，杀害朋友的亦然。

89. “对于非故意杀害婆罗门的，已宣布净化为十二年；但对于故犯杀害婆罗门罪的，这种赎罪是不够的[①]。

① 苦行应加倍，或罪犯应处死。（注疏）

90. “故意狂饮米酒的再生族，应该喝燃烧的酒类；当他以这种方法焚烧其身体后，他的罪恶即行解除。

91. “或者，喝煮沸的牝牛尿、水、牛奶、酥油、或榨取的牝牛粪液，直至因而死去。

92. “或者，由于疏忽而饮米酒，又故意饮糖制酒与摩都伽制酒[①]，为赎偿已饮酒类的过失，可着苦衣，蓄长发，手执酒商的旗幡，一年间每夜吃一次捣碎的米粒和芝麻油渣滓，以赎其失。

① 见第九章第235节。

93. “米酒是食粮的摩罗[①]，罪行也叫做摩罗；所以，婆罗门、刹帝利和吠舍不应该喝米酒。

① 摩罗（mala）一字，指排出物，粪便、污物。

94.“应该确认醉人的酒主要有三种：从糖渣榨取的，从研碎的米榨取的，从摩都伽[①]花得到的；它们各都一样；婆罗门不应饮用。

① 学名 bassia latifolia。

95.“其他为数九种的醉人饮料，犯禁动物的肉，上述的三种酒，用醉药制造的叫做阿沙波(asava)，构成夜叉、罗刹和吸血鬼的食物的饮料；吃献给诸神的酥油的婆罗门绝不应该加以尝食。

96.“喝醉的婆罗门由于酩酊而失去理智，可以跌在不净的物品上面，或说出几句吠陀的语句，甚或做出犯罪的行为。

97.“神性遍布全身的人一旦沉溺于醉酒，则丧失其婆罗门的地位，而堕落到首陀罗境地。

98.“以上所述，是关于喝酒的各种赎罪方式；现在我要宣示关于盗窃婆罗门黄金所要求的苦行。

99.“盗窃婆罗门黄金者，应赴国王处，承认自己的罪过，并说道：‘陛下，请惩罚我。’

100.“国王应该拿起犯人肩荷的铁棒[①]，亲自打他一顿，犯人由于此打无论死亡与否，可以消除其罪孽；婆罗门的过失只应通过苦行来消除；其他再生族也可以利用同一方法来净化。

101.“再生族欲以苦行清洗其盗窃黄金之罪时，应穿树皮衣，在森林中进行非故意杀害婆罗门者的苦行。

102.“再生族通过此类偿赎，可以消除其盗窃婆罗门黄金的犯罪；但和他的宗教父或生父之妻所犯的奸淫罪，应该以下述苦行来消除。

103.“故意奸污父亲之妻，又属同一种姓者，应高声承认其罪，亲自躺在烧红的铁床上并怀抱烧得通红的妇女像；他只有一死才能赎罪。

104. “或者，自己切除其阴茎与阴囊，持在手内，以坚定的步伐向尼梨底[①]神的方向走去，直至跌跤而死。

① 尼梨底(Nirriti)，司南方之神。

105. “或者，如系误犯，可手持卧床的一块木头，穿树皮衣，不剪须发和指爪，隐迹荒林，一心一意进行普罗遮帕底亚[①]的苦行，为期一年。

① 见本章第211节。

106. “或者，如该妇女荒淫又种姓低下时，可控制情欲，只吃野果、野根和稀粥，进行旃陀罗衍那[①]苦行三个月，以偿赎其玷污父亲床榻的罪恶。

① 见第216节。

107. “大罪犯[①]应该通过上述苦行偿赎其严重的罪恶；仅犯二等罪恶者，可用以下苦行来赎罪。

① 见上面第54—58节。

108. “犯误杀牝牛这种二等罪恶[①]者，应当剃光头，披他所杀的牝牛的皮，吞大麦稀粥并栖身在牝牛牧场内一个月；

① 见第59—66节。

109. “在随后两个月内，应当在每两天[①]晚间吃不加人工盐的少量野生食粮一次；要用牝牛尿盥洗，并完全制驭其欲念。

① 原文作：在第四餐时。

110. “要每天尾随牝牛后，直立，吞食牛蹄扬起的尘埃，夜间在侍候并敬礼它们之后，坐在它们旁边守卫它们。

111. “要纯洁无愠怒地，牛止亦止，牛行亦行，牛息亦息；

112. “如牝牛病或被盗匪、老虎侵袭时，或仆倒、或陷在泥淖中时，要使用一切可能的方法解救它们。

113. “炎热、落雨或寒冷时，或者风吹剧烈时，在尽力使牝牛得到庇护以前，自己不要设法躲避风雨。

114. “如果看到牝牛在属于自己或他人的屋内，田内，或仓内吃食粮时，不要说什么；见到小牛喝奶时亦然。

115. “按照这种规定献身于侍奉牛群，则牝牛杀害者可在三个月内消除其所犯罪过。

116. “此外，苦行全部完成时，可给精通吠陀的婆罗门十只牝牛和一只牡牛，如或无牛可给，可将所拥有的一切捐给他。

117. “除犯梵戒者外，一切犯有次要罪过的再生族，可为其净化而进行上述苦行，或旃陀罗衍那苦行。

118. “至于对犯梵戒者，则应当在夜间按照家庭祭供仪式，在十字路口祭献一目眇或黑色的驴于尼梨底神。

119. “祭终时，按照规定将油脂作为供物撒在火内后，可念以娑摩（Sam）开始的咒文祭献酥油于波多神（Vata）[1]、天王、鸠鲁神（Gourou）[2]和波诃尼神（Vahni）[3]。

① 波多，伐优神或摩鲁多神的名称之一，系风神。

② 鸠鲁也叫做 Vriaspati，司木星之神。

③ 波诃尼是阿格尼的名称之一，系火神。

120. “精究吠陀和熟知法律的人认为，还在学生期的再生族故意泄精是犯梵戒。

121. “勤究圣典所得到的，和犯戒的学生所失掉的一切光荣归于摩鲁多、弗鲁呼多[1]、鸩鲁和波跋迦[2]四神。

① 弗鲁呼多，因陀罗天王的名称之一。

② 波跋迦意为“净化者”；火神的名称之一。

122. “犯这种错误时，要穿着献作牺牲的驴的皮，承认其罪，到七家内行乞。

123. “每日一餐如此乞得的食物，日内三次[①]沐浴，过一年净化。

① 早、午、晚三个时刻。

124. “故意犯有导致丧失种姓的这些罪行[①]之一以后，要做桑多钵那苦行；如果错误并非有意，要做普罗遮帕底亚苦行。

① 见第67节。

125. “对于使人堕落到杂种种姓、或使人不配进入善人之列的罪过[①]，为进行净化，犯者应做旃陀罗衍那苦行一个月；对于造成污垢[②]的罪过，应当热吃煮在水中的大麦粥三天。

① 见第68—69节。
② 见第70节。

126. “对于故意杀死武士种姓道德高尚的人，苦行应该是对于杀害婆罗门所要求的四分之一；对于操行可嘉的吠舍，苦行只要八分之一；对准确执行义务的首陀罗，只要十六分之一。

127. “但这个婆罗门非出本心杀害王族种姓的人士者，应该给与婆罗门等人一千只牝牛和一只牡牛，来净化自己。

128. “或者，控制情欲，蓄长发，进行对杀害婆罗门者所课的苦行三年；要远栖村外，选择树下为其住所。

129. “再生族非故意杀害操行可嘉的吠舍时，要进行同样苦行一年或捐赠一百只牝牛和一只牡牛。

130. “非出本心杀害首陀罗时，应进行这全部苦行六个月，或给予婆罗门十头白牝牛和一头牡牛。

131.“如果故意杀害一只猫，獴鼠，蓝樫鸟，青蛙，狗，鳄鱼，枭，或乌鸦，应该进行对于杀害首陀罗罪规定的苦行，即旃陀罗衍那苦行；

132.“或者，如果由于疏忽所致，应只喝牛奶三日三夜；或者，如果有病妨害他这样做时，他应走一约渣那的路；或者，如他做不到，可每夜在河内沐浴一次，或默念敬礼水神的咒文。

133.“杀害蛇的婆罗门要给与另一位婆罗门一张锄，或一根铁棍；如果杀害一个阉人，要给一担麦稽和一摩刹迦[①]的铅。

① 见第八卷第135节。

134.“杀害一口猪，要给予一壶酥油；杀害一只鹧鸪鸟类，给予一陀罗那[①]芝麻；杀害一只鹦鹉，给予一只两岁的小牛；杀害一只基沧刹[②]，给予一只三岁的小牛。

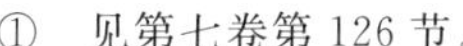

① 见第七卷第126节。

② 基沧刹，鹭或鹬属。

135.“如果杀害一只天鹅，鹤类，鹭，孔雀，猴子，鹰或鸢时，应该给婆罗门牝牛一只。

136.“杀一匹马要给一件衣服；杀一只象要给五头黑牡牛；杀一只公山羊或公羊给一头牡牛；杀一只驴，要给一只一岁半的牛犊。

137.“如果杀害食肉类野兽，要给一只多奶的牝牛；杀害非食肉类的鹿类时，要给一只美丽的牝牛；杀害一只骆驼时，给一柯利什那罗黄金。

138.“如果在捉奸时杀害四种姓中一个种姓的妇女时，要按照种姓的正顺序[①]给一个皮囊、一张弓、一只公山羊或公羊来净化。

① 即杀害婆罗门要给一个皮囊;杀害刹帝利要给一张弓等。

139.“如果婆罗门不能以捐赠来偿赎他杀害蛇或其他物类之失,可各做普罗遮帕底亚一次以除罪。

140.“对于杀害一千个只有骨骼的小动物,或其量足以盈车的无骨动物,要从事于杀害一个首陀罗罪的同样的苦行。

141.“但当杀害具有骨骼的动物时,每次也要给婆罗门一些东西,诸如一钵那铜等;对于无骨动物,可每次屏息念诵娑毗陀利赞歌,单音圣言'唵'和佛尔,佛波,斯跋尔三词而净化。

142.“对于仅只一次而无恶意地砍伐果树,灌木,葛藤,开花的蔓生植物或爬生植物,应当念诵梨俱吠陀一百遍。

143.“对于杀害生在米内和其他食粮内,诸如甘蔗汁的液体内,果内或花内的各种昆虫,净化方法是吃酥油。

144.“如无故拔掉栽植的植物或森林内自生的植物,应该追随牝牛一整天,只吃牛奶。

145.“由于这些苦行,有心或无意伤害生物的罪过得以消除。现在你们可以聆听对于吃喝禁食规定的苦行。

146.“由于不知而喝米酒以外的酒类者,可在首先进行火热的[①]苦行后,重新接受结带式而净化,即在故意喝除去米酒以外[②]的酒类时,也不能令做丧失生命的苦行:这是规定。

① 见第214节。

② 这种酒类,学名是 Andropoyon aciculatum。

147.“饮装过米酒或其他酒类的容器内的水,应当喝与桑诃弗什毗植物一起同煮的牛奶五昼夜。

148. “如果婆罗门接触酒或给人酒，或者，按照贤者的做法，即同时表示感谢地来接受它，又，如果婆罗门喝首陀罗残留的水，应该只喝鸠娑草煮的水三天。

149. “当婆罗门在祭祀中饮过苏摩酒后，嗅到喝烈性酒人的气息时，只需在水内屏息三次，并吃酥油，即可净化。

150. “凡属再生族种姓而误尝人的粪尿，或和酒类接触过的东西，应该重新接受结带式。

151. “但在这个再生族的结带式中，剃发，圣纽、手杖、行乞和戒律，都无须更新。

152. “吃不应与之共食的人所献的食品，妇女或首陀罗的残食，或禁肉，应该只吃水煮大麦粥七昼夜。

153. “如果婆罗门喝性甘而变酸的酒，以及性质虽清净而味涩的汁液，只要所饮被消化，他就被污染。

154. “再生族偶尝家猪、驴、骆驼、豺狼、猴子、乌鸦的粪尿后，应该进行旃陀罗衍那苦行。

155. “如果出于不知而吃干肉或地上生长的菌类，和一些来自屠宰场的东西，应自课同样的苦行。

156. “故意食猛兽、家猪、骆驼、公鸡、人、乌鸦，或驴的肉者，火热的苦行是唯一的赎罪法。

157. “婆罗门在梵志期未满前吃了新近逝世的亲族的月供一份，应该断食三昼夜，并留在水中一日。

158. “尝蜜或肉的学生，如非出自愿或在身处困境期间，可进行最轻微的苦行，即普罗遮帕底亚苦行，并随即结束其学生期。

159. “在吃了猫、乌鸦、老鼠、狗或獴鼠残留的东西，或者，被虱子接触过的东西之后，要饮用叫做婆罗摩苏跋尔剎罗的草所浸制的茶。

160.“设法清净自持者，不应该食禁食；如误食禁食，要立即吐出，或立即按规定赎罪净化。

161.“以上是对于食禁食规定的各种苦行；现在请学习用以偿赎盗窃罪的苦行。

162.“婆罗门故意在和自己同种姓的人家内偷类如生熟食粮的东西，以进行一整年的普罗遮帕底业苦行而赎罪。

163.“但对于掠夺男女，侵占土地、房屋、汲取人家井内或洗衣池内的水，则规定要做旃陀罗衍那苦行。

164.“在他人家内盗窃不值钱的物品，犯人应该首先归还赃物，这是在所有情况下必须做的，然后行桑多钵那苦行以自赎。

165.“偷取易于吞、食的东西，车，床，椅，花，根，果，赎罪法是吞食牝牛所出的五种东西。即，牛奶，凝乳，奶油，尿和粪。

166.“偷草，柴，树，干稻米，粗糖，衣服，皮革，肉类，应该严斋三昼夜。

167.“偷宝石，珍珠，珊瑚，铜，银，铁，黄铜或石头，应该只食碎米十二天。

168.“偷棉花，丝，羊毛，裂蹄兽或非裂蹄兽，鸟类，香料，草药或绳缆，应该只食牛奶三日。

169.“再生族可以通过这些苦行来消除其由于偷窃所造成的罪恶；但奸污禁与性交的妇女的罪恶，只能用以下苦行来偿赎。

170.“和同母姊妹，朋友之妻或儿妇，未及笄的少女或最低种姓的妇女性交者，应进行对污辱宗教父或生身父床榻者所课的苦行。

171. “奸污有如自己姊妹的姑母的女儿，或姨母的女儿。或舅母的女儿者，应该行旃陀罗衍那苦行。

172. “任何有识之士都不应该选择这三种妇女为偶；由于亲等的关系，不应该和她们结婚；和她们中间的一种妇女结婚者，堕入冥狱。

173. “射精于牝牛以外[1]的牝性动物，或经期妇女，或不属于性器官的部分，或水中者，应做桑多钵那苦行。

① 和牝牛犯人畜共交罪者，应该做普罗遮帕底亚苦行一年的时间。（注疏）

174. “再生族的男子不论在何处和男子纵欲的，在牛车上，在水内或日间和妇女纵欲的，应该和衣入浴。

175. “婆罗门和旃陀罗或摩离刹妇女性交，或和她一起用饭，或接受她的馈赠，如出有意时，堕落种姓，如出自愿时，堕落到和该妇女同样的地位。

176. “丈夫要将完全堕落的妻子幽闭别室，处以对犯奸男子应课的罪行。

177. “但如果她被同种姓的男子诱惑，又犯有新的罪行时，对其净化规定了普罗遮帕底亚苦行和旃陀罗衍那苦行。

178. “婆罗门仅只一夜接近旃罗陀妇女所犯的罪行，以三年行乞和不停念诵婆毗陀利赞歌而清除。

179. “以上赎罪法适用于上述四种罪犯，即，伤生者，食禁食者，偷窃者，以及奸污其不应与性交的妇女者；以下请听对于和堕姓人有交往的人们所规定的赎罪：

180. “和堕姓人交往满一年后，自身也成为堕姓人；不仅和他一起同祭祀、同读圣典，或和他联姻，立即造成堕姓，而且仅仅和他同坐一车，同就一座，同吃一餐时亦然。

181. “和这些堕姓人之一有交往的人，应该行对这罪犯本身所课的苦行来自赎。

182. “堕姓的大罪犯的撒宾陀和撒摩诺陀迦亲族，应该在村外，在非吉日的晚间，当父系亲族、祭司和教师的面前为他奠水，就像他已死去一样。

183. “一个女奴隶应该面向南方，用脚踢翻类似祭死人用的装满水的旧壶；此后，其一切远近亲族有一昼夜不净。

184. “要避免和这个堕姓人讲话、共坐，分给他那份遗产以及邀请他参与世俗的集会。

185. “嫡长权对他已丧失，一切长子应得的利益亦然；长子份额归于道德高出于他的弟弟；

186. “但当赎罪完了时，他的亲族和他应该在和他共浴于清澈的浴池后，共同推翻一个充满水的新壶。

187. “他可将壶投在水内后回家，和以前一样执行有关家庭的一切事务。

188. “对于堕姓的妇女，应该举行同样仪式；应该给与她们衣服、食粮和水，并使她们住在贴近屋子的小屋内。

189. “每一个人都不要和未进行赎罪的犯人交往，但当他们已赎罪时；绝不可谴责他们。

190. “但，杀婴儿者，以怨报德者，杀害请求庇护者，或杀害妇女者，虽已根据法律进行自赎，也不可和她交往。

191. “属于头三个种姓，但人们未按照规定[①]使其学习娑毗陀利赞歌者，应该进行三次普通的苦行，即，普罗遮帕底亚苦行，以后按仪式举行入门式。

① 即未入门，未接受结带式者；授予娑毗陀利赞歌，是这个仪式的主要部分。

192. “对于愿意清偿其不法行为或清偿其怠慢学习吠陀的婆罗门，也应规定同样苦行。

193. “以令人非难的行为取得财产的婆罗门，可通过抛弃该财产、祈祷和苦行来净化。

194. “婆罗门在一月内，在牝牛牧场上，全神贯注反复唱诵娑毗陀利赞歌三千遍，只以牛奶为全部食品，可偿赎其接受应受谴责的馈赠之罪。

195. “他由于如此长时间断食而消瘦，自牧场归来时，可向其他婆罗门施礼，他们应该问他：‘高尚的人哪，你愿意重新加入我们的行列，并承诺不再犯同样罪过吗？’

196. “他答复诸婆罗门表示同意后，可将草给与牝牛，而其同种姓人士，可在这个因有牝牛而净化的地点，办理他再度加入的事宜。

197. “为被开除者[①]主持祭祀，焚烧外人的尸体，行魔咒杀害无辜，或举行叫做阿喜那（ahina）的不净的祭祀，修三种苦行来赎罪。

① 见第二卷第 39 节；第十卷第 20 节。

198. “拒绝给予请求人以保护，或在禁忌日教授圣典的再生族，以在一年间只吃大麦而除罪。

199. “被狗、豺狼、驴、出入村中的猛兽、人、马、骆驼，或猪咬过的人，以屏息而净化。

200. “一月之间，只在第六餐，或第三天的晚间用饭；诵吠陀本集，举行叫做娑迦罗[①]的火祭：此赎罪法适用于凡被排斥在祭供之外，并对他们无特别赎罪规定的人。

① 这种祭祀共六种，各有特定的咒文；根据另一解释，说是在祭奠时，人们将八块木柴投入火内。

201. “如果婆罗门故意乘骆驼或驴拉的车，或曾赤裸沐浴，以屏息一次并同时诵唱裟毗陀利赞歌而除罪。

202. “由于非常急迫，无水可供使用而排便，或排便在水内者，可在城外和衣入浴并接触牝牛而净化。

203. “对怠慢吠陀命令经常执行的事宜，违犯对家长规定的义务，苦行是断食一整天。

204. “制止婆罗门发言，或对上司以‘尔’‘你’称呼的人，应该沐浴，在该日的其余时间断食，并恭敬俯伏在他面前，以消除冒犯。

205. “即使是用草叶打击婆罗门，或以衣服缚其颈部，在争论中压倒他的人，应俯伏在他脚下，以息其怒。

206. “向婆罗门猛烈冲去，意图加害者，将堕入地狱百年；如对他进行打击，千年。

207. “受伤婆罗门的血，洒在地上，浸染了多少粒尘埃，罪犯堕落地狱中也多少千年。

208. “向婆罗门气势汹汹扑去者，应行普通的苦行；如果对他进行打击时，应行严峻的苦行[①]；如果使他流血时，应当普通苦行和严峻苦行并做。

① 见第211和第213节。

209. “对于偿赎未经指定特殊苦行的罪过，会议[①]可对罪犯的能力，罪过的性质加以考虑后，宣布适当的赎罪。

① 见第七卷第110以下各节。

210. “现在我要对你们宣讲用以除罪的苦行如何；这些苦行已为诸神、诸圣和祖灵实践过。

211. “修行叫做普罗遮帕底亚的普通苦行的再生族，应该只吃早饭三天，只吃晚饭三天，吃人家自愿赠予而非乞得的食物三天，最后断食三天。

212. “吃用牛奶、乳酸、酥油、鸠娑草煎汁混合的牝牛粪尿一天，随后断食一昼夜，这就是所谓桑多钵那苦行。

213. “应行叫做严峻苦行的再生族，应当用和普通苦行相同的方式，在九天内只吃一口米饭，最后三天任何食物也不吃。

214. “履行火热的苦行的婆罗门，应该只吞食热水，热牛奶，热酥油，热蒸气，每样各吞食三天，并进行沐浴一次，保持深刻的内省。

215. “控制情欲，专心致志断食十二日者，是在行偿赎一切罪过叫做钵罗迦的苦行。

216. “要行旃陀罗衍那苦行者，新月之日吃饭十五口后，在随后到来的晦冥的十五天内每天递减一口，因而第十四天只吃一口，第十五天，即新月之日断食；反之，在晴明的十五天内，他的食物自第一天一口开始，要日增一口，并要在早午晚进行沐浴：这是叫做类如蚂蚁身体的太阴苦行（即旃陀衍那苦行）的第一种，蚂蚁身体是中间狭细的。

217. “自晴明的十五天开始[①]，控制情欲，行叫做类如大麦粒的一种太阴惩罚，应该遵守同样的全部规定，大麦粒是中间粗大

的。

① 晴明的十五天的第一日，苦行者吃饭一口，以后逐日增加一口，直至满月之日吃到十五口；自随后到来晦冥的十五天起，递减一口，直至第十五天，即新月之日全部断食。（注疏）

218. “履行行者的太阴苦行的，应当制驭肉体，并在一个月之内，或自晴明的十五天开始，或自晦冥的十五天开始，中午只吃野粮八口。

219. “履行儿童太阴苦行的婆罗门，应当在一个月内，在深刻内省中，早晨吃饭四口，日没后吃饭四口。

220. “一整月内，控制情欲，无论按照任何方式，吃饭不过三个八十口野粮的，将升到月君的住所。

221. “十一位鲁陀罗[①]、十二位阿底底耶[②]，八位跋修，风仙，七大仙[③]，曾为解脱诸恶而完成太阴苦行。

① 鲁陀罗，半神，根据神话，说他们生自梵天额部。他们是 Adjaikapâda，Ahivradhana，Viroupakcha，Soureswara，Djayanta，Vahouroûpa，Tryambaka，Aparâdjita，Savitra 和 Hara。后者即湿婆天，他在神话诗和古代轶事中扮演主要角色。在古代轶事中，他被描绘成和梵天相等的神。在鲁陀罗中，诃罗（Hara）神是首脑（见《薄伽梵歌》（*Bhagarad－Gîta*）第 10 章，第 23 节）。

② 阿底底耶，是支配一年内各个月份的神，他们是太阴神的各种不同的化身，名目繁多，下述名称系引自《往事书》，计有跋迦，俺苏，阿利耶摩，密陀罗水神，娑毗陀利，闼陀利，吠伐斯伐陀，多婆什陀利，菩刹，因陀罗和毗湿奴。毗湿奴是阿底底耶神中最卓越的（见《薄伽梵歌》（*Bhagavad－Gîta*）第 10 章第 21 节）。

③ 跋修是群神的总名，其数有八，即闼婆、多鲁波、月神，毗湿奴，风神，火神，善罗不刹和普罗跋波。（威尔逊）

222. “苦行者，应每天亲身以酥油祭火，同时念诵伟大的三圣言；要避作恶，说谎，愤怒和阴险。

223. “应日夜各三次和衣入水，绝不要和妇女、首陀罗或堕姓人讲话。

224. “要经常交互坐立活动，或者，不可能时，要卧在光地上；要清浩如学生，遵守关于圣纽和手杖的同样规定，尊敬老师、诸神和婆罗门。

225. “要继续不断努力反复念诵娑毗陀利赞歌和其他赎罪咒文，并在一切旨在赎罪的苦行中始终如一，坚持到底。

226. “应规定这些赎罪苦行系对其罪过为众所周知的再生族实施；但是，会议[①]可命令其罪过不公开的再生族通过祈祷和祭火来净化。

① 见第八卷第110以下各节。

227. “罪犯可以通过当众认罪，忏悔，苦行，念经来除罪，不能行其他苦行时，也可以通过行布施来赎罪。

228. “有如蛇虫蜕皮一样，犯下罪行的人根据其认罪的真诚无欺来除罪。

229. “他的肉体按照他心灵对罪行感到懊悔的程度而除罪。

230. “犯罪后，如非常悔恨，即解除该罪；当他说‘我再不犯了’时，这种不再犯罪的心愿可使他清净。

231. “妥为深思死后行为果报的确凿，要使自己的思想、言论和行动常常有德。

232. “犯有令人谴责的行为时，不论故意与否，如欲获赦，应慎勿重犯；重犯时，苦行应当加倍。

233. “如果进行赎罪后，良心仍感沉重，可继续苦行，直至给他带来完全的满足时为止。

234. “透彻吠陀精义的贤者们宣布：诸神和人类的幸福，以苦行为起点，为支柱，为极限。

235. “婆罗门的苦行在于认识神圣的教义；刹帝利在于保护人民；吠舍在于完成本务；首陀罗在于隶属与服从。

236. “控制身心，只以果、根及空气为食的圣者们，得苦行之力而照见含有动与不动的物类的三界[①]。

① 三界是地、空、天。

237. “良药、健康、圣学和各种天界的住所，以苦行来取得；诚然，苦行是取得它们的方法。

238. “一切难于超越，难于取得，难于接近和难于完成的事项都可以通过严格的苦行来达成，因为苦行是提供困难最多的[①]。

① 英俄译本都作：因为苦行是难以被制胜的。——汉译者

239. “大罪犯和一切犯有各种错误的人，以严格实践苦行而赦罪。

240. “使昆虫、蛇、飞蝗、兽类、鸟类，甚至植物具有生命的魂，也以苦行之力达到天界。

241. “当人们有苦行的财宝时，其在思想、言论和行动上所犯的一切罪恶，都立即为苦行之火全部烧光。

242. “天界居民嘉纳通过苦行而常清净的婆罗门的祭祀，并满全其心愿。

243. “万能的梵天以其苦行来创作本法典；同样，圣仙们以苦行取得对吠陀的全部认识。

244. “诸神看到苦行是世间一切幸福的圣源，宣布苦行的无比优越性。

245. “每天不倦学习吠陀，完成五大祭供，不记侮慢，就是大罪所造成的污垢也可以除掉。

246. “有如炽烈的火焰立即焚毁它接触到的木柴，同样，认识吠陀的人以其知识之火立即焚毁其罪恶。

247. “偿赎公开的罪过的方法，我已根据法律对你们宣示；以下可学习对于秘密犯罪的适当的偿赎方法。

248. “一月内每天念诵三圣言、单音圣言‘唵’、娑毗陀利赞歌，同时连续屏息十六次，甚至可以净化杀害婆罗门的罪犯。

249. “饮酒者每天念诵以阿钵（Apa）开始的乔娑（Kotsa）[①]咒文，或其第一句为普罗底（Prati）或摩喜陀罗（Mahitra），或修阏跋底亚（Souddhavatyah）的跋息什多咒文，可免于罪。

① 乔娑和跋息什多是得到很多吠陀赞歌和咒文的启示的仙家或作者。

250. “偷窃婆罗门黄金的，一月之内每天念诵阿息耶婆密耶和息婆桑劫波咒文立即净化。

251. “污辱师长床榻者，一月内每天十六次念诵诃毗什衍底耶或那多摩那，或暗诵报鲁刹赞歌，可以赎罪。

252. “欲偿赎其大小秘密罪行者，应当在一年内每天一次念诵以阿跋（Ava）或耶多蹇撖阏（yatkintchida）开始的咒文。

253. “接受令人非难的馈赠，或吃禁食后，念诵多罗满底耶（Taramandîya），三日净化。

254. “犯有很多秘密罪行的人，一月内，念诵苏摩虏陀罗（Somârôdra），或以阿利耶摩开始的三咒文，并在河内沐浴而净化。

255. “犯一重大罪过者，应当在半年之内，念诵以因陀罗开始的七颂；以某些脏物使水污染者，应当在一整月内只以行乞为生。

256. “再生族一年之间念诵娑迦罗[①]祭文或念涌以南无开始

的咒文并祭献酥油者，将除去最重大的罪过。

① 见200节。

257. “犯重大罪行者，可专心致志随牝牛群后念诵叫做钵波摩尼（Pâvamânîs）的咒文，并只以布施为生；一年之后，可以除罪。

258. “或者，如果退处林下，身心处于完美状态，以三钵罗迦[①]净化后三次诵读吠陀本集及其咒文和祭书时，可获得一切罪赦。

① 见第215节。

259. “或者，控制情欲，每天三次入浴，三次念诵阿迦摩尔刹那（Agamarchana），并连续断食三天，一切罪恶都将消除。

260. “马祭为诸祭之王，可除一切罪恶，同样，阿迦摩尔刹那赞歌消除一切罪恶。

261. “掌握全部梨俱吠陀的婆罗门，即使曾消灭三界居民，曾接受最低贱的人的食物，也不感染任何罪恶。

262. “婆罗门极其专心致志念诵包括咒文和祭书的梨俱、耶柔、或娑摩吠陀本集及其奥妙的分支，可解除其一切罪恶。

263. “有如投入湖内的泥块消失于其中，同样，一切罪行也消灭在三吠陀内。

264. “梨俱吠陀的咒文，耶柔吠陀的咒文以及娑摩吠陀的各分支，都应当被认为是三吠陀的组成部分；了解它们的人，即了解圣典。

265. “由三字母构成，其中包括三吠陀的原始神圣音节，应作为另一种三吠陀来秘藏，了解这一音节的神秘价值者，即了解吠陀。”

第十二卷　轮回　最后解脱

1. 大仙们说:"无罪者啊,你已经对我们宣示了有关四种姓的一切义务;以下请对我们如实说明行为的最后果报。"

2. 摩奴之裔,无上公正的跋梨求对大仙们答称:"请听对于一切有行为能力者所规定的果报的无上决定。

3. "思想、言论或身体的每一种行为都按它的善恶,得到善报或恶报;人们不同的上中下地位是由人们的行为产生的。

4. "要知道在世界上,心意是引起这种与生物相联系的行为的主动者,行为有上中下三级,由思想、言论和身体,以三种方式来实现,其数有十种。

5. "图占人家的财产,计划犯罪的行动,崇奉无神论与唯物论[①],是思想方面的三种坏行为;

① 英译本作"倾向谬说",俄译本作"崇信伪言"。——汉译者

6. "骂詈、谎言、诽谤公众、语无伦次,是言论方面的坏行为;

7. "占有非赠与的物品,伤害法律不准伤害的生物,取悦[①]于人家的妇女,被认为是身体方面的三种坏行为;和上述相反有十种同等的好行为。

① 英俄译本均作:通奸。——汉译者

8. "具有理性的人,对于思想上的行为,赏罚在心灵上,言论

上的行为，在语言器官上，身体的行为，在身体上。

9. "人主要是因来自身体方面的罪行而在死后转化到非动物的地步；特别是因言论上的错误而变成鸟兽的形相；尤其是因思想上的错误而转生到最低贱的种姓中。

10. "其智慧对言论、思想、身体实施无上权威者(Danda)[①]，比仅仅携带三手杖的行者，可以更名副其实地被称为具有三权者(Tridandi)。

① danda 一字兼有权威、命令、手杖三义。

11. "对于一切生物施展他本身具有的这三种权威，并抑制愿望与愤怒的人，可以此法得到最后的解脱。

12. "此身的动力——生元，被识者称为劫陀罗搬那(Kchetr-adjna)，而完成任务的此身，被贤者称为佛多多摩(Bhoûtatma，由元素构成者)。

13. "另一个叫做撽跋(Djiva)或智元(Mahat)的内在心神，是和一切生物一併产生的。此心神演变成为感觉与意识，通过它，在一切出生中，苦乐才被灵魂(劫陀罗撽那)所感受。

14. "这智慧与灵魂二元与五元素结合，和寓在最高级与最低级生物中的最高我维持最紧密的联系。

15. "从这个最高我的本体中，有如火星一样，逸出不断给予各级物类以活动的不计其数的生元。

16. "作恶的人魂，死后取得微细的五元素，帮助它形成注定受地狱苦痛的另一个肉体。

17. "当披此形体的灵魂在阴间遭受阎摩加给它们的苦刑后，基本微粒即各自分离，还原到它们所从出的微细的元素中[①]。

① 或者，根据另一解释，作："这些灵魂，在同自己一并遭受地狱苦刑的肉体解体后，进入和自己结合在一起的粗疏元素中，以便再次取得肉体，重回世间。"

18. "灵魂得到由于纵身情欲而来的果报后，其罪污已被除去，即重返具有无限能力的最高我与智慧二元。

19. "这二元不倦地考查灵魂的善恶；它按它所行的善或作的恶而在今生和来生得到苦乐。

20. "如果灵魂几乎常行善而少作恶，它披着自五要素引出的身体，享受天界的快乐；

21. "但如果屡作恶而少行善，则在死后脱离其自五要素引出的身体，而披另一种由元素的微粒形成的身体，遭受阎摩加给它的苦刑。

22. "灵魂在遭受地狱法官判处的苦刑后，罪污全部除去，重新取得该五要素的相应部分，即取得身体。

23. "人们要借助自己的心神观察到人魂的轮回以善、恶为转移，因而常使自己的心神日进于善。

24. "要知道真我(Atma)即智慧，具有喜、忧、暗三德；智慧即由于具有此三德之一而不息地和被创造的物质结合在一起。

25. "当此三德之一在人体内完全占支配地位时，会使具有此体的生物，在这一德的一些特征上卓然突出。

26. "喜德的特征是有识，暗德的是无知，忧德的是情欲和不快：这是依附一切物类的诸德赖以永恒地表现出来的方式。

27. "当人在智慧的心灵内发现一种挚爱、完全平和，以及纯浩如日的情感时，要知道这就是喜德；

28. "但伴有忧郁，产生不快，常使生物陷于肉体快乐的每一

种根性,都应该被看做是难以克服的忧德。

29. “至于那善恶不别,对象不明,内心和外官都不会理解、不会鉴别的根性,应该被看做是暗德。

30. “我现在要对你们充分宣示出自这三德的卓越的、中庸的和恶劣的行为:

31. “学习吠陀、苦行、圣学、纯洁、制驭情欲、完成义务和默观真我,是喜德的效果。

32. “做事只希望果报,意气消沉,做法律禁止的事情,陷身欲乐,是忧德的特征;

33. “贪婪、怠惰、优柔寡断、诽谤、不信神、疏忽规定的事宜、强求、怠慢,是暗德的特征。

34. “另外,对于处在过去、现在、未来三段时间中的这三德,这是人们应该作为最好的简单标志加以认识的:

35. “对于已做、在做或准备做的行动感到耻辱的,应被贤者认为是具有暗德的特征。

36. “凡人欲借以在世间猎取盛誉,但并未因不成功而感到非常悲苦的行为,应被视为属于忧德的特征。

37. “当人们全心全意希望认识神圣的教义,当人们不齿于其所作为且心灵感到满足时,这种行为就带有喜德的特征。

38. “好快乐显示暗德;求财富显示忧德;嗜美德显示喜德:以上事项顺序在后者功德较优。

39. “以下我要将灵魂受三德影响在此世所感受的各种轮回,依次简要地对你们宣示。

40. “具有喜德的诸魂,取得神性;受忧德支配的,取得人性;

沉溺于暗德的沦为畜生：这是主要的三种轮回。

41. “由不同的德造成的三种轮回中，每种轮回都由于行为和知识的不同，而应被认为有下、中、上三级。

42. “植物[1]、虫豸、鱼类、蛇、龟、家畜、野兽，是属于暗德的最低贱的等级；

① 原文作：不具活动的种类。

43. “象、马、首陀罗、被人轻视的蛮族、狮、虎和野猪，形成暗德所造成的中间等级：

44. “跳舞者、鸟类、以骗人为业者、罗刹和吸血鬼，构成暗德的最高级。

45. “使棒者、角力者、优伶、剑术师、嗜赌或纵酒者，是忧德所造成的最低级；

46. “国王、战士（刹帝利）、国王的家僧，以及擅长争辩者，形成忧德的中间等级；

47. “天界乐师、鸠耶迦和夜叉，以及一切天界女妖，是忧德所造成的各级中的最高级。

48. “林栖者、行者、婆罗门、乘飞车的众半神、月宿诸仙和底底耶，形成喜德所造成的初级。

49. “祭祀者、圣仙、诸神、吠陀仙、星神、岁神、祖灵和娑底耶仙，构成喜德造成的中级。

50. “梵天，造物主如摩利俱，美德之神，司智元和司数明学说的无形元两神，被宣布为喜德的最高级。

51. “这种轮回体系分做三等，每等各有三级，它关涉到三种行为并包括一切物类。此体系我已完整向你们启示。

52. “这些纵情欲乐，忽视义务，不知神圣赎罪法的人类中最低贱者，落到最被人轻视的地步。

53. “以下你们可以充分依次学习，人魂由于作下何业而不得不在此世进入某种身体。

54. “大罪犯在恐怖地狱中连续经过无数年月，在此时期终了时，被判处以下轮回，以完成其赎罪。

55. “杀害婆罗门的罪犯，视罪情的轻重，转生到狗、野猪、驴、骆驼、牡牛、公山羊、公羊、野兽、鸟，旃陀罗和弗迦娑的体内。

56. “饮酒的婆罗门，要托生虫豸、飞蝗、食粪鸟和残暴兽类的形相。

57. “盗窃黄金的婆罗门要投生到蜘蛛、蛇、变色蜥蜴、水生动物，和害人的吸血鬼体内一千次。

58. “污辱生身父或宗教父的床榻者，要转生到草、灌木、葛藤、肉食鸟如秃鹰，具有锐利牙齿的兽类如狮子，残暴兽类如老虎的状态一百次。

59. “犯残忍罪行者变为如猫类的嗜食血肉动物；食禁食者变为蠕虫；盗贼变为互相吞噬的物类；取媚[①]于低种姓妇女者变为幽灵。

① 英俄译都作：通奸。——汉译者

60. “和堕姓人交游的人，和人家妇女交媾的人，或偷婆罗门非黄金物品的人，要变做称为婆罗摩罗刹娑的幽灵。

61. “如果人由于贪婪而盗窃宝石、珍珠、珊瑚、或各种珠宝时，投生到金银工的族类中（或喜摩迦罗鸟体内）。

62. “偷食粮，下世变老鼠；偷铜变天鹅；偷水变潜水鸟；偷蜜变牛虻；偷牛奶变乌鸦；偷植物榨汁变狗；偷酥油变獴鼠。

63. “偷肉转生秃鹰；偷油脂转生摩陀鸠[①]；偷油类转生退罗迦鸟[②]；偷盐，转生蝉；偷乳酸，转生鹤。

① 摩陀鸠，一种海鸟。

② 退罗迦鸟，一种不知名的鸟类；名字的意思是喝油者。

64. 偷丝绸衣服转生竹鸡；偷亚麻布转生青蛙；偷棉布转生鹬类；偷牝牛转生鳄鱼；偷糖转生跋鸠陀鸟[①]；

① 跋鸠陀，一种不知名的鸟类。

65. “偷美味香料变麝香鼠；偷蔬菜变孔雀；偷各种调制好的米饭变刺猬：偷生食粮变豪猪；

66. “偷火变苍鹭；偷家用器皿变大胡蜂，偷染色衣服变红山鹑。

67. “偷鹿或象转生狼；偷马转生虎；偷果或根转生猴；偷妇女变熊；偷饮用水变迦多迦鸟[①]；偷车变骆驼；偷家畜变公山羊。

① 布谷鸟之一种，印度人认为这种鸟只有在空中降雨时喝雨水才能解渴。

68. “强取豪夺属于人家的某些财物，或吃未先祭供于神的酥油与祭饼的人，不可避免地要沦为畜生。

69. “犯同样盗窃罪的妇女染同样罪污；她们被罚作为雌性动物而与雄性动物交接。

70. “当（四个）种姓（的人），并非迫不得已而背离其特定的义务时，要转生到最低贱的体内，沦为敌人手下的奴隶。

71. “婆罗门玩忽职守，死后转变为叫做优尔迦牟迦[①]、吃人家呕出物的幽灵；刹帝利变为叫做迦多弗多那、吃脏物和腐尸的幽灵。

① 伏尔迦牟迦，意为‘口如火把者’。

72. “吠舍变为叫做密陀罗刹遮瑜底迦、吞食脓质的恶灵；首陀罗玩忽职守变为叫做遮罗娑迦、吃虱子的恶仙。

73. “喜肉欲的生物愈纵情欲乐，感官的敏锐愈发展。

74. “这些荒谬失常的人，按照他们坚持作恶的程度，将以某种可耻形相转生世间时，感受愈来愈剧烈的痛苦。

75. “他们首先堕入多密斯罗地狱及其他可怕地狱、阿息钵陀罗跋那（长以剑刃为树叶的森林）地狱，以及其他各种缧绁拷打的地方。

76. “为他们保留各种的苦刑；他们要被乌鸦和鸟所吞噬；他们要吃炽燃的火饼，走在着火燃烧的砂土上，遭受投放火内不堪忍受的痛苦，就像陶器一样。

77. “他们要生为不断遭受痛苦的畜生；他们要交替地感受过度冰冷和过度炎热的痛苦，并遭受各种恐怖。

78. “他们要不只一次住在各种不同的母胎内，带着痛苦生在世间；遭受严峻的禁锢，并被罚奴事其他物类。

79. “他们将被迫离开亲朋而和坏人为伍：他们积累财富又失掉它；他们煞费苦心取得的朋友将变成他们的敌人。

80. “他们要受老来贫，病痛多的痛苦，各种忧伤，以及无法克服的死亡。

81. “人不论以三德之一产生的何种心情来完成某种行为，都要在具有这种德的身体内得到它的果报。

82. “行为应得的报应，已经对你们全部宣示；现在请认识使婆罗门走向永久解脱（Nihsréyasa）[①] 的诸行为。

① Nihsréyasa 是 Mokcha 的同义语；两字的意义是：最后的真福，灵魂脱离肉体

而和宇宙的最高我永久结合。

83. “学习和理解吠陀，修严峻的苦行，认识梵天、制驭情欲，不伤生，尊敬师长，是引人走向最后解脱的主业。

84. “圣者问，但在此世间所履行的这些道德行为中间，有被认为比其他行为更能导致最后解脱的一种行为吗？

85. “跋梨求答，一切义务中主要的义务是通过学习奥义书来认识最高我，这是一切学识中首要的学识；因为，人由于它而取得永生。

86. “确实，在这六种义务中，为认识最高我而学习吠陀，被认为对于取得今世后世的幸福最为有效。

87. “因为，在学习吠陀和崇拜最高我的工作中，上面依次列举的有关善行的一切规定已全部包括。

88. “圣典规定的敬礼有两种：一种和此世有关，提供诸如天界快乐等享受；另一种脱离世务，引人走向最后解脱。

89. “出于希望得到此世利益的虔行，如为求雨而行的祭祀，或者来生利益的虔行，如为得死后果报而行的祭献，被宣布为是为此世所牵的；但淡然无求，只欲认识梵天者，被称为是脱离世务的。

90. “屡经完成利己的宗教义务的人，跻于诸神的行列；但屡经执行淡然无求的宗教义务的人，则永久摆脱五要素，解脱肉体的束缚。

91. “在一切物类中看到最高我，同样在最高我中也看到一切物类，把自己的灵魂献作牺牲，而和辉映着自己的光辉的实体合而为一。

92. “婆罗门在废弃法典规定的宗教仪式的同时，应该坚持静观最高我，克服情欲，并反复念诵圣典。

93. “首先对于婆罗门，再生[①]的利益就在于此：因为再生族完成这种义务，而不是用其他方法，得遂其一切所愿。

① 见第二卷第169和170页。

94. “对祖灵、诸神和人类来说，吠陀就是一只永远的眼目；圣典不能由凡人来著作，它很难以人的理智来衡量：这是定论。

95. “不基于圣典的书籍以及无论任何异端邪说，都不能在死后产生善果；因为立法家宣称，它们除地狱的黑暗而外，不产生其他结果。

96. “凡不基于圣典的书籍都出自人手而要灭亡；人们的后裔会证明它们都是虚伪无用的。

97. “对于四种姓[①]、三界[②]、四个截然不同的住期[③]的认识，以及过去、现在、未来的一切，都出自吠陀。

① 见第一卷第2节注。
② 见第十一卷第236节。
③ 见第四卷第1节注。

98. “作为要素特性的声、触、色、味，和感官的第五个对象——香，以及要素（它们只是要素的性质）的形成和作用，都在吠陀中详尽阐述。

99. “最初的[①]吠陀法支持了一切物类；因而，我将它看做是人们繁荣的最高原因。

① 英俄译本都作：永恒的。——汉译者

100. “熟谙吠陀法者足以号令军队，取得王权、用刑权、和统治全世界的主权。

101. “有如烈火甚至燃烧青绿的树木，同样，学习并理解圣典的人，销毁他本人由罪恶产生的一切污点。

102. “洞彻吠陀法精义的人，无论身处何住期，居留下界时，都会自我修养，以期同化于梵。

103. “涌读多的胜于学习少的；掌握所诵读过的胜于诵读后又遗忘的；理解的人比记忆的人更有功德；履行其义务的人优于仅仅知道义务的人。

104. “苦行和认识神我是婆罗门达到最后解脱的最好方法；由苦行来消除罪过；由认识梵天来对自己取得永生。

105. “圣言量、现量、比量的三量，和各种自圣典演绎来的书籍的典据，都应为设法真正认识自己的义务的人所很好了解。

106. “唯有依据不悖于圣典的论理法则，并依据圣典、依据逻辑法则进行推理的人，才认识到宗教和民事义务的体系。

107. “关于引人走向解脱的行为的规定，已全部精确地宣示；以下要将摩奴法典的秘密部分启示给你们。

108. “遇有上述未曾提到的特殊情况，如果有人问到怎样做才好时，如下：有学识的婆罗门所做的决定有无可争辩的法律效力。

109. “按照法律规定，学习吠陀及其分支吠檀伽、思维派哲学[①]、法典和往世书，并能引用启示的圣典的婆罗门，应当被认为是最鸿博的。

① 思维派哲学是印度哲学的一种，见科尔布鲁克关于印度哲学的论文（波提埃译本第 123 页以下各页）。

110. “至少有十个婆罗门集会决定的某项法律，或不应少于三个有德的婆罗门集会决定的某项法律，任何人不得提出异议。

111. “至少由法官十人组成的集会，应当包括精通三圣典的婆罗门三人，淹贯正理派哲学的婆罗门一人，淹贯思维派哲学的婆罗门一人，博通尼鲁多论[①]的学者一人，法律学家一人，又头三个种姓中的成员各一人。

① 尼鲁多论(Niroukta)，是一种吠陀分，是包括吠陀中遇到的晦涩字句的注疏在内的语汇集。

112. “精究梨俱吠陀的婆罗门一人，其次专精耶柔吠陀的婆罗门一人，又掌握娑摩吠陀的婆罗门一人，形成解决关于法律上一切疑义的三法官会议。

113. “一个婆罗门只要精通吠陀，则他个人的裁决应当被认为是最有权威的法律，而不是不通圣学的一万人的裁决。

114. “不守梵戒，不通圣典，除种姓外无其他可称述的婆罗门，虽数有几千，不准组成合法的集会。

115. “满身浸透暗德的愚人，为人讲解连他们自己都不懂的法律，听讲人的罪过要加重百倍地落到这些愚人身上。

116. “引人达到永久幸福的卓越行为，已对你们宣示；不忽视它们的再生族，要取得很大的幸运。

117. “万能而光荣的摩奴，关怀众生，把这些重大法律，已全部对我启示，它只有对不配认识他的人才是秘密。

118. “婆罗门应该集中全副精力，在神我中观察一切可见与不可见的事物；因为在神我中观察一切时，他的心灵就不陷溺于罪过。

119. “神我是诸神的集中表现；全宇宙都栖息在最高的神我中；众生物完成的一系列行为，都是由神我产生的。

120. “婆罗门要通过沉思瞑想在自己体窍中观察虚空；在筋肉动作和触觉中观察风；在消化的热力和视官中观察火和太阳的最高的光明；在身体的液体中观察水；在肢体中观察地；

121. “在心中观察月神；在听觉中观察八方[①]诸仙；在步行中观察毗湿奴天[②]；在筋肉力量上观察诃罗神[③]，在语言上观察火神；在排泄功能上观察密陀罗神[④]；在生殖能力上观察造物主；

① 八方诸仙或八方是：天王、火神、阎摩、奈梨多、水神、财神和伊萨。

② 在摩奴原文中只有这次提到的毗湿奴天，在这里无疑是一位次要的神，恐系十二阿底底耶神中叫这个名字的神。

③ 诃罗，十一位鲁陀罗神中的一个神。

④ 密陀罗，十二位阿底底耶神之一。

122. “但是，应该把大神看做是宇宙的大主，看做是比原子还要细微的，看做是和最纯洁的黄金一样光辉，并只能在极其抽象的瞑观睡眠中由理智加以想象。

123. “一些人崇拜他为原行的火，另一些人崇拜他为造物主摩奴；有崇拜他为因陀罗天王的，有崇拜他为纯洁空气的，有崇拜他为永恒的梵天的。

124. “正是这个神，包容由五元素形成身体的一切物类，通过类似车轮般的运动，使它们依次由出生到成长，由成长到灭亡。

125. “所以，在自我中认识到表现在一切物类中的最高我的人，对万物一视同仁，而取得最大的幸运，即最后冥合于梵。

126. “贤者这样结束了他的说话，而阅读跋梨求宣布的这本摩奴法典的再生族，将永远是有德之士，取得他所希求的福乐。”

总附注

〔威廉·琼斯将本附注附在他的英译本《摩奴法典》内；我是把它从英译本译来的。〕

印度学者们一致认为，被人推为最古老的立法家摩奴所制订的一些法律，仅限于世界最初的三个时代，而对当前的时代并无效力，其中有一些肯定已经不用了；他们这种立论是根据叫做《摩陀那·罗多那·普罗底钵》(*Madana - Ratna - Pradipa*)的那本书中集录的下述原文做出的。

I. 柯罗都[①]：在第四个时代里，已故丈夫的弟弟不得和寡妇生子；姑娘一度许婚，不得再许；牡牛献作牺牲，不得再献；神学生托的钵，别人不得再托。

① 柯罗都(Kratou)，波利诃斯波底(Vrihaspati)，钵罗娑罗(Parasara)和那罗陀(Narada)，是一些神圣的人物，印度人认为现尚完整或残存的一些法典是出他们制订的。见《印度契约法与继承法汇编》(*Digest of Hindu Law on contracts and successions*)序言。

II. 波利诃斯波底：1. 丈夫已故或不能生育时，亲族得和寡妇或有夫之妇生子，这曾被贤者摩奴提及，但针对四个时代的义务又曾被他所禁止；同样行为在该时代中除丈夫外任何人不得合法进行。

2. 在第一、第二时代里，人们具有真正的慈悲和深湛的知识；

在第三时代里亦然；但在第四时代里，造物主曾命令减少人们的智能和德能。

3. 因而古代圣贤曾得到各种不同的儿子；但这样一些儿子不能为缺乏这些卓越能力的人所收养。

III. 钵罗娑罗：1. 在第一时代里，和大罪犯有交往的人应该弃国；在第二时代里，应该弃城；第三时代里应该弃家；但在第四时代里，仅应离开罪犯。

2. 在第一时代里，只要和堕姓人谈话就成为堕姓人；在第二时代里则须接触到他；第三时代里则从他接受食物，才成为堕姓人；而第四时代里，只罪犯本人承担他的过犯。

IV. 那罗陀：由死者的弟弟生子，杀牲畜待客，祖灵供食和林栖住期，在第四时代里已被禁止或加以废除。

V. 阿底底耶·普罗那(Aditya - Pourana)：1. 在第一时代本是一种义务的事情，但在第四时代里，无论在什么情况下都不该做了；因为，在第四时代里，不分男女都沉溺于罪。

2. 这些义务是，在一个漫长的时间内继续不断地做学生和必须托钵；和父系亲族结婚，或和母系近亲族结婚，以及祭祀牡牛。

3. 祭人或祭马；在第四时代里凡酒类再生族都该禁忌；使已婚但未交合前丈夫已死的妇女再嫁，长兄的较大分配额，和兄弟的妻子或寡妇生子，也应同样加以禁止。

VI. 传承(Smriti)：1. 委托男子和兄弟的寡妻生子；把丈夫已死尚不失为处女的已婚青年妇女另行字人；

2. 再生族和不属于同种姓的姑娘结婚；在宗教战争中杀害实行进攻、意图杀人的婆罗门；

3. 和一个虽已赎罪但仍乘船渡海的再生族有任何交往；为各种人举行祭祀和携带水瓶的必要性；

4. 朝山进香时徒步至死，以及在祭祀中以牡牛为牺牲的行为；甚至在苏陀罗摩尼(Soutramani)仪式中受酒的行为，

5. 祭火时接受从酥油瓶内刮取的东西；尽管是对头几个时代规定的，但仍然实行第三住期或林栖期的行为；

6. 按照罪犯的宗教行为和圣学知识来减轻罪恶，这是对婆罗门虽犯死罪时也可以赎罪的规定。

7. 和罪犯保持联系的错误；除盗窃外，对任何大罪进行秘密偿赎；杀牲畜以招待贵客或敬礼祖先的行为；

8. 有合法生的儿子或由父母给人做养子的儿子以外的儿子关系；为奸淫以外的小过而遗弃合法的妻子；

9. 古代法律的这些部分，根据第四时代开始时表现出的各种情况，已被英明的立法家们所取消，以求使人类免于罪恶。

上述原文中，应该注意除波利诃斯波底原文外，均未曾被鸠鲁伽援引过，鸠鲁伽似乎从来不把摩奴的任何一条法律都看做对最初几个时代有约束力；传承的原文，或神圣法典的原文，曾被人以立法家的名义加以引用，而禁止各种年龄的人进行自卫，即在受到婆罗门攻击时亦然。这是和苏满都原文，和《摩诃波罗多》中柯利什那[①]本人的典范和命令，甚至和吠陀的一项裁决相抵触的，吠陀曾通过该项裁决命令每一个人保卫自己的生命，反抗暴力进犯者。

① 柯利什那(Krichna)是毗湿奴天的化身；无疑，威廉·琼斯是在这里暗指摩诃波罗多轶事，《薄伽梵歌》第二章的。《摩诃波罗多》是驰名世界的伟大史诗，据称编于公元前一千年左右，《薄伽梵歌》是柯利什那和他的弟子阿鸠那(Adjouna)之间的哲学对话。

图书在版编目(CIP)数据

摩奴法典/(法)迭朗善译;马香雪转译.—北京:商务印书馆,2017
(汉译世界学术名著丛书:120年纪念版:珍藏本)
ISBN 978-7-100-14277-9

Ⅰ.①摩… Ⅱ.①迭… ②马… Ⅲ.①印度教—伦理学—宗教经典 ②法制史—印度—古代 Ⅳ.①B982 ②D935.19

中国版本图书馆CIP数据核字(2017)第139317号

汉译世界学术名著丛书
(120年纪念版·珍藏本)
摩 奴 法 典
〔法〕迭朗善 译
马香雪 转译

商 务 印 书 馆 出 版
(北京王府井大街36号 邮政编码100710)
商 务 印 书 馆 发 行
北京中科印刷有限公司印刷
ISBN 978-7-100-14277-9

2017年12月第1版 开本710×1000 1/16
2017年12月北京第1次印刷 印张18¾
定价:92.00元